KB183746

조선후기에서 말기의

암행어사 선정불망비

조선후기에서 말기의

암행어사 선정불망비

暗行御史 善政不忘碑

이희득 지음

암행어사비는 지방에 관리로 가서 어떠한 정치를 하였는지, 특히 암행어사로서 어떠한 공적을 남겼는지 알 수 있는 중요한 자료라 생각한다.

위덕대학교 밀교문화연구원 좋은땅

글을 쓰면서

한반도에 남아 있는 불망비의 개수를 추정하기로는 6,000여 좌로 추정되는데 그중에 암행어사비도 포함되어 있다.

남한에 남아 있는 암행어사 선정불망비를 다 조사를 하고 글을 써 보았다.

재미없는 이야기도 있을 것이고, 여러 일화가 있을 것이지만, 여러 자료를 모아서 정리하려 한다.

암행어사는 임금의 대리인으로 부패한 관리를 처벌하거나, 어려운 백성의 말에 귀를 기울여 도와주는 일을 하는 것이 일반적인 것으로 알려져 있다.

이러한 것을 기록하는 것이 어사 별단이고 서계이지만, 암행어사가 다녀간 곳은 선정불망비를 세워 암행어사를 기린 곳이 많다.

대부분 돌로 만든 碑이고, 철비. 목비가 남아 있으며, 바위에 새긴 마애비도 보이고 있다.

그중에 암행어사의 대표적인 인물인 박문수의 선정불망비는 1좌만 보이는 것이 특이하다.

그 비도 당대에 세운 것이 아니고 108년이나 지난 후에 세운 것으로 나타나, 의문만 남는 선정불망비였다.

글을 쓰고 있는 암행어사 비는 대부분의 시기가 조선 후기에서 말기의 자료이다.

지역별로는 정읍시에 제일 많이 남아 있으며, 제일 많은 어사 선정불망비가 남아 있는 어사는 이면상이 제일 많았다.

전국에 남아 있는 암행어사 불망비를 조사하기 시작한 것은 2013년 무렵이었다.

필자가 사는 울산에도 암행어사 선정불망비가 2좌가 있지만, 가까운 곳이라 언제든지 볼 수 있다 생각하여, 나중에 조사하기로 하고, 타 지역부터 조사하기 시작하였는데, 우연히 전남 고흥을 가다가 암행어사 이면상의 불망비를 보니, 명문이 박락되어, 碑가 누구의 것인지 확인되지 않아서, 이래서는 안 되겠구나 생각이 되어, 암행어사 선정불망비를 빨리 정리하여야겠다는 생각을 하였다.

그러나 자료가 많지 않아서 발품과 시간이 많이 걸렸으며, 다른 책을 출간하느라 이제야 글을 쓰고 마무리를 하게 되었다.

선정불망비는 碑를 보는 것이 아니라 그 당시의 상황이나 인물에 대한 이야기이다.

사람의 이야기는 꼬리에 꼬리를 무는 것이라, 선정불망비에 새겨진 이름을 내역과 이야기는 그러한 것이 포함되었다고 생각되지만, 명확하게는 글을 쓰지 못하였다.

그리고 비석이라는 것은 내용도 중요하지만, 크기와 높이에 대한 기록을 책에 남겨야 하는데, 이번에 작업한 암행어사 선정비는 약 60%의 실측 자료만 있어, 여기에 싣지 못하는 것이 필자의 최대 실수이다.

마지막으로 필자의 자료가 누군가에게는 도움이 되었으면 한다.

2024년 3월 27일

옥산 이희득

목록

2. 암행어사 선정불망비에 대한 고찰

1.

암행어사 선정불망비

암행어사 선정불망비에는 비제(碑題)만 있는 碑와 암행어사의 송덕을 칭송하는 명문이 남아 있는 것으로 분류된다.

비제에는 암행어사, 어사, 繡衣(수의)라는 것과 전운어사(轉運御使), 감진어사(監賑御使) 등으로 나타나고, 碑를 만드는 재료는 돌(마애비도 포함)과 철, 나무가 있었다.

암행어사 비는 한 곳에만 있는 것이 아니고, 동일 인물의 비가 여러 곳에 보이고 있다.

①

이도재 선정불망비

이도재李道宰(1848년~1909년)[1] 본관은 연안(延安). 자는 성일(聖一), 호는 심재(心齋)·운정(篔汀).

이도재는 전라도 관찰사를 지내 송덕비가 남아 있으며, 다른 흔적은 통도사 마애각자와 포항 내연산 마애각자, 그리고 순천 선암사 마애각자가 보인다.

암행어사 선정불망비는 경상도에만 보이는데, 영양, 울산, 기장, 양산에 남아 있다.

이도재의 암행어사 碑는 울산 동헌, 기장읍성, 양산향교, 영양 수비면에 있으며, 마애각자 중 어사라고 표현된 것은 포항 내연산 마애각자이다.

그중에 기장에 있는 이도재의 선정불망비는 비제가 다른 곳과 달리 생사단(生祀壇)이라 표현되어 있는 것이 특징이다.

울산에 있는 이도재의 碑 명문에는 어사를 달리 표현하는 것이 있는데, 그것은 驄斧(총부)이다.

---

1) 한국민족문화대백과사전에서 발췌하였다.

그림 1 기장 죽성리 어사암

총부에서 '총'은 암행어사가 타는 흰색과 청색이 뒤섞인 말이고, '斧' 도끼로써 임금의 命을 상징하는 것이다.

이도재는 기장에서 재미있는 일화를 남긴 것으로 유명하며, 그와 관련하여 詩와 마애각자가 전해 오는데, 기장 죽성리 바다 마을에는 이도재의 마애각자와 妓 월매의 마애각자가 있다.

어사암이라 부르는 곳에 오언절구가 있었지만, 흔적이 보이지 않고 詩만 구전되어 내려오고 있다.

이도재가 남긴 오언절구를 소개한다.

天空更無物 海鬪亂爲詩

環球九萬里 一葦可船之

텅 빈 하늘은 변함이 없으며
바다의 사나운 파도는 시를 짓게 하네
천하는 구만리라 일컫는데
한 조각의 배는 언제 어찌 그곳에 있는가

울산 동헌에 있는 이도재의 비는 어민들의 어려움을 해결하여 비를 세운 것으로 보인다.

그림 2 어사 이도재비, 울산 동헌

그 기록이 조선왕조실록에 있다.

이도재가 조정에 올린 별단에 그 내용은 다음과 같다.

11개의 보고서 내용 중 5번째

"동해 연안 각읍의 바다와 포구의 폐해는 육지보다 심합니다. 겨울철에 월령(月令)으로 진헌하는 물종에는 본래 정해진 제도가 있는데 예조(禮曹)의 관리 외에 또 해감(海監)이라는 명색을 가진 자가 있어서 공무를 빙자해 사적으로 운영하면서 몇 배나 요구하여 받아내고 있으므로 영락한 백성들은 흩어지고 있습니다. 그러므로 연안읍의 해감은 모조리 혁파하고, 진상하는 물종은 등록(謄錄)에 따라 바로잡고, 마땅히 행해야 할 읍의 신역은 간단하고도 정밀하게 마련하되, 만약 별도로 신칙이 없으면 종전의 폐습을 답습하는 현상이 반드시 없으리라고 보장하기 어려우니 도신에게 행회하여 엄하게 뒷날의 폐단을 방지하소서."라고 한 일입니다. 바닷가의 민호(民戶)는 육지의 백성과는 달리 물고기를 잡아서 생계를 유지하는데 감영과 고을의 하속들이 이를 빙자해서 가렴주구하는 것이 한정이 없습니다. 하소할 데 없는 저 불쌍한 백성들이 어떻게 살아가겠습니까? 각항의 폐막에 대해서는 암행어사가 이미 다 바로잡아 고쳤으니 이대로 시행하고 만일 폐해를 끼친다고 탄식하는 일이 있게 되면 논책(論責)이 어느 감영과 고을이든 똑같이 미친다는 내용으로 관

문을 보내 신칙하소서.[2)]

선정비에는 송시가 있으며 풀이하면 다음과 같다.

비제: 암행어사이공도재거사비(暗行御史李公道宰去思碑)[3)]

恩宣驄斧[4)]	은혜를 펼치는 어사가 되어
海上氷月	바다 위 깨끗한 마음으로
稅蠲漁藿	밝게 어곽을 세를 덜어 주시네
鏤此碧落[5)]	어사로서 임무를 다 함을 바위에 새겼네

光緖十年六月日 浦民 立　1884년 6월 포민들이 세우다

기장읍성에 있는 어사 이도재의 비는 대라리 기장국민학교 앞에 있었으나, 관리 차원에서 현재의 위치로 옮겼으며, 비제에는 특이한 명문이 보

2) 조선왕조실록 고종 20년 9월 23일.

3) 울산 금석문에서 발췌하였다.

4) 총부에서 "총"은 암행어사가 타는 흰색과 청색이 뒤 섞인 말이고, "부" 도끼로서 임금의 명을 상징하는 것이다.

5) 목민관(牧民官)으로서의 자질이 뛰어나다는 인정을 받았다는 말이다. 진(晉) 나라 심희(沈羲)가 백성을 위해 재해(災害)를 없애주고 병을 고쳐 주면서 정작 자신의 건강은 돌보지 않자, 천신(天神)이 감동한 나머지 그를 하늘로 영접하여 벽락 시랑으로 삼았다는 이야기가 전해 온다. 《神仙傳 沈羲》 벽락(碧落)은 하늘이라는 뜻의 도가(道家) 용어이다.

그림 3 어사 이도재비, 기장 읍성

인다.

그것은 繡史와 生祀壇이다.

수사는 암행어사의 다른 표현이고 생사단은 살아 있는 분을 神처럼 모신다는 뜻이 있다.

이도재를 칭송하는 명문에 碑에 있다.

비제: 繡史李公道宰生祀壇(수사이공도재생사단)

來何暮兮[6]　우리 고을에 왜 이리도 늦게 오셨나
天必佑之　그래도 하늘은 기필코 도우시네
百弊咸正　수많은 폐단들을 모두 바로잡으시니
千炑永祀　천추에 영원토록 기리오리다

光緖 癸未 春立　1883년(계미) 봄에 세우다

기장읍성에는 이도재의 碑 외에도 생사단 碑가 몇 좌가 더 보인다.

현감 오영석, 현감 오윤영의 비에서도 생사단이라는 글이 보이고 있으며, 부산 동래부사 이항[7]의 비에도 '생사'라는 명문이 보이고 있다.

이도재의 명문 중 마애각자는 통도사와 순천 선암사, 그리고 포항 내연산에 보이고 있다.

합천 해인사에도 있을 것 같아 몇 번을 찾았지만 보이지 않았는데, 해인사 올라가는 도로에는 많은 마애각자가 있으며, 도로를 만들면서 없어진 것이 많기에 이도재의 명문도 없어진 것으로 생각된다.

선암사와 통도사는 암행어사라는 명문이 없기에 여기서는 다루지 않으며, 포항 내연산에 있는 이도재의 마애각자에는 御史라는 명문이 있기에

6) 기장금석문에서 발췌하였다.

7) 본관은 여주(驪州). 자는 태초(太初), 호는 백봉(白峯). 증조할아버지는 이상신(李尙信)이고, 할아버지는 이지유(李志裕)이며, 아버지는 이방진(李邦鎭)이다. 동래부사로 부임하여 1688년(숙종 14) 교체될 때까지 약 2년간 재임하였다.

다루기로 한다.

포항 내연산 5 폭포에는 많은 마애각자들이 보이고 있으며, 여길 가려면 보경사에서 1시간 이상을 걸어가야 한다.

필자는 이도재의 마애각자가 있다는 이야기를 듣고, 2019년 1월에 명문을 보고 왔다.

그림 4 어사 이도재, 마애각자, 포항 내연산

이도재 마애 각자는 5 폭포에서 물이 흐르는 계곡 입구에 있으며, '어사 이도재'라는 명문과 '계미 3월'(1883년)이라 되어 있다.

관리나 어사들이 깊숙한 계곡을 찾는 이유는 관광도 하나의 업무로 인식되었기에 이러한 명문이 남은 것으로 생각된다.

다만 관광지가 흥해읍이나, 청하읍에서 상당한 거리이기에 혼자는 오지 않았을 것으로 보인다.

내연산에서 가까운 청하의 관리나 아전들이 수행하였을 것이고, 그에 따르는 기녀도 있다고 생각되기도 한다.

이도재는 전라도에서 관찰사를 지냈기에 선정비가 몇 좌가 보이며, 경상도에서는 암행어사로 활동하였기에 암행어사의 선정비가 남아 있다.

양산에는 향교에 그의 碑가 남아 있으며, 1985년 양산군수 이두연이 흩어져 있는 碑들을 현재의 장소에 모았다.

양산에 있는 이도재의 선정비를 세운 시기는 1903년인데 이도재가 암행어사로 활동하던 시기와는 20년의 차이가 나는데, 20년 후에 암행어사 碑를 세운 이유를 알아내지 못하였다.

그림 5 어사 이도재비, 양산향교

이도재의 비는 양산향교 풍영루 앞에 있으며, 그를 칭송하는 명문도 있다. 풀이하면 다음과 같다.

비제: 어사이공도재영세불망비(御使李公道宰永世不忘碑)

奉命南來	어명을 받들어 남방으로 왔으니
猗歟盛哉	아름답고 성대하도다.
廉聲有著	청렴함의 명성 드러나니
■度無回	돌아가지 않기를 바라는구나
傾金施惠	돈을 내어 은혜를 베풀고
堰水防災	보를 쌓아 재해를 방비하였네
居民頌德	백성들이 덕을 칭송하고
片民崔嵬	한 조각 비석에는 기리는 마음이 높았네

光武 七年 癸卯 三月 日 立 1903년 3월에 세우다

마지막으로 영양 수비면에는 있는 이도재비를 소개한다.

이 비는 다른 곳과 달리 동헌, 향교에 있지 않고, 도로변에 있으며, 관리의 소홀로 부러진 흔적이 보이고 있다.

부러진 이유는 소 말뚝으로 이용하다 부러졌다고 하니 아쉬움이 남는다.

비면 좌우에 명문이 있으며, 중간에 부분에는 각자가 보이지 않는데, 앞서 언급한 것처럼 부러지는 바람에 보이지 않는 것이다.

이도재비는 수비면 오기리 도로에 있으며, 차 한 대 정도 다닐 좁은 길이었으며, 울산에서 왕복 5시간 거리에 있었다.

비제: 수의이공도재영세불망비(繡衣李公道宰永世不忘碑)

公昔不來	공이 옛날에 오시지 않아
山徭[8]爲弊	산요는 폐단이 되었는데
一○有時	때마침 오셔서
盡○無遺	폐단을 없애 남기지 않았다네
連山頌乳	송덕의 석종유[9] 산처럼 이어져 나오는구나
合浦歌侏	합포에서 진주[10]가 나오니 노래 부르네
感■境民	모든 백성들 감읍하나니
不■永恩	영원히 은혜를 잊지 않으리

비에는 세운 시기를 알려 주는 명문이 보이지 않으며, 같이 있는 현감의 비에도 보이지 않았다.

---

8) 산에 대한 부역을 말함. 산성, 나무 베기, 진상품 등등.

9) 국가에서 뇌록을 공물(貢物)로 책정하지 않았기 때문에 백성들이 시달림을 받지 않고 뇌록은 뇌록대로 홍청망청 있음. 중국 영주(永州) 영릉현(零陵縣)에서 석종유(石鍾乳)가 생산되는데, 국가에서는 그것을 공물로 받았기 때문에 해마다 힘들여 그것을 채취하고서도 별 보상도 받지 못한 지방민들이 그에 싫증을 느끼고는, 그곳 석종유가 이제 바닥이 나고 없다고 보고하였다. 그러다가 그 후 5년이 지나서 최민(崔敏)이 영주 자사(永州刺史)로 부임하여 선정(善政)을 베풀자 그곳 백성들이, 이제 석종유가 되살아났다고 보고하였다는 것이다. 유종원(柳宗元)의 〈영릉복유혈기(零陵復乳穴記)〉.

10) 합포의 바다 속에서 진주가 많이 나왔는데, 어느 태수(太守)가 탐욕을 부리자 점차 교지군(交趾郡)으로 진주가 옮겨 갔다. 후한(後漢)의 맹상(孟嘗)이 합포에 부임하여 폐단을 개혁하고 청렴한 정사를 펼치자, 그동안 생산되지 않던 진주가 예전처럼 많이 나오기 시작했다는 고사가 전한다.《後漢書 卷76 循吏列傳 孟嘗》.

이도재가 암행어사로 활동한 시기 1883년이기에 그 당시에 세워진 것으로 추정되며, 양산의 비와 같이 나중에 세울 가능성도 있다고 본다.

비에 새겨진 주된 내용은 산요(山徭)에 대한 폐단을 없앤 것으로 보인다.

그림 6 어사 이도재비, 향 좌측, 영양 오기리

그림 7 어사 이도재비, 영양 오기리

②

조기겸 선정불망비

조기겸趙基謙(1793년~?)[11]은 본관은 임천이고, 자는 치수(稚秀)이다.

순조 27년 정해년, 증광시 병과에 합격하고 벼슬은 경상우도 암행어사, 문학 옥당 등을 지냈다.

암행어사를 지낸 인물에 대한 기록이 많이 없다는 것이 의아스럽다.

어사 조기겸의 선정비는 거제와 산청에 남아 있으며, 거제는 철비로 만들어 독특함이 묻어난다.

거제 기성관에 있는 조기겸의 철비 앞면에는 어사의 선정에 대한 송시가 있으나, 부식으로 인하여 몇 자 외는 보이지 않으며, 조기겸의 별단 내용을 다음과 같이 소개한다.

"거제(巨濟) · 웅천(熊川)두 고을은 항만(港灣)이 가장 많고 수참(水站)[12]도 가깝기 때문에 왜선(倭船)으로서 표류하여 도착하는 것

---

11) 한국민족문화대백과사전에서 발췌하였다.

12) 조선시대, 전라, 경상, 충청의 세 도에서 조세로 바치던 곡식을 배에 실어 서울로 나

이 매번 두 고을로 향하게 되는데, 허구한 날 머물러 있으므로 이바지하는 비용이 한 해에 혹 1천여 석이 되고 있으나, 조세를 받아서 떼어 주는 것은 10분의 2~3도 되지 않아 과외로 백성에게서 징수하게 되므로 유망(流亡)하는 일이 잇따르고 있습니다.

지금부터 조세로 받는 햅쌀을 넉넉하게 주지 못한다면 본도의 가분모(加分耗)[13] 가운데에서 해마다 1천 석을 적당히 헤아려 두 고을에 분배(分排)해서 왜인의 양식에 부족한 수를 보충하게 하는 일입니다.

표류한 왜인을 대접하는 것은 그 폐단이 매우 고질이어서 구제하는 정사가 없을 수 없습니다. 가분모를 나누어 주는 일에 있어서는 매년 장계하여 가분해 달라고 청하는 것을 가리키는 듯하지만, 여기에서 주도록 하면 역시 장애가 되는 단서가 없지 않아 갑자기 의논하기에는 어려움이 있으니 도신에게 특별히 강구하게 하되, 이 밖에 구제할 방도로 백성에게 실제 효과가 미치도록 기해야 하겠습니다.[14]"

비제와 세운 시기는 다음과 같다.

를 때 중간에서 쉬던 곳.

13) 가분은 흉년이 심한 경우와 같이 특별한 상황에서 각 지방에서 가지고 있는 환곡의 원래 정해져 있는 창고 보유 곡물의 비율을 줄이고 나누어 주는 곡물의 비율을 늘리는 것인데, 가분모는 분류법을 따르지 않고 추가로 분급한 환곡의 이자 수입.

14) 《비변사등록》에서 발췌하였다.

비제: 암행어사조공기겸영세불망비

(暗行御史趙公基謙永世不忘碑)

숭정 기원 후 사 기축 11월일 립(崇禎紀元後四己丑十一月月日立)

1829년 11월 어느 날 건립

산청에 있는 조기겸의 불망비는 어사 박문수비와 나란히 있으며, 세운 시기는 같게 되어 있다.

그림 8 어사 조기겸비, 거제 기성관

암행어사 활동 시기가 다른데 어떠한 이유로 같은 시기에 비를 세웠는지는 알아내지 못하였다.

조기겸 어사를 칭송하는 명문이 비에 있다.

그런데 이 비에 보이는 명문 중에 몇 자는 마모로 인해 잘 보이지 않아, 필자가 추정하여 몇 자를 보강하였으며, 명문 풀이도 필자가 하였지만 제대로 된 것은 아니라 할 정도로 이해가 어려운 것이었다.

비제: 어사조공기겸영세불망비(御史趙公基謙永世不忘碑)

店毁奮律	여석점의 법도가 없어져 폐허가 되니
公覈[15]其實	공이 성실이 조사하여 결실을 맺었네
傀定獻百	괴이하게 된 헌백을 정리하고
丁無侵一	하정마을에는 침입도 하나도 없게 하네
威行繡斧	어사가 위엄을 행하여 왕명을 수행하니
乳復■■	우유가 다시 나는구나
丹山若[16]礪	단성의 산이 바뀌어 숫돌이 될 때까지[17]
有文可質	옳은 일은 큰 보람이 되었네

15) 필자가 추정하여 넣은 글자이다.

16) 필자가 추정하여 넣은 글자이다.

17) 필자의 추정으로 泰山若礪(태산지려)를 말하며, 한 고조(漢高祖) 유방(劉邦)이 개국 공신들을 책봉하면서 "황하가 변하여 허리띠처럼 되고, 태산이 바뀌어 숫돌처럼 될 때까지, 그대들의 나라가 영원히 존속되어 후손들에게 전해지도록 할 것을 맹세한다.[使河如帶 泰山若礪 國家永寧 爰及苗裔]"라고 말한 철권의 고사가 유명하다.《史記 卷18 高祖功臣侯者年表》.

道光 十五年 乙未 五月 日 1835년 세움

都■■礪石店 立

산청금석문에 보이는 조기겸의 명문은 풀이가 되어 있지 않고, 마모로 인한 각자가 잘 보이지 않아서, 조기겸 어사비의 명문 풀이에 많은 시간이 소모되었다.

그림 9 어사 조기겸비, 산청 도산

그중에 礪石店(여석점)은 무엇을 뜻하는지 알아내지 못한 것이 많은 아쉬움이 있었지만, 2024년 4월 15일 산청 향토연구소장 이신 권유현 선생께서 내력을 알려 주셨다.

산청 신안면 도산에는 질 좋은 礪石이 많이 생산되어 조선 팔도에 판매되었는데, 그로 인하여 이권과 착취로 인해 폐단이 발생하였다고 한다.

이러한 것을 조기겸 어사가 폐단을 없애 주었다는 내용의 선정비 명문으로 생각된다.

조기겸의 어사 별단에 산청이 언급되나 여석점의 기록은 보이지 않는다.

③
박문수 선정불망비

박문수朴文秀(1691년~1756년)[18] 본관 고령, 자는 호는 기은, 박항한(朴恒漢, 1666~1698)의 아들로 증조부는 현종 대에 이조판서를 지낸 박장원(朴長遠, 1612~1671)이며 당고모가 경종의 장모인 영원부부인 박씨(靈原府夫人 朴氏, 1668~1735)이다.

암행어사하면 박문수로 대변되기에 많은 일화를 남긴 것으로 유명하지만, 기록에는 암행어사가 아니고 별견어사[19]로 나온다.

전라도, 함경도 어사로 되었다는 기록이 보이지 않으며, 조선왕조실록에는 경상도에 별견어사로 파견되었다는 기록이 유일하고, 神話처럼 되어 버린 어사 박문수 이야기는 지방관 시절의 선정 등이 어사의 행적과 맞물려 암행어사의 대명사로 여겨진 것으로 추정된다.

필자가 조사한 박문수의 선정비는 어사는 1좌이고 그 외는 관찰사 선정

---

18) 한국민족문화대백과사전에서 발췌하였다.

19) 암행하여 어사 임무를 수행하는 것이 아니고 공개적으로 특별임무를 수행하는 어사를 지칭한다.

비였다.

특히 경상도 관찰사 선정비만 보이고 다른 지역에는 보이지 않았다.

관찰사 선정비 위치는 문경 점촌, 양산 통도사. 양산향교, 언양향교에 있다.

수많은 일화로 알려진 어사 박문수 선정비가 전국에 유일한 것이 의아스럽고, 그리고 당대에 세워진 선정비가 아니고 108년 후에 선정비를 세운 것이 의문스럽기만 하다. 어사 박문수의 선정비를 보게 된 것은 산청 도전리 마애불 불상군을 보고나서, 차를 타고 다른 답사 장소로 가는 중에 차 안에서 선정비가 3좌가 있어 얼핏 보니 박문수라는 명문이 보였다.

그래서 다른 답사 장소에 갔다가, 일행과 같이 박문수 선정비를 보러 왔던 것이다.

박문수 선정비는 도산초등학교 입구에 있으며, 어사 조기겸, 순찰사 조석우비와 나란히 있다.

비에는 어사 박문수를 기리는 송시가 있다.

비제: 어사박공문수영세불망비(御史朴公文秀永世不忘碑)

丹山礪石	단성에는 여석이 있어
克艱攻鑿	다듬기가 가장 어렵구나
公奏加米	공이 아뢰어 쌀을 내리리
民趨躅役	백성들이 앞 다투어 노역에 종사하네

夏砥[20]荊貢　중국의 지주[21]와 같고 형주의 대나무로다

商金[22]傅作[23]　진나라 상앙의 금이요 은나라 부열이로다

介于[24]此德　돌처럼 변하지 않는 덕을 열었으니

永世無斁　영원토록 싫어하지 않으리

道光 十五年 乙未 五月 日　1835년 5월

都■■ 礪石店 立　여석점 세우다

단성 도산에는 여석이 많이 났으며, 그로 인해 많은 폐단을 낳은 것으로 추정된다.

어사 조기겸이 와서 이러한 폐단을 없애 버렸는데, 뜬금없이 108년 지난 뒤에 어사 박문수비를 세운 것은 최대의 의문이다.

---

20) 夏砥의 뜻을 찾지 못해 주석(17)과 같이 추정으로 풀이하였다.

21) 지주는 중국 황하의 돌을 말하고 형주의 대나무는 《서경》 〈우공(禹貢)〉에서 형주의 공물(貢物) 중에 대나무의 일종인 균(箘)·노(簵)를 청모(菁茅)보다 먼저 나열한 것을 가지고, 형주의 공물 중에는 대나무가 청모보다 중시되었다고 말한 것이다. 청모는 가시가 있고 줄기의 등골[脊骨]이 셋인 풀로, 제사 때 술을 거르는 데 쓴다.

22) 진(秦)나라 효공(孝公)이 상앙(商鞅)의 개혁안(改革案)을 채용할 때, 백성들이 법을 믿지 않을까 두려워하여 세 길이나 되는 나무를 도성(都城)의 남문(南門)에 세워 놓고, 백성들에게 이것을 북문(北門)으로 옮기는 자가 있으면 50금(金)을 주겠다고 선포하였는데, 한 사람이 옮기는 자가 있으므로 곧 50금을 주었다는 고사(故事.

23) 중국 은(殷)나라 고종(高宗) 때의 재상. 토목 공사(土木工事)의 일꾼이었는데, 재상으로 등용되어 은나라 중흥(中興)의 대업(大業)을 이룩하였음.

24) 돌처럼 견고해서 하루가 다하기를 기다리지 않으니 정하고 길하다는 介于石을 말한다.

박문수의 선정을 잊지 못해 그를 기념하기 위해 어사 조기겸 선정비를 세울 때 같이 세운 것으로 추정되지만, 알 수 없는 것이 그 당시의 상황이다.

박문수는 여러 일화를 많이 남겼는데 그중 몇 가지만 아래와 같이 소개한다.

하루는 박문수가 박좌수라는 부자의 집에서 신세를 지게 되었는데 그 자가 사람들 앞에서 자기 조카가 그 유명한 박문수라고 말하고 다니는 것을 보고 놀라서 밤에 몰래 마패를 보이고 박좌수를 추궁하자 자신의 정체를 밝히길 그 박좌수는 원래 백정 출신이었다. 당연히 백정은 조선시대에 사람 취급도 안 했는데 좌수 증명서까지 가지고 있었기에 박문수가 물어보니 그는 원래 백정 일로 많은 돈을 벌긴 했지만 백정이다 보니 길 가는 어린 아이에게도 천시를 당해야 했고 이 억울함을 알고 지내던 그 고을 이방에게 호소했는데 이 이방이 꾀를 내어 마침 새로 온 수령에게 박 씨를 좌수로 추천했다. 물론 그 동네 양반들이 당연히 들고 일어나서 좌수 자리는 취소되었지만 좌수 직첩 자체는 뺏기지 않고 갖고 있게 되었고, 이 직첩을 가지고 다른 곳에 이사해서 살면서 좌수를 지냈던 양반 행세를 할 수 있게 된 것이다. 그러나 이것도 시간이 지나면서 일반 양반들이 의심을 하기 시작하자 유명한 박문수를 자기 조카라고 속인 것이었다.
이 이야기를 들은 박문수가 박좌수를 더 이상 추궁하지 않고 비밀을 지켜 주는 것도 모자라 마을에 머무는 동안 일부러 출두까지 해서 신분을 밝히고 진짜 조카 노릇을 해 주자 그 고을의 양반들도 박좌수가 박문수의 숙부라고 믿어 그동안 의심한 것에 설설 기며 용서를 빌었고 박좌수도 이를 고마워해서 나중에 박문수 몰래 그의 집을 새로 지어 주었다고 한다. 이 사실을 안 박문수의 동생이 박좌수의 존재를 알고 감히 백정 따위가 양반을 농락한다며 그의 집으로 가서 큰소리를 쳤지만 오히려 박좌수 집 하인들에게 매를 맞고 "이놈이 제 조카인데 미친 병에 걸려서 헛소리를 내뱉는답니다."라는 말을 듣고 쫓겨나 버렸다. 이후 박문수의 동생이 박문수에게 이 일을 호소하자 박문수는 껄껄 웃으면서 박좌수가 산전수전 다 겪은 인물인데 너같이 어린 녀석이 함부로 상대할 인물이 아니라며 오히려 동생에게 한 소리 했다고 한다.[25)]

위 내용은 《청구야담》에 나오는 것이며, 내용 중에 박문수 동생이 나오지만, 고령 박씨 세보에는 동생의 기록이 보이지 않는다.

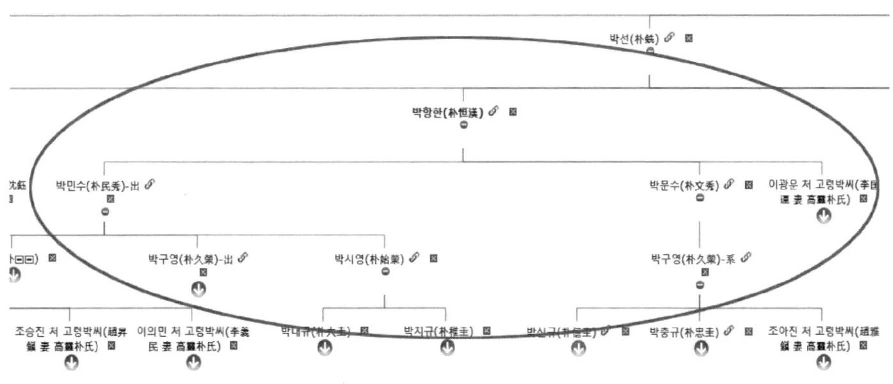

그림 10 박문수 가계도, 한국학 자료센터

25) 나무위키에서 발췌하였다.

부친인 박항한은 2남 1녀를 둔 것으로 나와, 위에 나오는 박문수의 일화가 신빙성이 있어 보이지는 않는다.

위의 가계도에서 보듯이 형 박민수와 박문수 그리고 누이가 한 명 있는 것으로 나타나, 청구야담에 보이는 박문수의 일화는 신빙성이 조금 떨어진다.

다만 재미를 더하기 위해 가공의 인물인 박문수 동생이라는 것을 넣은 것으로 추정된다.

전북무주 구천동에도 박문수의 설화가 전해지고 있다. 그 내용은 아래와 같다.

> 지금으로부터 300년 전인 숙종 시절, 나라가 평온하고 백성들이 안정되게 살던 때의 이야기이다. 한 나그네가 길도 없는 산속을 헤매다가 날이 저물게 되었다. 저 멀리 비치는 불빛을 따라가 보니 예상밖의 큰 마을이 나타났다. 나그네가 마을에 도착한 시간은 늦은 밤이어서 마을의 집들은 대부분 잠들어 있었고, 한참을 헤맨 끝에 불이 켜진 외딴집을 발견했다. 나그네가 외딴집 안으로 들어섰을 때, 방 안에서는 칼을 들고 날뛰며 같이 죽자는 노인과 죽여 달라는 아들의 격한 소리가 들렸다. 나그네가 다시 주인을 불러 방 안으로 들어가 하룻밤 묵을 것을 청하니 노인은 근심 어린 얼굴로 나그네를 맞았다. 나그네는 집안에 무슨 언짢은 일이 있는지 물었다. 노인은 망설이다가 자신은 본래 서울 사람 구재서인데 젊어서 몸이 약해 요양차 이곳에 왔다가 마음에 들어 아예 동네에서 아이들을 가르치며 살고 있었는데, 같은 마을에 사는 천석두라는 거부가 자신을 시기하

고 미워하여 괴롭히고 있다고 말했다. 천석두는 노인 구재서의 아들이 천석두의 며느리를 꾀어내려 했다는 소문을 퍼뜨리고, 그것을 빌미로 노인의 아내를 자기 아내로, 노인 며느리를 자기 며느리로 데려가겠다고 했고, 내일이 결혼하는 날이라고 했다. 나그네는 관아에 가서 고하면 어떻겠냐고 물었지만 구재서는 이곳이 천씨 일가의 천지라서 소용없는 일이라고 답했다. 나그네는 목숨은 소중한 것이니 함부로 버리지 말고 걱정하지 말라고 했다. 나그네는 이른 아침 무주부 동헌에 도착하여 고을의 사또 임혜진에게 광대 네 명을 대령시키도록 명령하고 네 명의 광대에게 황, 청, 흑, 백색의 옷을 입힌 후 점심때 조금 지나 구재서의 집에 도착했다. 구재서의 집 마당에는 혼례를 치르려는 천석두네 청년들로 복잡했고, 곧 사모관대를 쓴 천석두 부자가 나왔다. 구재서는 죽지 못한 것을 한스러워하며 있었는데 그때 밖에서 황, 청, 흑, 백색의 중앙황제 대장군, 동방청제 대장군, 남방직제 대장군, 북방흑제 대장군이 나타나 천석두 부자의 목덜미를 휘어잡고 사라졌다. 억울한 구재서 집안을 구하고 천석두 부자를 잡아 혼내 준 사람은 바로 어사 박문수였다. 박문수는 천석두 부자를 멀리 귀양 보내고, 구재서 노인의 아내와 며느리를 돌려보내 가족들이 행복하게 살도록 했다. 마을에는 평화가 찾아왔고, 이후로 구씨 성과 천씨 성을 지닌 사람들이 잘 어울려 살게 되어 이 마을을 '구천동'이라고 부르게 되었다.[26)]

26) [출처] 한국학중앙연구원 - 향토문화전자대전

위의 내용에서도 시기가 맞지 않는 것이 보이는데 숙종 시절에는 박문수가 과거에 급제하기 이전이므로 시대적으로 맞지 않다.

박문수는 경종 때 과거에 급제하여 관료로서 활약하였고, 더군다나 전라도 암행어사를 하지 않았기에 더욱 그렇다.

서울에서 영남으로 가려면 문경새재로 해서 가는 길인데, 아무리 길을 잘못 들어도 무주구천동으로는 가지 않았을 것으로 생각된다.

전설은 전설로…….

그림 11 어사 박문수비, 산청 도산

경북 청도군지에는 박문수와 떡장수라는 일호가 전해지고 있으며, 그 내용은 다음과 같다.

조선 현종(顯宗)[27] 때 박문수 어사는 경상도 민정 암행의 임무를 띠고 언양 고을의 민정을 두루 살핀 다음 종자들과 헤어져 청도로 향하였다. 길을 가던 박문수는 노자를 모두 종자에게 맡기고 온 것을 뒤늦게 깨닫고 당황하였으나 방법이 없었다. 배가 고파도 노자가 없어 요기조차 할 수 없었다. 고개 아래에 이르렀을 즈음 시장기가 났으나 청도에서의 소임이 중대한지라 걸음을 멈추지 못하고 간신히 고개 위에 이르렀다. 박문수가 고개 위에서 쉬면서 사방을 살펴보니 수수떡을 부쳐 파는 두 여인이 보였다. 박문수는 속으로 안도의 한숨을 쉬며 다가가 떡값을 물었다. 여인들이 큰 떡 두 개에 한 푼이라고 하였다. 박문수가 자신의 사정을 이야기하고 청도에 가면 아는 사람이 있어 노자를 변통할 수 있으니 외상으로 떡 한 푼어치만 줄 것을 간청하였다. 그러자 한 여인이 코웃음을 치면서 "재수가 없으려니까 별 거지 녀석 다 보겠네. XX 밤 까는 수작 마라."라고 하면서 욕설을 퍼부었다. 이때 옆에서 보고 있던 다른 여인이 "한 푼어치 외상을 달라다 왜 그 같은 수모를 당하시오. 돈을 받지 않을 테니 내 떡을 자시고 요기를 하시오." 하면서 떡을 봉지에 싸 주었다. 그 덕분에 박문수는 주린 배를 채울 수 있었다. 외상값은 그날 저녁 안으로 갚기로 약속하고 박문수는 길을 떠나 청도 땅에 다다랐다. 박문

27) 박문수는 영조 때 암행어사를 역임하였기에 시대가 맞지 않다.

수는 청도 군수에게 운문산 고갯마루에서 봉변을 당한 이야기를 하고 사령 두 사람과 까지 않은 밤송이를 준비하라고 일렀다. 사령에게는 곧 운문산 고갯마루로 가서 떡 파는 두 여인을 데려오도록 명하였다. 두 여인이 사령에게 이끌려 동헌에 들어왔다. 욕을 하던 여인은 당상에 앉은 박문수를 보고 눈물을 흘리면서 살려 달라고 애원하였다. 박문수는 먼저 자신에게 친절히 대하여 주던 여인에게 "너는 인심이 좋은 사람이니 상금으로 돈 100냥을 줄 테니 받아라." 하면서 상금을 내렸다. 욕설을 하던 여인에게는 "너는 재주가 좋으니 이 밤송이를 손대지 말고 XX로 마음껏 까먹어라." 하고 꾸짖었다. 이때 상금을 받은 여인이 욕설을 한 여인의 용서를 간청하였다. 그리하여 박문수는 다음부터는 항상 입버릇을 조심하라고 훈계한 뒤 두 여인을 돌려보냈다. 박문수는 영남 땅을 두루 살피고 서울로 올라와 임금에게 복명을 한 뒤 당시의 영상이던 조 대감의 집을 방문하였다. 조 대감은 박문수에게 그동안의 노고를 치하한 후 영남에서 겪은 재미있는 이야기를 들려주라고 하였다. 박문수가 청도에서 당한 봉변을 이야기하였는데, 조 대감의 조카가 그 말을 듣고 다른 사람에게 이야기를 하여 온 조정에 퍼지게 되었다. 그 뒤 사람들이 박문수만 보면 모두들 "밤 까라, 밤 까라." 하면서 웃었다고 한다. 이후로 남의 청을 들어줄 수 없을 때는 "밤이나 까먹어라." 하고 말하곤 하였다.[28)]

28) [출처] 한국학중앙연구원 - 향토문화전자대전

④

유석 선정불망비

유석柳晪(1841년~?)[29] 본관은 전주이고 자는 공필이다.

조선 후기에, 경상좌도암행어사, 내무부참의, 대사간 등을 역임한 문신 등의 기록이 보이지만, 남아 있는 선정비와 조선왕조 기록에는 유석(柳奭)과 유석(柳晪)으로 나타나 동일 인물인지를 확신할 수 없지만, 필자는 동일 인물로 본다.

남아 있는 유석의 선정비를 나열하여 분석하여 본다.

번호	비제	설립 시기	위치
1	수의상국 유공석 청덕비 繡衣相國 柳公奭 清德碑	1887년 丁亥年	울산 서생면
2	암행어사 유공석 영세불망비 暗行御史 柳公奭 永世不忘碑	1888년 戊子年	천안 목천
3	수의유공석선정비 繡衣柳公奭[30]善政碑	1888년 戊子年	아산 성내리

---

29) 한국민족문화대백과사전에서 발췌하였다.

30) 비문이 희미하여 석자가 奭인지 王+奭인지 확인이 되지 않는다.

4	암행어사유공석청덕불망비 暗行御史柳公瑛清德不忘碑	1887년 丁亥年	창녕 영산
5	암행어사유공석영세불망비 暗行御史柳公瑛永世不忘碑	1885년 乙酉年	영천 신녕
6	현감유공석애민성정비 縣監柳公奭愛民善政碑	1866년 丙寅年	고창 흥덕
7	관찰사겸순찰사유공석청덕휼민만세불망비 觀察使兼巡察使柳公瑛清德恤民萬世不忘碑	1894년 甲午年	익산 여산

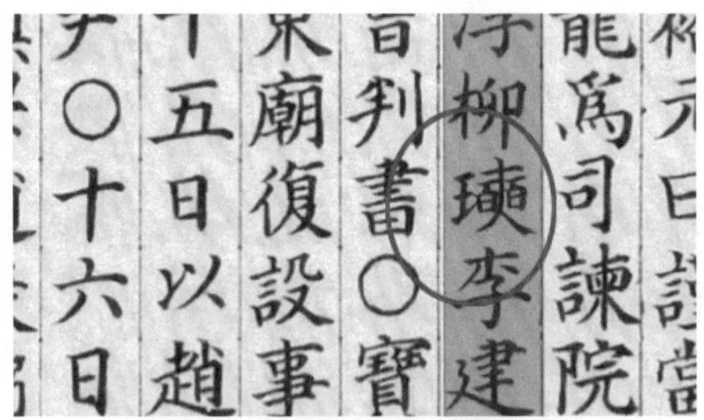

그림 12 조선왕조실록에 보이는 유석

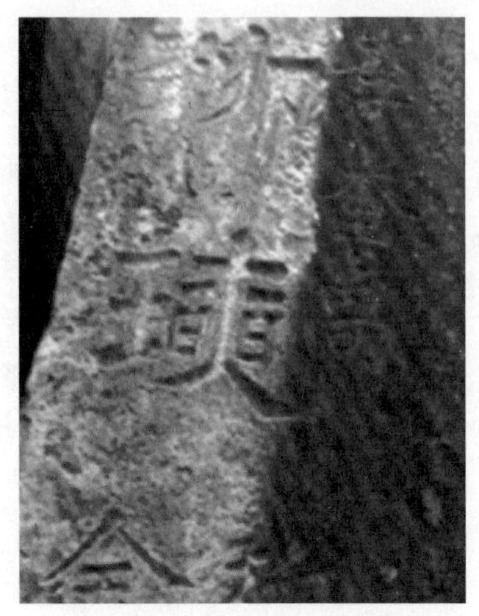

그림 13 통도사, 유석 마애각자

조선왕조실록에는 유석의 초계(抄啓)가 1874년이며, 한자는 유석(柳㻐)으로 되어 있다.

그러므로 울산 서생에 있는 柳奭은 柳㻐의 오기로 생각되고, 또 한 전북 고창 흥덕향교에 있는 현감 유석의 비에는 명문이 유석(柳奭)으로 되어 있어, 다른 인물일 가능성도 있지만, 改名의 여지도 있다고 생각된다.

선정비 외에도 마애각자가 남아 있는데 그곳의 명문도 유석(柳㻐)으로 되어 있기에 동일 인물로 보았다.

그림 14 법주사, 유석 마애각자

아산 성내리 어사 유석의 선정비에는 柳⿰土奭으로 되어 있기에, 오기일 가능성 짙지만, 명문의 마모로 인한 것으로 보인다.

익산 여산에 있는 것은 관찰사 유석인데, 세운 시기가 1894년이어서 의문이 많이 드는 선정비이다.

조선왕조실록이나, 《승정원일기》에는 관찰사에 제수된 기록이 보이지 않기에 더욱 그렇다.

1889년에 전라도 유석을 안핵사로 파견하였다는 기록이 유석의 마지막 기록이고, 필자가 추정으로는 안핵사를 관찰사로 다르게 표현한 것으로 생각되지만, 어디까지나 필자의 추정이다.

선정비는 있으나, 碑에 새겨진 인물이 역사적인 자료에 보이지 않다는 것은 무엇을 의미하는지 추정되지 않는다.

많은 의문을 가진 선정비이지만 암행어사를 수행하였기에, 선정비가 있다는 것으로 알 수 있지만, 의문만 남은 것이다.

필자의 생각은 암행어사가 와서 수령의 폐단과 착취 등을 바로잡았기에, 선정비를 세우는 과정에서 암행어사의 이름을 잘 못 전달할 가능성이 농후한 것으로 생각된다.

여러 가지 추정이야 가능하겠지만 다양하게 생각을 해야 할 것이다.

유석의 선정비 중에는 어사를 칭송하는 頌詩가 있는 것은 영천 신녕과 울산 서생의 碑에 있으므로 그 내용은 다음과 같으며, 영천 신녕부터 소개한다.

비제: 암행어사유공석영세불망비(暗行御史柳公瑛永世不忘碑)

直秉[31]憲度　　강직함과 법과 도리를 두루 갖췄으니

---

31) 풀이는 필자가 직접 하였지만 잘하였다고 보지 않는다. 부족하더라도 양해를 바란다.

大樹風聲　　대수의[32] 명성 널리 알려지고
本外各站　　본영 밖에 있는 여러 역참을
蒙惠不輕　　은혜를 입혀 가볍게 하지 않으셨네
補弊兩洞　　두 마을의 폐단을 보충하셨고
橋梁亦成　　다리 또한 놓으셨네
水陸千載　　물과 뭍은 천년 동안
永壽芳名　　아름다운 이름 오래도록 남으리

光緖 十一年 乙酉 十二月 立　광서 12년(1885년)에 세우다
公兄[33] 河燦銈 金斗弼 河尙民 逋吏[34] 河在根

암행어사 유석의 선정비는 신녕면 사무소 여러 碑들과 같이 있으며, 비석은 잘 보존되어 있고, 비면에 보이는 명문은 선명하다.

유석의 선정비는 많이 남은 편에 속하며, 비석의 명문에 보이는 한자가 달라 많은 연구가 필요한 것으로 생각된다.

나중에 더 많은 자료들이 나오면 누군가가 연구하여 내놓을 것으로 생각하고, 필자 또한 자료를 계속 찾아야 될 것이다.

---

32) 훌륭한 장수의 덕에 감복한 나머지 그가 떠난 뒤에도 길이 잊지 못하게 될 것이라는 말이다. 후한(後漢)의 명장 풍이(馮異)가 전투를 승리로 끝낸 뒤에 여러 장수들이 서로들 공을 다투고 있는데도 혼자 나무 아래로 몸을 피하였으므로, 사람들이 '대수장군(大樹將軍)'이라고 일컬으며 칭송했다는 고사가 있다. 《後漢書 卷17 馮異列傳》.

33) 조선조 각 고을의 상급 관속(官屬). 호장(戶長)·이방(吏房)·수형리(首刑吏)를 일러 삼공형(三公兄)이라고 함.

34) 이 글자에 대한 자료는 보이나 무슨 뜻인지는 알아내지 못하였다.

그림 15 어사 유석비, 영천 신녕

그 다음으로는 울산 서생에 있는 어사 유석의 선정비의 명문이다.

특히 이 비는 쉽게 볼 수 없는 곳에 있어 울산에 사는 필자도 여러 곳에 수소문하여, 위치를 알았으며, 찾아가 보니 문이 잠겨 있어 사진 촬영하는데 많은 어려움을 겪었다.

누구나 볼 수 있게 하면 더 좋을 텐데 하는 생각이 많이 드는 어사 유석의 碑였다.

그림 16 어사 유석비, 울산 서생

비제: 수의상국유공석청덕비(繡衣[35]相國柳公奭清德碑)

登車志清[36]	수레에 오르면서 청렴하리라는 뜻을 세우니
於公初見	公에서 처음 보았도다
千金補瘼	천금을 들여 민폐를 없애니
江浦若洗	강과 포구는 씻은 듯하며

35) 繡衣는 암행어사가 입는 옷을 말하며, 암행어사의 다른 표현이다.

36) 울산 금석문에서 발췌하였다.

一海■面　　바다와……

木石猶輕　　목석도 오히려 가볍게 여겼네

慕切去後　　떠나신 뒤 더욱 간절하니

萬里前程　　장래가 양양하리라

都監 幼學 朴瑎奎

東江[37] 有司 金■東

南江[38] 有司 尹■■

光緒 十四年 丁亥　1887년 세우다

울산 금석문에는 유석이라는 인물이 없다고 되어 있다.

필자도 동의를 하지만 많은 연구가 필요한 것이 인물의 기록과 행적이므로 단정 지을 수는 없다.

조선 후기 이면 기록이 많이 있을 것으로 생각되었으나 의외로 많이 없는 경우가 많으며, 기록을 중시하는 조선시대이기에 더욱 아쉬운 마음이 든다.

그 다음으로는 창녕 영산에 있는 유석(그림 17) 비와, 천안 목천의 비(그림 18)와 그리고 아산 성내리의 비(그림 19)는 비제와 세운 시기만 언급한다.

---

37) 무슨 뜻인지 알아내지 못하였다.

38) 무슨 뜻인지 알아내지 못하였다.

頌詩나, 별다른 이야기가 없기에 그러한다.

창녕 영산의 비의 명문은 "암행어사유공석청덕영세불망비(暗行御史柳公奭淸德永世不忘碑)"라 되어 있고, 세운 시기는 "丁亥正月"이라 되어 있다. 정해년은 1887년이다.

그림 17 어사 유석비, 창녕 영산

그림 18 어사 유석비, 천안 목천

천안 목천에 있는 암행어사 유석의 비(그림 18)의 명문은 "암행어사유공석영세불망비(暗行御史柳公奭永世不忘碑)"라 되어 있고, 세운 시기는 "戊子四月日立"이라 되어 있다. 무자년은 1888년이다.

그림 19 어사 유석비, 아산 성내리

마지막으로 소개하는 어사 유석의 비(그림 19)는 아산 성내리에 있으며, 위치를 몰라 30여 분을 돌아다니다, 겨우 찾았다.

자료에는 성내리라 되어 있지만 정확한 지번이 없어, 이곳저곳을 찾다가 겨우 찾은 것이다.

고생한 만큼 기억에 많이 남는 비석군이기도 하다.

어사 유석비의 명문은 "수의유공석선정비(繡衣柳公𡒊善政碑)"라 되어 있고 세운 시기는 "戊子九月日"이라 되어 있다. 무자년은 1888년이다.

앞에서도 언급을 하였지만, 성내리의 유석의 명문은 "柳奭"이 아니고, "柳𡒊"으로 되어 있어 誤記일 가능성이 높다.

그러므로 울산 서생에 있는 유석의 비는 인물이 없는 것이 아니고 전달이 잘못되어, 오기일 가능성이 있다고 본다.

그림 20 아산 성내리 유석의 비의 명문(⿰土奭으로 되어 있다.)

⑤

이건창 선정불망비

이건창李建昌(1852년~1898년)[39] 조선 말기의 학자, 관료, 문장가. 본관은 전주(全州)로 정종의 10남 덕천군 이후생(德泉君 李厚生)의 15대손이다.

자는 봉조(鳳朝 · 鳳藻), 호는 영재(寧齋)이고, 당호(堂號)는 명미당(明美堂)으로 개성에서 태어났지만 강화도에서 자라 강화도에서 죽었다.

이건창은 최연소로 급제하지만 나이가 어려 몇 년 뒤에 출사를 한다.

대표적인 양명학파의 가문에서 자랐으며, 강화학파에 속한다.

이건창의 암행어사 비는 서울 송파, 하남[40], 강화도, 충남 홍성 그리고 인천 모도에 있다.

서울과 하남의 비는 교통편이 좋아 쉽게 찾아갈 수 있지만, 강화도와 인천 모도에 있는 비는 필자가 있는 울산에서는 찾아가기가 어려운 곳에 있었다.

특히 인천 모도에 있는 선정비는 영종도에서 모도로 가는 배를 타고, 모

39) 한국민족문화대백과사전에서 발췌하였다

40) 하남에는 이건창비가 감북동에 있다. 그리고 초월읍에는 있다는 기록이 있으나 현재는 보이지 않는다.

도에 도착 후 차로 20여 분 가야 하기에, 찾아가는 여정이 상당한 어려움이 있었다.

특히 강화도에 있는 이건창의 碑는 조부인 이시원의 비와 같이 있으며, 이시원 역시 암행어사를 역임하였기에 祖孫의 碑가 나란히 있어, 눈길을 끈다.

송파구에 있는 이건창의 비는 서울 송파공원에 있으며, 을축년 홍수 기념비와 같이 있다. 암행어사 이건창의 비를 세운 이유는 을축년 대홍수와는 관계가 없고, 신분을 숨기고, 송파장터에서 백성들의 어려움을 감싼 공덕을 기리기 위해 세웠다고 한다.

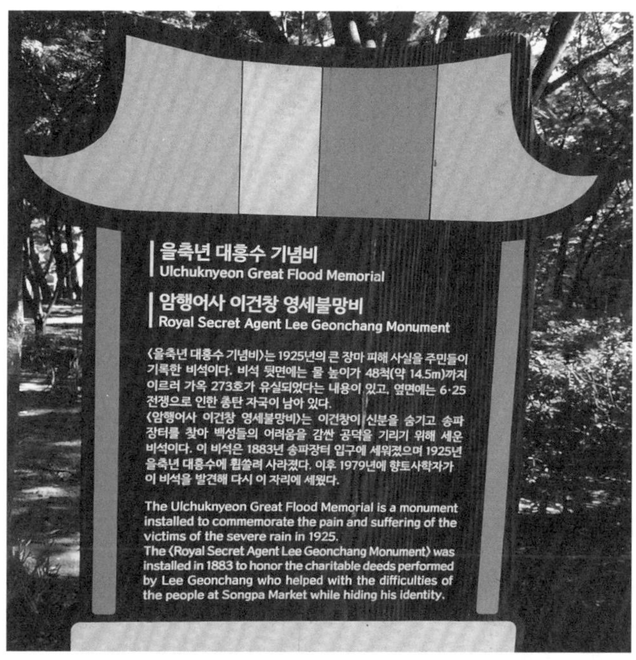

그림 21 송파공원 안내문

서울 송파공원에 있는 이건창의 비는 송시는 없으며, 비제만 있다.

그림 22 어사 이건창비, 서울 송파

비제는 "행어사이공건창영세불망비(行御史李公建昌永世不忘碑)"라 되어 있다. 비를 세운 시기는 光緖 9년 癸未 5월 中垈面 세우다 되어 있으며, 계미년은 1883년이다. 앞의 글에서 중대면은 조선시대 광주군 중대면으로 송파의 옛 지명이다.

그 당시 암행어사 이건창의 별단을 보면 경기 광주에 대한 것이 보인다.

그 내용은 다음과 같다.

광주(廣州)의 환곡 폐단은 세밀히 거론하기 어려우나, 그 가운데에서 이속(吏屬)이 반촌(班村)의 계방(契坊)[41]에 화매(和買)[42]하는 폐단은 더욱 심한 것이니, 수신을 시켜 '과조(科條)를 엄하게 세우고 그릇된 폐단을 고치게 해야겠습니다.'라는 것입니다.

본 고을의 환곡 폐단은 본디 고질화된 것인데 이미 다소 바로잡은 것이 있으니, 본디 이대로 시행해야 하겠습니다.

그러나 이속이 반촌의 계방에 화매하는 것은 더욱이 정리하여 법을 세워야 할 것이니, 수신을 시켜 그릇된 버릇을 철저히 고치게 하소서.[43]

별단에는 경기 여러 지역에 대한 것이 보이나 선정불망비가 있는 곳과 관련 있는 별단만 발췌하였다.

또한 이건창의[44] 집안은 고조부 이충익(李忠翊) 이후로 일명 강화학파(江華學派)의 학문을 계승하였다.

조부 이조 판서 이시원(李是遠)은 철종(哲宗)이 유일하게 신임한 신하로 학문과 정치에 관련된, 많은 자료를 모아 두어 나중에 손자 이건창(李建昌)이 《당의통략(黨議通略)》을 엮는 바탕을 마련하였으며, 부친 이상학(李象學)은 가학을 계승하는 한편 실학을 연구하였으며, 이건창(李建昌)은 문신이자 학자이면서 한말의 大문장가였다.

---

41) 조선 후기 각 지역 백성들이 하급관리들과 결탁하여 돈을 내고 군역·잡역 등을 경감 받거나 불법행위를 묵인 받던 일종의 이권 활동.

42) 사고파는 것의 옛 표현.

43) 고전번역원db에서 발췌하였다.

44) 고전번역원db에서 발췌하였다.

다음으로 소개하는 이건창의 비는 하남 감북동 사무소 마당에 있으며, 서울역에서 지하철을 타고 하남에 내려 택시를 타고, 경기 광주 분원전시관에 갔다가, 돌아오면서 보았는데, 필자를 태워 주던 택시기사님 말씀이 하남 감북동 사무소에 그리 많이 갔어도 여기에 암행어사비가 있는지 몰랐다 한다.

처음부터 아는 사람은 없으며 관심이 있으면 보이는 것이다.

감북동 사무소에 있는 이건창비는 뒷면에는 글이 없고 전면에는 비제와 세운 시기를 알려 주는 명문만 남아 있다.

비제는 "암행어사이공건창영세불망비(暗行御史李公建昌永世不忘碑)"라 되어 있고, 세운 시기는 "光瑞 9年 癸未 4월 서부면 립"이라 되어 있다.

그림 23 어사 이건창비, 하남 감북동

1883년에 세웠으며, 원래 자리는 배다리 근처에 있었던 것으로 처음에는 1/3 정도 땅에 묻혀 있었으며, 나중에 암행어사 비라는 것을 알아 보존 차원에서 현재의 자리에 옮긴 것이다.

인천 모도에 있는 이건창의 어사 비를 보러 울산에서 야간에 버스를 타고 갔으며, 버스가 도착한 시간은 새벽 4시 무렵이고, 이른 봄이라 새벽은 추워 고생을 한 기억이 생생하다.

대중교통이 움직이는 시간이 아니어서, 어디로 가지 못하고 밖에서 추위에 몸을 따뜻하게 할 곳을 찾다가, 포장마차 들어가 시간을 보내고 차를 빌려서 영종도로 향하였다.

배를 타고 10여 분 가서 내려 빌린 차를 몰아 모도에 도착하여, 이건창의 선정비를 보았다.

자료를 검색하면 옛 비와 새로운 비가 있었지만 필자의 눈에는 옛 비만 보였다.

불망비에는 비제(碑題)와 이건창을 기리는 송시가 있다. 그 내용을 소개하면 아래와 같다.

비제: 암행어사이공건창영세불망비
(暗行御史李公建昌永世不忘碑)[45)]

持斧[46)]剛直　　도끼와 강직함을 지녀

45) 인천금석문에서 발췌하였다.

46) 도끼는 임금의 명을 상징하는 것이다.

蠲減重役　밝음으로 세금과 역을 줄이니
惠及島濱　은혜가 섬에 두루 미치고
賴以永新　이에 힘입어 영원히 새롭도다

乙酉 六月 日　1855년 세움

그림 24 어사 이건창비, 인천 모도

이건창을 비를 보고 나서 다른 답사 일정이 있어 모도를 돌아보지 못하고 차를 달려, 선착장으로 향하였다.

모도로 들어갈 때는 화물차가 많아 기다리는 시간이 길었지만, 영종도로 향하는 배는 오랜 시간이 걸리지 않아 다음 일정이 비교적 수월하게 이어졌다.

강화도에는 선정비와 여러 국가유산을 보러 간 적이 있지만, 이건창의 암행어사 비를 인지 못 하여 다시 강화도를 들린 것이다.

1박 2일 일정으로 가는 비용이 만만치 않게 들지만, 처음부터 어사비를 인지 못 한 필자의 잘못이 크기에 경비가 많이 들어간 것이다.

영종도 항에서 차를 몰아 강화도 선두포 사기리에 있는 이건창의 비와 그리고 그의 조부인 이시원[47]비를 보러 갔다.

그림 25 어사 이건창비, 강화도 사기리

---

47) 이건창의 조부로 조선후기 이조판서, 예문관제학, 정헌대부 등을 역임한 문신이다.

사기리에는 몇 좌의 선정비가 있지만 특이한 것은 이건창과 조부인 이시원의 비와 나란히 있다. 여기는 조손(祖孫)의 비가 나란히 있는 것도 있지만, 이 2좌의 비가 암행어사 碑인 것이다.

조선시대에 많은 암행어사가 있지만 조손이 암행어사를 역임한 것도 영광이겠지만, 선정비가 나란히 있는 것도 가문의 커다란 기쁨인 것으로 생각된다.

강화도 사기리에 있는 이건창의 비에 그를 칭송하는 명문이 있어 다음과 소개한다.

비제: 수의사이공건창영세불망비(繡衣史李公建昌永世不忘碑)[48)]

來何暮[49)]也	어찌 이리 늦게 오셨는가
蠲減屯稅	밝음으로 둔전의 세를 감하고
世襲清德	대대로 청덕을 이어 가니
民生回甦	민생이 다 같이 소생하였도다

48) 인천금석문에서 발췌하였다.

49) 내하모는 '왜 이렇게 늦게 왔느냐.'는 뜻으로 백성들이 어진 정사에 감복하여 부르는 송가(頌歌)라는 뜻이다. 자(字)가 숙도(叔度)인 동한(東漢)의 염범(廉范)이 촉군태수(蜀郡太守)로 부임하여, 금화(禁火)와 야간 통행금지 등의 옛 법규를 개혁하여 주민 편의 위주의 정사를 펼치자, 백성들이 "우리 염숙도여, 왜 이리 늦게 오셨는가. 불을 금하지 않으시어 백성 편하게 되었나니, 평생토록 저고리 하나 없다가 지금은 바지가 다섯 벌이라네. [廉叔度 來何暮 不禁火 民安作 平生無襦今五袴]"라는 노래를 지어 불렀다고 한다.《後漢書 卷31 廉范列傳》.

甲申五月 日 八洞民人 立　1884년 5월 팔 동민 세우다

그림 26 강화도 사기리비, 이시원 左 · 이건창 右

마지막으로 이건창의 비는 홍성 홍동면에 있다.

홍동면 신기리에 있으며, 3좌의 비와 나란히 있는데 그중에 하나가 충청우도 암행어사를 지낸 이건창의 碑이다.

충청도의 좌우는 금강의 기준으로 하며, 1878년에 이건창이 충청우도 암행어사를 한 기록이 보인다.

고종 15년 무인(1878) 4월 26일(을사)비 15-04-26[21]
전전 태안 부사 조의현 등의 상벌을 청한 충청우도 암행어사
이건창의 서계에 대해 회계하는 이조의 계목

○ 이조 계목에,

원 문건은 첨부하였습니다.

충청우도 암행어사 이건창(李建昌)의 서계를 보니, '전전 태안 부사(泰安府使) 조의현(趙儀顯)은 굶주린 가호(家戶)를 가려내어 진휼하는 초기에 간교한 향임이 마음대로 선발하였고, 부호(富戶)에게 납입을 보충하도록 권할 때 교활한 군교가 뇌물을 받고 조종하였으며, 전후로 진휼할 밑천으로 남아 있는 돈 9511냥 9전 6푼을 모두 사사로이 썼고, 각종 생재(生財) 가운데 관속들에게 내준 조항 700냥은 명목이 이미 합당하지 않은데 실제로도 그렇게 하지 않았으며, 밀부(密符)를 새로 만들고 호선(胡船)에 쓰여지는 비용 등의 조항으로 285냥 또한 거짓으로 기록하였으며, 안흥(安興)의 예비비 1000냥을 유용하여 착복하였습니다.

이상으로 범장(犯贓)한 것이 모두 1만 1036냥 9전 6푼으로, 이미 다 탄로 난 것이 이와 같이 낭자합니다.' 하였고,

'전 서천 군수(舒川郡守) 김준현(金駿鉉)은 진휼미를 나누어 줄 때마다 창을 닫고 술에 취해 곯아떨어진 채 한 번도 살피지 않아 양이 감소되지 않음이 없고, 조미(租米)는 모두 빈껍데기뿐이어서 굶어 죽은 시체가 들판에 널려 있고 원망하는 소리가 길에 가득하였습니다. 노종(露踪)하는 날 문부(文簿)를 가져다 살펴보니 진휼하고 남은 돈이 815냥인데, 해당 색리(色吏)가 고한 바로는 이미 관에서 썼다고 하며, 소금, 장(醬), 미역 등의 값 250냥을 순전히 거짓으로 기록하였고, 세미(稅米) 150석을 서울에 사는 쌀장수에게 묵은 빚을 갚는 조로 획부하여 그로 하여금 양호(養戶)하고 방결(防結)하게

하였습니다.

관장(官長)이면서 방결하고 세미(稅米)를 가지고 빚을 갚는 것은 고금에 없는 일로 법과 기강이 달린 문제라 이미 봉고(封庫)하였습니다.' 하였습니다.

위의 두 고을의 전임 수령은 모두 해부(該府)로 하여금 나문하여 엄중히 처벌하게 하소서.

'전 홍주 목사(洪州牧使) 오달선(吳達善)은 각종 잡미(雜米)를 모두 비싼 값으로 받아내었으니, 비록 잘못된 규례를 답습한다고 하더라도 어찌하여 전에 신칙한 것을 어긴다고는 생각지 않았단 말입니까. 진(鎭)의 군교를 신문하면서 혹형으로 죄를 꾸며 대어 하루가 지나자 죽어 버렸으니, 크게 법의(法意)를 상실한 것으로 논죄하지 않아서는 안 됩니다.' 하였고,

'전 대흥 군수(大興郡守) 심영경(沈英慶)은 아전의 죄를 허위로 꾸며 댄 것은 사단(事端)이 기생을 가지고 다툰 데서 발생하였고, 백성들의 산업에 대해 세세히 캐물은 것은 뇌물을 노리는 데 저의가 있었습니다.

변방에 사는 한좌경(韓佐慶)에게 300냥, 근동(近東)의 윤영배(尹永培)에게 600냥, 내북(內北)의 황치도(黃致道)에게 400냥, 후사(後寺)의 이건두(李建斗)에게 400냥을 강제로 대여하거나 강제로 빼앗았는데, 허물이 다 드러나 덮어 둘 수가 없습니다.' 하였습니다.

위의 두 고을의 전임 수령은 모두 해부로 하여금 나문하여 처리하도록 하소서....... 생략.

비석에는 이건창을 칭송하는 명문과 비제가 있다.

비제: 암행어사이공건창영세불망비(暗行御史李公建昌永世不忘碑)

公執虎符	공께서 호부[50]로 집행하시고
粤我驛亭	우리 역정에는
特賜之金	특별히 돈을 내리시어
德如馳郵	德이 역마를 달리는 듯하였고
凋弊收憂	폐단을 없애고 근심을 거두시니
乃安基堵	이에 그 기틀을 안정시켰도다
所憩[51]草木	초목도 쉬게 하였고
非爲偏厚	敦厚에만 치우치지 않으셨네
山高海濶	산은 높고 바다는 넓었지
其帶雨露	비와 이슬이 길을 따라 흐르듯
均是頌恩	송덕과 은혜는 고루 하시어
百世不諼	백세 동안 잊지 못하네

50) 군사를 발병(發兵)할 때 사용하던 병부(兵符). 한 면에는 '발병(發兵)'이라 쓰고, 다른 면에는 '모도(某道) 관찰사(觀察使), 또는 '모도(某道) 수륙 절제사(水陸節制使)'라고 쓰고, 그 한가운데를 쪼개어 우부(右符)는 그 책임자에게 주고, 좌부(左符)는 중앙의 상서사(尙瑞司)에 두었다가, 임금이 발병할 때 이 좌부를 내려 보내어 우부와 맞추어 본 뒤 동병(動兵)하였음. 여기서는 암행어사의 권위나 업무를 말하는 것으로 생각된다.

51) 《시경》에 이르기를 "무성한 저 감당나무를, 자르지도 말고 베지도 말라, 소백께서 쉬셨던 곳이니라." [蔽芾甘棠 勿翦勿敗 召伯所憩].

光瑞 四年 戊寅 五月 日 立　1878년 세우다

그림 27 어사 이건창비, 홍성군 홍동면

⑥

이시원 선정불망비

이시원李是遠(1790년~1866년)[52] 조선 후기 문신이며, 본관 전주 자는 자직, 호는 사기, 덕천곤의 후손으로 진사 면백의 아들이며, 이건창의 조부이다.

1866년 병인양요가 일어나 강화성이 함락되고 숙종과 영조의 어진이 봉안 된 전각들이 불타자 동생 이지원과 함께 자결하였다.

1833년에 이시원은 경기 암행어사가 되어, 경기도 일대 민정 시찰에 나서 엄정함 법집행으로 이름을 날렸다.

강화도 사기리에 있는 어사 이시원의 비는 어사를 역임한 시기가 한참 지난 40년 뒤인 1873년에 비를 세웠는데 세워진 이유가 무엇인지 알 수 없다.

추정하기로는 이 시기에 병인양요로 자결함에 따라 그에 대한 추모의 분위기에서 세운 것으로 짐작된다.

비에는 그를 칭송하는 명문이 있으며, 다음과 같이 소개한다.

---

52) 한국민족문화대백과사전에서 발췌하였다.

비제: 어사이공시원견세휼민영세불망비
(御史李公是遠蠲稅恤民永世不忘碑)[53]

我稅我田	나의 세금은 내 땅에서
昔七今五	칠을 빌려 지금은 다섯
云誰之惠	누가 은혜를 베푸는가
自公持斧	공이 스스로 도끼를 들고 오네

同治十二年 三月 日 屯民 等 立　1873년 3월 둔민 세우다

이시원이 어사로서 둔전의 세금을 7에서 5로 감해 준 것이 명문에 나타나며, 지금까지 조사한 이시원의 선정비는 강화도와 춘천에 남아 있다.

이시원은 헌종 초년에 동부승지에 올랐으나 부임하지 않았다.
그때 마침 춘천부사 자리가 비어, 조정에서 모두 그를 추천했으나 극력 사양하다가, 순원왕후(純元王后)의 명으로 할 수 없이 부임하였고 한다.
그때 춘천에 큰 흉년이 들었는데, 관전(官錢)을 내어 쌀을 팔아 백성들을 급히 구제하였다.[54]

53) 인천금석문에서 발췌하였다.

54) 한국민족문화대백과사전에서 발췌하였다.

이러한 공적으로 인해 춘천 백성들이 선정비를 세운 것으로 생각된다.

그림 28 어사 이시원비, 강화도 사기리

⑦

훈장 딸과 암행어사[55)]

필자가 책을 출간하고 난 뒤 가까운 지인들과 독자들의 반응을 물으면, 사진과 관련된 국가유산에 얽힌 일화를 책에 써 달라는 것이 많았다. 그리고 몇몇 분들은 내용 자체만으로 재미있고 괜찮다 하였다.

그러나 글을 쓰면서 사진에 보이는 유물과 관련한 일화를 찾았으나 찾지 못하여 책에 실지 못한 것이, 한편으로는 미안하고 일화가 없는 것이 아쉬웠다.

그래서 암행어사는 제법 일화가 있으나 선정비와 직접적인 관련된 것은 아니더라도 몇 개의 일화를 소개하고자 한다. 비석의 주인공의 간단한 내력만 이야기 하다 보면 지루할 것 같아 중간에 넣는다.

옛날 어떤 고을에 서당 훈장이 살았는데, 아내는 없고 예쁜 딸이 한 명 있었다. 훈장이 사는 마을에는 부유하지만 행실이 좋지 않은 한량이 살고 있었다.

---

55) 어느 시대, 누구인지는 알지 못한다.

어느 날 한량의 눈에 훈장의 예쁜 딸이 띄었다.

한량이 몇 번 접근하여 보았지만 통하지 않자, 훈장의 옆집에 사는 할멈을 매수하여 자기의 대님을 그 딸의 방에 놓아두게 하였다.

이튿날 한량이 훈장을 찾아가 어제 따님과 잠자리를 함께하였는데, 대님을 두고 와서 찾으러 왔다고 하니 훈장의 집이 발칵 뒤집혔다.

훈장의 딸이 억울하여 고을 원에게 판결을 부탁하였으나, 고을 원은 이미 한량에게 매수당하였다.

고을 원이 한량에게 처녀의 몸의 특징을 말하여 보라고 하니, 가슴에 사마귀가 있다고 하였다.

고을 원이 한량에게 죄가 없다고 판결할 찰나에 처녀가 옷고름을 풀어헤치고 앞가슴을 드러내어 누명을 벗었다.

이 사건을 보고 있던 암행어사(暗行御史)가 한량과 고을 원을 엄벌한 뒤, 처녀의 행동과 용모에 반하여 아내로 맞아 행복하게 살았다고 한다.[56)][57)]

56) [출처] 한국학중앙연구원 - 향토문화전자대전

57) 대구광역시 남구 대명동에서 훈장 딸과 암행어사 관련하여 전하여 오는 이야기이다.

⑧
영리한 부인과 암행어사

암행어사가 내려온다는 소문에 온 마을이 청소를 하고 있었다.

어사가 암행으로 내려오다가 이것을 보고 한 동네 남자에게 "누가 오는데 이렇게 동네 분들이 청소를 하시냐?"라고 물었다.

그러자 입에 욕을 달고 사는 그 남자가 "암행어사인지 뭔 놈인지가 온다고 이렇게 일을 시킨다."며 어사를 욕하였다.

그날 밤 암행어사는 그 남자의 집에서 묵게 되었는데, 그 집 부인이 밥을 해서 주면서 쌀밥에 누에 세 개를 얹어 놓았다.

암행어사는 그 뜻이 '뉘시오?'라는 뜻임을 알아차렸다.

누에를 '뉘'라고 하고 누에가 세 개니까 세 글자 '뉘시오?'라고 해석한 것이다.

암행어사는 밥을 먹고는 조기 뼈를 밥상 네 귀퉁이에 올려놓았다.

영리한 부인이 그것을 보고 그가 '어사'임을 알아차렸다.

고기 어(魚)자가 네 귀퉁이(四)에 있으니까 '어사'임을 알았던 것이다.

부인은 곧바로 자기 남편에게 이 사실을 알리고 암행어사에게 했던

폭언을 사과하게 했다.

남편은 무릎을 꿇고 사죄했다.

영리한 부인 덕분에 남편은 어사에게 함부로 말했던 죄를 면하게 되었다고 한다.[58)]

58) [출처] 한국학중앙연구원 - 향토문화전자대전

⑨
이용직 선정불망비

이용직李容直(1824년~?)[59] 본관은 전주(全州). 자는 수경(受卿, 授卿). 이병구(李秉九)의 아들이다. 1850년(철종 1년) 증광문과에 병과로 급제하여, 용강현령·홍문관교리를 거쳤고 실록청기주관을 겸하였고, 사간원헌납을 거쳐 사헌부집의·장악원정·동부승지·공조참의 등을 역임하였다.

암행어사 이용직의 비는 의령과 구미에 남아 있다.

먼저 의령에 있는 어사 이용직의 비를 소개한다.

의령에 있는 선정비를 보러 갔더니 선정비 군이 여러 군데 있으나, 필자가 알고 있는 곳은 백야 공원이었다.

그 비석을 촬영하고 나서 의령읍에서 백야공원 외에 선정비가 더 있는지, 물으니 의령읍에 더 있다는 이야기를 듣고, 5분 거리에 있는 곳에 가니 비석군이 있었다.

그중에 이용직의 비가 있었다.

비에는 이용직을 칭송하는 송시가 있으며, 그중에는 마멸로 보이지 않

59) 한국민족문화대백과사전에서 발췌하였다.

그림 29 어사 이용직비, 의령

는 명문도 있으며, 그 내용은 다음과 같다.

비제: 수의사이공용직보덕불망비(繡衣使[60]李公容直報德不忘碑)

望凜就溫　　늠름한 모습은 온기가 가득하고

■■■■

剛柔廉克　　강함과 부드러움 청렴함은 극에 달했네

60) 암행어사를 달리 표현하는 말인데 繡衣使者의 준말이다.

■■■■

弊祛傳■　　오래된 폐단을 제거하니

恩溢此室　　은혜는 집안에 넘쳐 나네

先公之恩　　공적인 일을 먼저 한 은혜는

以最見邑　　읍면에 크게 나타났도다

어사 이용직의 비는 세운 시기를 알 수 없으며, 1868년에 어사 별단을 올린 기록이 있기에, 1868년이나 그 이후에 세운 것으로 추정된다.

그림 30 어사 이용직비, 구미 대원리

또 하나의 이용직 선정비는 구미 대원리에 있으며, 역원인 죽현원의 폐단을 시정하여 백성들이 편안히 살도록 해 주었는데, 이를 기려서 비석을 세웠다고 한다.

이 비에도 명문이 있으며 처음에 사진 촬영할 때 명문이 보이겠지 하는 생각에 그냥 왔는데, 명문을 다시 보니 보이지 않아, 재차 답사 가서 명문을 보고 왔다.

비제: 수사이공용직만세불망비(繡使[61]李公容直萬世不忘碑)

風霆[62]所遇　바람과 우레를 만나
泥彼松舟[63]　지금은 소나무로 만든 배이듯이
雨露[64]斯均　은혜는 균등하게 베풀어지니
惠■竹院　죽현원[65]에도 그 은혜 융성하더라

士人 池龍國 謹撰　선비 지용국 짓다

61) 암행어사를 달리 표현하는 말인데 繡衣使者의 준말이다. 御史와 繡使의 차이는 나중에 다룬다.

62) 바람과 우레를 탄다는 것은 하늘의 조화를 탈 수 있음을 뜻하는 듯하다.

63) 무슨 뜻인지 알아내지 못하였다.

64) 우로가 만물을 적시는 것과 같은 큰 은혜라는 뜻으로 은혜, 은택을 비유하는 말이다.

65) 구미 옥성면 대원리에 있었던 역참의 이름.

峴山爲高　　현산[66]의 돌처럼 솟은 돌이

揷水中分　　물길이 여러 갈래 되어도

一庞白石[67]　　일장의 커다란 돌은

千百不轉　　오랫동안 구르지 않으리

尙州 吳翰泳 十五 歲 書　상주 오한영 쓰다

同治 七 季 戊辰 八月　1868년 세움

위의 명문에서 보면 글을 지은 사람과 글씨를 쓴 사람이 따로 있는데, 대부분 선정비는 보이지 않는 형식이다.

위의 명문 풀이는 필자의 수준이 안 되어서 엉터리로 생각될 만큼 제대로 되지 않았다고 본다.

여러 곳에 묻고, 분석하였지만 어렵고 어려운 것이 한자 풀이라는 것을 새삼 한 번 더 느끼며, 앞으로 계속 나올 비석의 명문이 두렵기만 하다.

어사 이용직의 서계의 기록이 보며 소개하면 다음과 같다.

---

66)　중국 양양에 있는 조그마한 산을 말하여 여기서는 타루비를 뜻하는 것으로 추정된다.

67)　춘추 시대 위(衛)나라 영척이 제나라에 가서 빈궁하게 지내며 소에게 꼴을 먹이다가 제 환공(齊桓公)을 만나 쇠뿔[牛角]을 치며 자기의 신세를 한탄하는 노래를 부르자, 환공이 그를 비범하게 여겨 수레에 태우고 와서 객경(客卿)에 임명한 고사가 있는데, '반우가(飯牛歌)'라고 불리는 그 노래 중에 "남쪽 산은 말쑥하고, 하얀 돌은 번쩍이는데, 요순이 선양하는 것을 살면서 보지 못하였다. [南山矸 白石爛 生不遭堯與舜禪]"라고 하여 돌을 소재로 한 가사가 있다.《淮南子 道應訓》.

고종 5년 무진(1868) 11월 2일(을해) 맑음 천성 만호 정기삼 등의 상벌을 청한 경상우도 암행어사 이용직의 서계에 대해 회계하는 병조의 계목

○ 병조 계목(兵曹啓目)에,

'경상우도 암행어사 이용직(李容直)의 서계(書啓)를 보니, 천성 만호(天城萬戶) 정기삼(鄭基參)은 직무를 수행하는 데 부지런히 하지 않아서 수졸(戍卒)들이 대부분 해이해졌습니다.

직임을 제대로 수행하지 않은 죄가 드러났으니 파직하소서. 미조항 첨사(彌助項僉使) 지홍관(池弘寬)은 궤량(饋粮)을 스스로 담당하고 약환(藥丸)을 보조하였으며, 600금(金)을 내어 놓아 주린 백성을 구제하고, 헐벗은 사람에게 옷을 보조한 것이 50건(件)이나 됩니다.

지극히 가상하니 가자(加資)의 은전을 베푸는 것이 마땅할 듯합니다만, 은상(恩賞)에 관계되는 일이므로 본조에서 마음대로 처리할 수 없으니, 재결하여 주소서.

그 밖의 통제사, 병마절도사, 영장, 중군, 우후, 변장 등은 우수한 공적도 없고 드러난 잘못도 없으니, 모두 그냥 두소서.

임금께 아뢰는 문자(文字)는 얼마나 신중히 해야 하는 것입니까.

평산포 만호(平山浦萬戶) 송계묵(宋桂默)의 계 자를 주(柱) 자로 썼으니, 자못 신중하지 못하였습니다.

당해 어사 이용직을 추고하는 것이 어떻겠습니까?'

하였는데,

회계(回啓)한 대로 시행하라고 하였다.[68]

마지막으로 산청단성 향교에는 어사 이용직의 관문(關文)[69]이 남아 있다. 그 내용을 소개하면 다음과 같다.[70]

"繡衣關文

先聖人制體之初 籩豆簠簋之實 各有定品寔是古今 不易之典 而挽近以祭禮 漸壞籩不爲籩 豆不爲豆 黍稷焉有代封之擧 脯醢焉有腐爛之歎 其所失體莫此之甚 而爲執事者因循蹈襲視 若有例烏在其尊敬之義也 言念及此良可慨歎 玆以關飭從 玆以往祭需監封之際 黍黍稷稷必從 其品棗棗栗栗 切勿以代 各樣祀需依體陳設 務有尊先聖之實事 豈非斯文上道理乎 將此關辭板揭校壁俾 無違越之弊

戊辰 七月 十四 日
繡衣使　李容直
修造有司 李道演
　　　　李尙輔

---

68) 《승정원일기》에서 발췌하였다.

69) 관문은 상급기관에서 하급기관에 보내는 공문서라는 뜻이다.

70) 단성향교 어사 이용직의 관문 현판은 진주박물관 허문행 학예사의 사진으로 10월 21일 허락을 받았다.

수의관문

선성인(先聖人)이 禮를 제정한 처음에 籩豆[71]와 보궤에 진설하는 제수는 각각 정해진 품목이 있으니, 이것은 고금에 변함없는 전례(典禮)이다.

그러나 지금에 와서 제례(祭禮)가 점점 무너져 변(籩)은 변이 아니고 두(豆)는 두가 아니며, 기장과 피는 다른 것으로 대체하는 경우가 있으므로, 포와 육장은 부패한 것으로 쓰는 탄식이 있으니, 그 禮를 갖추지 못함이 이보다 심함이 없었다.

그런데도 執事 된 이들이 그것을 답습하면서 그것이 관례인 것처럼 착각하니, 어찌 그 先聖을 존경하는 뜻이 있겠는가!

말과 생각이 이에 미치니 참으로 개탄스러우며, 이에 관문(關門)을 내려 신칙하노니, 지금 이후로 제수(祭需)를 감봉(監封)할 적에는 기장은 기장대로, 피는 피대로 반드시 그 품목을 갖추고, 대추는 대추로, 밤은 밤을 놓아 절대로 대체하지 말 것이며, 각종 제수를 禮에 따라 진설하여 선성(先聖)을 받드는 제사에 힘쓰는 것이 사문(斯文)의 도리가 아니겠는가!

차후로 이 關文을 鄕校 밖에다 걸어 놓아, 어기는 폐단이 없게 하여라.

무진(1868)년 7월 14일

---

71) 제사 지낼 때 마른 음식이나, 과일 등을 담는 그릇을 변이라 하고, 소채류나 고기 장조림 등 젖은 음식을 담는 그릇을 두라 한다.

수의사(繡衣使)　　이용직(李容直)

수조유사(修造有司) 이도연(李道演)

이상보(李尚輔)

그림 31 어사 이용직 수의 관문 단성향교

⑩ 김정희 선정불망비

김정희金正喜(1786년~1856년)[72] 예산 출신, 본관은 경주, 자는 원춘(元春), 추사(秋史) 호는 · 완당(阮堂) · 예당(禮堂) · 시암(詩庵) · 과노(果老) · 농장인(農丈人) · 천축고선생(天竺古先生) 등이 있으며, 우리에게는 추사체라는 것으로 널리 알려져 있다.

완당의 생가가 있는 예산에도 갔다 오고, 제주도에 있는 기념관도 보고 왔는데, 그곳에서 암행어사 서산 대산읍에 선정비가 있다는 것을 알았으나, 비를 보러 가는 데는 시간이 많이 흐른 뒤였다.

필자가 사는 울산에서 당일로 갔다 오니 피곤이 몰려오는 힘든 답사 길이었으며, 남아 있으니 볼 수 있는 것이 얼마나 다행인가 하는 생각이 들었다.

김정희비는 서산에서 차로 30여 분을 달려가면 대산 읍내에 있으며, 도로변 약간 높은 언덕에 여러 비석과 같이 있으며 원래의 자리는 대산6리 현 초원다방 옆 밭에 있었다고 한다.

---

72) 한국민족문화대백과사전에서 발췌하였다.

선정비에는 그를 칭송하는 명문이 있으며 소개하면 다음과 같다.

비제: 어사김공정희영세불망비(御史金公正喜永世不忘碑)

赴王事忠	나라의 부름에 충성을 다하고
作民泰安	백성들을 크게 평안케 하였네
傅施之澤	스승과 같은 은택을 베풀고
永防加斂	가렴주구가 더함을 영원히 막아 주니
0我賴維	공으로 의지해 유지되었네
雪山[73]甚重	설산의 무거움이 더하였네[74]
證此不忘	잊지 않음을 증명하니
於千萬年	그것은 천만년 가리다

道光 六年 丙戌 九月 日 立　1826년 9월 세우다

우리는 김정희라는 인물에 대한 초점은 추사체에 있으며, 그의 암행어사 흔적을 아는 이는 드문 것으로 생각된다.

그리고 김정희 그림인 세한도는 워낙에 유명하여, 하나만 있는 것으로

73) 두보(杜甫)가 엄무(嚴武)를 애도한 시에 "공이 오시매 설산의 비중이 무거워졌고, 공이 떠나시매 설산의 비중이 가벼워졌네.[公來雪山重 公去雪山輕]"라는 구절이 있다.《杜少陵詩集 卷16 八哀詩 3 贈左僕射鄭國公嚴公武》.

74) 雪山甚重의 명문은 다른 선정비에도 보이며, 경상도 관찰사 장승원 비와 경상도 관찰사 조병현의 비에도 있다.

그림 32 어사 김정희비, 서산 대산읍

생각되지만, 권돈인이 그린 세한도도 있음을 알았으면 한다.

권돈인의 유작(遺作)으로 〈세한도(歲寒圖)〉가 있는데, 싸늘한 느낌을 주는 김정희의 세한도와는 달리 안온한 느낌을 주는 것이 특징이라고 한다.

김정희가 암행어사를 수행하면서 남긴 것은 임금에게 올리는 서계이지만, 내용이 방대하여 여기에는 못 올리고 조선왕조실록에 졸기가 남아 있어 다음과 같이 소개한다.

철종 7년 병진(1856) 10월 10일(갑오)

전 참판 김정희의 졸기

전 참판(參判) 김정희(金正喜)가 졸(卒)하였다.

김정희는 이조 판서[吏判] 김노경(金魯敬)의 아들로서 총명(聰明)하고 기억력이 투철하여 여러 가지 서적을 널리 읽었으며, 금석문(金石文)과 도사(圖史)에 깊이 통달하여 초서(草書)·해서(楷書)·전서(篆書)·예서(隸書)에 있어서 참다운 경지(境地)를 신기하게 깨달았었다.

때로는 혹시 거리낌 없는 바를 행했으나, 사람들이 자황(雌黃)[75]하지 못하였다.

75) 옛날 시문(詩文)의 오기(誤記)된 부분에 자황을 칠하여 정정(訂正)하였는데, 시문의 첨삭(添削) 또는 변론의 시비를 이름.

그의 중제(仲弟) 김명희(金命喜)와 더불어 훈지(壎篪)[76]처럼 서로 화답하여 울연(蔚然)히 당세(當世)의 대가(大家)가 되었다.

조세(早歲)에는 영명(英名)을 드날렸으나, 중간에 가화(家禍)를 만나서 남쪽으로 귀양[77] 가고 북쪽으로 귀양[78] 가서 온갖 풍상(風霜)을 다 겪었으니, 세상에 쓰이고 혹은 버림을 받으며 나아가고 또는 물러갔음을 세상에서 간혹 송(宋)나라의 소식(蘇軾)에게 견주기도 하였다.[79]

76) 훈(壎)과 지(篪). 형제간의 화목함의 비유.

77) 고금도와 제주도 유배를 말한다.

78) 헌종의 묘를 옮기는 문제에 대한 영의정 권돈인(權敦仁)의 예론(禮論)에 연루되어 함경도 북청으로 유배되었다.

79) 고전번역원db에서 발췌하였다.

⑪ 권돈인 선정불망비

권돈인權敦仁(1783년~1859년)[80] 본관은 안동(安東), 자는 경희(景羲), 호는 이재(彝齋), 우랑(又閬), 우염(又髥), 번상촌장(樊上村庄), 과지초당노인(瓜地草堂老人). 시호는 문헌(文獻)이다. 김정희와 일생 동안 친밀히 지내던 사이였던 권돈인의 암행어사비는 전북 정읍에 있어 2023년 여름 휴가에 다녀왔다.

김정희와 당대의 인물인 권돈인의 선정비는 문경과 양산 통도사에 있으나, 문경의 선정비는 깨진 후 행방이 묘연하고, 통도사의 비는 경상도 관찰사를 역임할 때 세운 것으로 보인다.

김정희는 제주도에 유배를 하여 벼슬의 기록이 많이 없지만, 권돈인은 "일인지하만인지상(一人之下萬人之上)"의 자리인 영의정까지 올랐다.

---

80) 한국민족문화대백과사전에서 발췌하였다.

그림 33 어사 권돈인비, 정읍 천원리

어사 권돈인의 비는 입암면 경로당에 있으나 원래는 왕심원이 있었던 거슬막, 또는 거사막이라 불리던 곳에 있었으나, 1973년 호남고속도로 공사로 인해 현재의 자리로 옮겨졌다.

비제는 "어사권공돈인영세불망비(御史權公敦仁永世不忘碑)" 라 되어 있고 건립 시기는 "丁亥 八月"이라 되어 있다.

남아 있는 불망비로 보아서는 어사 권돈인이 어떠한 선정을 하였는지 알 수 없다.

순조 22년 임오(1822) 7월에 임금에게 올린 서계에도 정읍에 관한 내용은 있으나, 정읍 태인 현감에게는 치적이 있다 되어 있었다.

그리고 세운 시기를 정해 8년이라 되어 있어 1827년으로 생각되지만, 그를 뒷받침할 연호가 없어 정확하게 언제인지는 알 수 없다.

조선 후기에는 院은 관리의 숙박과 필요한 말을 제공하고, 그곳을 관리하는 찰방은 상당한 권력을 가졌는데, 어사 권돈인이 와서 여러 가지 폐단을 없앴는지, 아니면 단순히 왕심원에 머물러서 기념적으로 비를 세웠는지 기록이 없어 추정만 가능하다.

어사 권돈인이 올린 서계가 있어 소개하면 다음과 같다.

순조 22년 임오(1822) 7월 11일(계미)
전라우도 암행어사 권돈인이 권익 등의 다스리지 못한 것을
서계로 올리다

전라우도 암행어사 권돈인(權敦仁)이 서계를 올려, 장성 전 부사(長城前府使) 권익(權), 영암 전 군수(靈巖前郡守) 이정식(李禎植), 옥

구 전 현감(沃溝前縣監) 박명화(朴鳴和), 고산 전 현감(高山前縣監) 김영석(金永錫), 김제 군수(金堤郡守) 이면충(李勉沖), 고부 군수(古阜郡守) 이익수(李益秀), 무장 현감(茂長縣監) 박명화(朴鳴和), 삼례 찰방(參禮察訪) 복내정(卜來禎), 전주 전 판관(全州前判官) 홍희경(洪羲敬), 진도 군수(珍島郡守) 최응현(崔應鉉), 만경 전 현령(萬頃前縣令) 임응순(林應淳), 해남 전 현감(海南前縣監) 김노철(金魯哲) 등의 다스리지 못한 정상을 논하니, 모두 경중에 따라 처벌하게 하였다.

또 금구 전 현령(金溝前縣令) 정구용(鄭久容), 태인 현감(泰仁縣監) 민원용(閔元鏞)은 치적이 있다고 논하니, 모두 승서(陞敍)의 은전(恩典)을 시행하라고 하였다. 별단에 묵은 전답에 백지 징세(白地徵稅)하는 것과 군정(軍丁)의 정원이 비어 있는 것과 조창(漕倉)에서 지나치게 받고, 둔전(屯田)에 빈 결수(結數)가 있는 폐단을 개진하였는데, 모두 묘당으로 하여금 제일 좋은 방편을 채택하여 시행하라고 하였다.[81)]

---

81) 《조선왕조실록》에서 발췌하였다.

⑫
박정양 선정불망비

박정양朴定陽(1841년~1905년)[82] 본관은 반남(潘南), 자는 치중(致中), 호는 죽천(竹泉). 박제근(朴齊近)의 아들이며, 개항기 총리대신서리, 궁내부대신서리 등을 역임한 문신이다.

필자가 가지고 있는 박정양의 자료는 부산 범어사 마애각자와 영덕군청에 있는 어사 박정양의 선정비이다.

영덕군청에 있는 어사 박정양의 비에는 선정에 대한 송시가 없으며, 필자의 추정은, 경상좌도 암행어사 활동 기록이 《승정원일기》에 1874년부터 1875년까지 기록이 보이는데 영덕과 직접적인 활동 내역은 보이지 않지만, 박정양이 올린 서계에는 경상도가 재해의 피해가 폐단이 심했다는 기록이 있고, 비석의 명문에도 防弊碑라 하였기에, 영덕에서 활동은 이지역의 폐단을 막은 것으로 추정된다.

박정양 올린 서계 일부를 소개하면 다음과 같다.

82) 한국민족문화대백과사전에서 발췌하였다.

경상좌도암행어사 박정양(朴定陽)의 별단(別單)을 보니, 그 조목은 다음과 같습니다.

그 하나는, 작년의 재해 상황은 본도(本道)가 우심(尤甚)하므로 재결(災結)을 배분하는 일을 더욱 생각해야 하는 일입니다.

그러나 연분(年分)을 이미 마감하였으므로 지금 손을 대기는 어려우니, 그만둬야 하겠습니다.

그 하나는, 양산(梁山)과 영천(榮川) 두 고을의 재해 정도가 온 도에서 가장 심하니, 천반(川反)과 포락(浦落)[83]가운데에서 양산은 1백 44결(結) 영(零)을, 영천은 36결 영을 우선 탈급(頉給: 면제해 줌.) 하는 일입니다.

두 고을의 재해 상황은 비록 지적한 바가 있으나 봄갈이가 이미 시작되었으므로 추후하여 탈급하기 어렵고, 지난겨울에 재결을 배분할 때 이미 넉넉하게 떼어 주었으니, 아마 구휼하는 방도가 되었을 것입니다.

그 하나는, 각읍(各邑)의 결가(結價)는 적정하게 마련하여 전처럼 지나치지 않게 하고, 도결(都結)은 일체 엄금하는 일입니다.

결가가 고르지 못하면 크게 백성의 폐막(弊瘼)이 되므로 연석(筵席)에서 아뢰어 행회(行會)한 것이 간곡했을 뿐만이 아니었으니, 왕명을 받들어 행함에 있어서 반드시 상세히 살펴야 하는데, 본도에서 성책(成冊)으로 아직도 보고하지 않았으니 속히 수정해서 올리게

83) 천반은 토지 부근의 냇물의 흐름이 달라져서 논밭이 내로 바뀐 것이요, 포락은 논밭이 강물이나 냇물에 침식되어 무너져 떨어져 나간 것이다.

하며, 도결의 경우는 고을의 예가 똑같지 않지만 영칙(令飭)이 있는 바에 마땅히 금단해야 합니다.

그 하나는, 기계(器械)를 제조하고 군오(軍伍)를 훈련시키는 일에 대해 도신(道臣)과 수신(帥臣)에게 별반으로 관문(關文)을 보내 신칙하는 일입니다.

군오를 훈련시키고 기계를 정밀하게 하는 일은 역시 연석에서 아뢰어 행회한 바가 있으니, 구규(舊規)를 거듭 밝혀 소홀히 하지 말게 해야 하겠습니다.

그 하나는, 포군(砲軍)의 양료(糧料)를 강구하여 조처하는 일은 각기 그 고을에서 매월(每月) 시방(試放)[84)]하고, 그 성적 점수를 합산해서 연말에 가서 우등(優等)한 자를 뽑아 병영(兵營)에 보고하여 혹은 과시(科試)에 붙이기도 하고 혹은 군교(軍校)로 올려 주기도 하는 일입니다.

시방의 본의(本意)는 우등한 사람을 뽑는 데 있는데 이번에 논한 바는 실로 의견이 있으니, 그대로 시행하게 해야 하겠습니다.

그 하나는, 환곡의 가작전(加作錢)과 이무(移貿)는 일체 엄히 방지하고, 별작전(別作錢)은 감히 거론하지 못하게 하며, 이무하는 일을 조처하지 않을 수 없는 것은 고을 이름과 석수(石數) 및 이획(移劃)는 사유를 장문(狀聞)한 뒤에 시행하게 하는 일입니다.

가작전, 별작전과 이전(移轉), 이무 등의 허다한 폐막은 이미 우도어사의 별단에서 상세히 진달하였으니, 그대로 시행해야 하겠습니

---

84) 총이나 대포 따위를 시험 삼아 쏘아 봄.

다...... 생략.[85)]

선정비는 "수의사도박공정양방폐비(繡衣使道朴公定陽防弊碑)"되어 있고, 세운 시기는 "동치삼년갑술십일월(同治三年甲戌十一月) 되어 있기에, 서기 1874년에 세운 것이다.

그림 34 어사 박정양비, 영덕군청

85) 《국역비변사등록》에서 발췌하였다.

⑬
박규수 선정불망비

박규수朴珪壽(1807년~1876년)[86] 개국통상론을 주장해 근대화를 주장한 조선 후기 개화 사상가 이고, 본관은 반남, 자는 환경, 호는 환재로 할 아버지는 박지원이다.

우리에게는 박지원의 손자로 널리 알려져 있고, 1866년 2월 평안도관찰사로 전임, 7월 미국 무장 상선 제너럴셔먼호를 대동강에서 격퇴시켰다.

청의 양무운동을 목격한 뒤 대원군에게 개국의 필요성을 여러 차례 건의했으나 실현되지 못하자 일선에서 물러났다. 1875년 9월 운양호사건으로 일본이 수교를 요구해 오자 최익현(崔益鉉) 등의 척화(斥和) 주장을 물리치고 수교를 주장하여 강화도조약이 체결되도록 했다.

조부인 연암 박지원의 선정비는 보이지 않으나, 그의 아들인 박종채의 비가 경산에 타루비로 남아 있고, 박규수의 비는 경기 광주 분원리와 경북 영주에 남아 있다.

광주 분원리는 사옹원도제조 선정비이고 경북 영주에 남아 있는 비는

---

86) 한국민족문화대백과사전에서 발췌하였다.

그림 35 어사 박규수비, 영주 소수박물관

암행어사 碑다.

경북 영주에 있는 어사 박규수의 비는 소수박물관 야외전시관에 있으나, 원래 자리는 구성공원에 있었다.

비의 명문은 "어사박공규수영세불망비(御史朴公珪壽永世不忘碑)"라 되어 있고 세운 시기는 丙辰五月이라 되어 있다.

박규수를 칭송하는 명문은 없고 세운 시기는 "병진5월"이라 되어 있어 1856년으로 생각된다.

박규수 올린 서계에는 영주를 언급하는 내용이 있어 소개하면 다음과 같다.

> (생략)
>
> 개량(改量)하는 일을 갑자기 의논할 수 없어 정부(正賦)가 나날이 줄어드는 것을 앉아서 보고만 있으면서 쓸데없는 정사로 온화한 분위기를 해치고만 있습니다.
>
> 말이 여기에 미치니 어찌 두렵고 한심하지 않겠습니까?
>
> 다만 영구히 재결로 처리하는 조항은 가볍게 없앨 수가 없는데, 참으로 여러 갈래로 허위로 마구 처리하는 것이 많아 실제 혜택이 아래로 내려가지 않고, 중간에서 농간을 부려 백성과 나라가 그 폐해를 받게 될 따름입니다.
>
> 하천을 모래땅으로 강등하였다가 모래땅을 도로 기경하는 것이 사목(事目)에 어엿이 있는데, 지금은 한번 하천과 모래땅에 편입되면 거짓과 간계를 부리는 자들의 바깥 창고가 되고 맙니다.
>
> 아주 작은 기경(起耕)의 조사를 소홀히 하였다가 산과 언덕처럼 많

아져 버린 투절(偸竊)을 감추려고 하니, 사세로 보거나 법으로 볼 때나 어찌 이러한 이치가 있습니까?

영재(永災)라는 두 글자가 암행어사의 단자에 나열되어 있는데 아마도 제대로 헤아리지 못한 데에서 나온 것 같으니, 지금은 우선 그대로 내버려 두소서. 영천(榮川)[87]과 양산(梁山) 등의 고을에서 가장 심한 곳은 지금 도신이 사실대로 적간하여 등문하여 품지하여 복계하게 하였습니다...... 생략.[88]

87) 영천은 영주의 옛 이름이다.

88) 고전번역원db에서 발췌하였다.

⑭

박이도 선정불망비

박이도朴履道(1825년~?)[89]본관은 고령, 자는 성직 부친은 박승규이다.

청주 목사, 승지, 참의 등을 역임하였다.

어사 박이도의 비는 문경 점촌, 창원, 함안 월포리에 남아 있다.

그중에 눈에 띄는 것은 창원 용지공원에 있는 어사 박이도비인데, 박이도가 올린 서계에는 前 경상 좌병사 정주응을 벌주라는 내용이 있는데 용지공원에는 재미있게도 창원부사 정주응 선정비와 같이 있다.

그 내용은 다음과 같다.

철종 13년 임술(1862) 7월 25일(병오)

경상좌도 암행어사의 서계로 전 좌병사 정주응 등을 벌하다

경상좌도 암행어사 박이도(朴履道)의 서계(書啓)로 인하여 전 좌병사(左兵使) 정주응(鄭周應), 전 경주 부윤(慶州府尹) 송정화(宋

89) 한국민족문화대백과사전에서 발췌하였다.

廷和), 전 안동 부사(安東府使) 김상현(金尙鉉), 전전 부사 엄돈영(嚴敦永), 비안 현감(比安縣監) 이승교(李承喬), 군위 현감(軍威縣監) 정대석(丁大錫), 전 안동 영장(安東營將) 정극현(丁克鉉)을 죄주었다.[90]"

박이도비는 3좌이며, 그를 칭송하는 명문은 3군데 다 있지만, 함안 월포리의 비는 마멸과 마모로 인해 선명하지 않아 여기서는 논하지 않으며, 먼저 문경 점촌의 碑 부터 풀이하여 소개 한다.

비제: 수의사도박공이도영세불망비(繡衣使道朴公履道永世不忘碑)

廉察公明　　청렴과 관찰을 공명하게 하시어

捐八百緡　　8만여 돈을 줄이시고

■蘇一域　　우리 지역을 다시 살아나게 하시어

補諸十驛[91]　　열 개의 역참을 도우셨도다

〈후면〉

光緖 元年 乙亥 九月 日　1875년 세우다

洛東 落原, 德通, 幽谷, 耶城, 洛陽, 洛平, 安谷, 仇尾, 廷香

낙동, 낙원, 덕통, 유곡 야성, 낙양, 낙평, 안곡, 구미, 정향

90) 고전번역원db에서 발췌하였다.

91) 열 개의 역참은 제일 아래에 있는 비석에 새긴 명문으로 보인다.

그림 36 어사 박이도비, 문경 점촌

창원 용지 공원에 있는 어사 박이도의 비는 여러 선정비와 함께 있고, 박이도비에는 칭송하는 명문이 새겨져 있어 풀이 하면 다음과 같다.

비제: 수의사도박공이도염창평연혁불망비

(繡衣使道朴公履道塩倉坪沿革不忘碑)

有土久滓　　오랫동안 땅이 황폐하니

乃畓衆心　　논을 일구자 하는 마음 깊으나

人害水甚　　사람들은 물의 피해가 심한 중에

中被霔侵　　폭우의 피해가 커지니

民寃得顚　　백성의 원망이 울부짖음 되자

煌鉞[92]斯臨　　어사께서 이곳에 오시어

暨一撮土　　모두 하나 되어 땅을 고르니

霑渥彌深　　그 은혜 두루 미치었네

甲戌 十二 月 倉民 立　1874년 세움

박이도가 경상도 어사로 활동한 시기는 1862년[93]과 1875년이다. 비를 세운 시기는 1875년에 활동 할 당시에 세워졌다.

비의 명문의 내용은 홍수로 인해 많은 피해가 발생하였는데 어사가 와서 도움을 주었다 한다.

조선왕조실록에는 창원지방 홍수의 기록이 보이지 않지만, 홍수 방지 시설이 안 돼 있는 그 당시에는 많은 양의 비가 아니더라도, 커다란 피해가 있었다고 추정된다.

그리고 박이도 올린 서계에는 창원에 대한 기록에 보이지 않아, 정확하게 어떠한 피해가 있었는지 알 수 없다.

용지공원 비석들은 창원 지명 600년 주년을 기념하여, 여러 곳에 흩어

92) 鈇鉞(부월)은 임금을 명을 수행하는 것과 같다.

93) 1862년에 조정에 올린 서계가 있다.

그림 37 어사 박이도비, 창원 용지공원

져 있던 선정비들을 용지공원으로 이전하였는데 박이도비는 그중에 하나이다.

석탑을 연구하던 시기에 용지공원에 들렀는데, 여러 비석이 있어 촬영해 두었다가, 촬영한 사진을 보니, 비의 명문이 보이지 않아, 2년 뒤에 다시 가고, 글을 쓰는 작업 중에 그때의 사진을 보니, 몇 자의 명문이 보이지 않아 다시 가는 악순환이 반복되었다.

그러한 이유는 한자를 모르는 무지에서 비롯된 것이다.

함안 월포리에 있는 어사 박이도비는 관찰사 홍훈의 비와 같이 있으며, 비의 명문은 마멸이 심하여 몇 자의 글만 보여 여기서는 풀이를 하지 않는다.

몇 자의 글로는 문장이 완성이 되지 않는 것도 있기에 하지 않는 것이다.

비제는 "수사박공이도청덕선정비(繡史朴公履道淸德善政碑)"라 되어 있고, 세운 시기는 1862년과 1875년으로 생각되나, 창원 용지 공원에 있는 어사 박이도의 비가 1875년이기에 필자는 비를 세운 시기를 1875년[94]으로 추정한다.

마지막으로 고성 옥천사에는 어사 박이도의 축원현판이 남아 있어 소개한다.

어사 박이도의 축원 현판을 글을 쓰려다 몇 번이고 망설이다가 마애비나, 마애각자도 넣었기에 포함시켰으며, 사진은 옥천사 성보박물관 관장

94) 박이도의 암행어사 활동은 1862년, 1875년 2번의 기록이 보인다.

그림 38 어사 박이도비, 함안 월포리

이신 원명스님께서 제공해 주셨다.

현판[95]의 내용은 "암행어사박공이도축원현판(暗行御史朴公履道祝願懸板)"이라 되어 있으며, 그를 칭송하는 송시도 함께 있다.

내용을 소개하면 다음과 같다.

암행어사박공이도축원현판(暗行御史朴公履道祝願懸板)

思深去沒	깊은 생각 버린 적 없으시니
佛必憐哀[96]	부처님의 大悲로다
公之爵祿	公의 작록은
六部三台	삼태육경에 오르며
公之壽福	공은 수복은
海闊山嵬	바다처럼 넓고 산처럼 높으니

公之苗裔	공의 후손
百世流來	백세동안 이어 지리라

光緖 元年 乙亥 四月 日　1875년 4월 일

95) 어사 박이도 축원현판은 옥천사 성보 박물관 원명스님께서 제공해주셨다.

96) 憐哀(련애)는 슬프다는 뜻으로 보아서는 불교의 대비로 풀이하였다.

그림 39 어사 박이도 고성옥천사 축원현판
[출처: 옥천사 성보박물관]

고성 옥천사에 보이는 어사 박이도의 축원 현판에 새겨진 頌詩는 어사 박이도와 후손이 출세하기를 기원한 것으로 표현 되었다.

그 이유를 추정하면, 어사가 사찰에 오면 가마를 메는 것을 스님이 많이 하기에, 그러한 것을 혁파하거나, 세금이나 종이 제조의 어려움을 해결해 주었기에 축원 현판을 만든 것으로 추정되지만 정확히는 알 수 없다.

⑮

김창석 선정불망비

김창석金昌錫(1846년~?)[97] 본관은 김해, 자는 문좌, 우홍(宇泓)의 아들로 우찬(宇纘)에게 입양되었다.

1878년(고종 15) 정시문과에 을과로 급제하였고, 1890년 호남균전관(湖南均田官)으로 활동하였다.

김창석의 비는 6좌가 남아 있으나 2좌는 경남 밀양과 경북 영덕에 남아 있지만, 동명이인의 碑로 밝혀졌다.

나머지 4좌의 비는 전북 정읍, 완주, 김제에 있으며, 균전어사로 활동한 비는 정읍과 완주의 2좌이다.

김제 귀신사 있는 김창석의 비는 균전어사 아닌 별검의[98] 碑로 나타났다.

김창석이 전주 조경묘 별검의 관직으로 있을 당시 귀신사에 방문한 것으로 추정된다.

---

97) 한국민족문화대백과사전에서 발췌하였다

98) 호남계록(湖南啓錄) ○ 고종(高宗) / 고종(高宗) 16년(1879)기록에는 조경묘 별검이라 되어 있다.

김제 귀신사에 있는 별검 김창석의 비는 균전어사로 활동하지 않았기에 여기서는 소개하지 않는다.

먼저 완주 소양강 도로변에 있는 균전어사 김창석의 碑부터 소개하며, 여러 개의 비석 중 하나이다.

김창석의 비는 완주 송광사와 위봉산성 가는 길에 보았으며, 같이 간 일행이 알려 주어, 풀을 헤치고 사진 촬영을 하였다.

비제: 균전어사김공창석영세불망비(均田御史金公昌錫永世不忘碑)

地均憂貢	토지를 골고루 하니 공물이 걱정이고
界分商[99]微	경계를 나누니 노래 소리 작아지네
從玆永世	이를 영세토록 따르라 하니
與頌靡節	함께한 칭송 쓸리고 끊겨 버렸네

壬辰 七月 黃雲里 立　1892년 세우다

김창석의 비문을 풀이하다 보니 의문이 생겼다. 필자가 풀이를 엉터리로 한 것처럼 느껴졌는데, 일반적으로 불망비는 그에 대한 칭송의 글을 새기는데, 균정어사 김창석의 비는 그러한 내용은 보이지 않았다. 그래서 다르게 풀이한 자료를 찾아보았다.

---

99) 필자의 생각은 오음(五音)의 하나. 강하고 맑은 음색(音色)의 소리. 계절로는 가을로 풀이하였다.

地均憂責	걱정 근심 안고 받아들인 땅
界分商微	경계를 세밀하게 하여 바로잡아 주시어
從茲永世	이를 영세토록 따르라 하니
與頌靡節	더불어 그 칭송을 그칠 수가 없도다[100]

위의 풀이는 균전사 김창석을 칭송하는 내용으로 풀이하였지만, 대부분의 자료는 김창석의 평가는 좋지 않다.

그러므로 김창석의 비는 명문을 풀이하기에 따라 내용이 달라진다고 생각되며, 명문에 교묘히 감추어진 것으로 생각된다.

쉽게 말하면 교묘하게 김창석을 비판하는 글이 있는 것으로 생각되지만, 정확하게 뭐라 평가할 수가 없다.

균전사 김창석의 평가는 조선왕조실록에는 죄를 묻는 글이 보인다.

소개하면 다음과 같다.

고종 31년 갑오(1894) 5월 21일(정유) 맑음
호남의 도신에게 전 균전사 김창석 등의 죄를 철저하게 사핵하여 등문할 것을 청하는 의정부의 계

○ 또 의정부의 말로 아뢰기를,

방금 사과 이설(李偰)의 상소에 대한 비지를 삼가 보니, 그 안에 '만

100) 《완주금석문》에서 발췌하였다.

일 이 논(論)과 같다면 모두 놀라운 일인데, 또한 정확하게 지적하지 않은 것도 있다. 모두 묘당으로 하여금 해당 도신에게 조사해서 캐물은 다음 즉시 품처하도록 하라.'고 명을 내리셨습니다.

그의 소본(疏本)을 가져다 보니, 조필영(趙弼永), 김창석(金昌錫), 조병갑(趙秉甲), 이용태(李容泰), 김문현(金文鉉), 민영수(閔泳壽) 및 열읍(列邑)의 수령들을 논핵(論劾)하였습니다.

그런데 김문현, 조병갑, 이용태, 조필영에 대해서는 성상께서 아주 밝게 통찰하시어 처분을 이미 내리셨으므로 지금 다시 더 여쭈어 재결을 받을 것이 없습니다. 그러나 전(前) 균전사(均田使) 김창석이 백지징세(白地徵稅)[101]한 것과 전 영광 군수(靈光郡守) 민영수가 곡식을 배로 실어간 것에 대해서는 사람들의 말이 준엄하고 공론이 더욱 들끓고 있으며, 심지어 수령들 가운데 화(禍)를 피하여 지경 밖으로 넘어간 자도 있고 공사(公事)를 핑계 대고 영하(營下)에 투신한 자도 있는데, 성명(姓名)은 드러나지 않았으나 관계되는 바가 매우 중대하니, 모두 해도의 도신으로 하여금 철저하게 사핵(查覈)하여 며칠 내에 등문(登聞)하도록 해서 품처하는 것이 어떻겠습니까? 하니, 윤허한다고 전교하였다.[102]

《승정원일기》에도 김창석의 죄를 묻는 기록이 보인다.

---

101) 농사를 망쳐 수확할 것이 없어서 납세의 의무가 없는 땅에 강제로 세금을 매겨 거두는 것을 말한다. 백세(白稅) 혹은 생징(生徵)이라고도 한다.

102) 고전번역원db에서 발췌하였다.

고종 31년 갑오(1894) 10월 16일(기미) 균전사 김창석의 죄에 대해 장일백은 수속할 것 등을 청하는 의금사의 계

○ 또 의금사의 말로 아뢰기를,

지난 9월 18일 균전사(均田使) 김창석(金昌錫)이 균전을 잘못 조사한 죄로 충청도 홍주목(洪州牧)에 정배하는 형전을 시행하도록 의정부가 아뢴 일과 관련하여 그대로 윤허한다고 계하하셨습니다.[103]

그림 40 균전사 김창석비, 완주 소양리

---

103) 고전번역원db에서 발췌하였다.

그림 41 균전사 김창석비, 완주 구이면 사무소

완주군 구이면 사무소에 있는 균전사 김창석의 비는 흑화 현상으로 인해 명문이 거의 보이지 않으며, 구이면사무소 안내판에는 "균전사김공창석영세불망비"라 되어 있다.

원래 자리는 구이 저수지에 잠긴 항가리 원터에 있었던 것으로, 저수지 공사를 시작할 때 구이농협협동조합 부근으로 옮겼으나, 보이는 이마다 길가 좁은 공간에 온전하지 못하다 하여 주민자치위원회가 발의하고, 체육회, 부녀회, 등 면민들이 적극 협력하여 현재의 위치에 세웠다고 한다.

그림 42 균전사 김창석비, 정읍 야정마을

정읍 야정마을에 있는 균전사 김창석의 비로 명문은 "균전사김공창석영세불망비(均田使金公昌錫永世不忘碑)"라 되어 있다.

완주 구이면의 비와, 야정 마을 비는 세운 시기를 알 수 없으나, 완주 소양리에 세운 비석이 1892년이므로 그 당시에 세운 것으로 추정된다.

⑯

민달용 선정불망비

민달용閔達鏞(1802년~?)[104]조선 후기 문신, 자는 자겸(子兼)이다. 본관은 여흥(驪興)이다.

부친 통훈대부(通訓大夫) 행울산도호부사(行蔚山都護府使) 민치문(閔致文)과 모친 김재익(金載翼)의 딸이다.

1844년(헌종 10)에 과거에 급제하였지만, 대사간(大司諫) 권직(權溭)에 의해 당시 과거시험의 부정이 발각되었다.

그 결과 해당 감독관은 파직되었고, 그의 급제 사실 또한 취소되었으며, 이후 투옥되어 심문을 받았다.

최초 사형에 처해졌지만 감면되어 종의 신분으로 전락하게 되었다가, 1853년(철종 4)에 사은을 입어 죄명이 삭제되었고, 정시에서 병과 3위로 문과 급제하였던 과거 급제 기록도 복원되었다.

민달용의 암행어사비는 6좌가 남아 있으며, 고흥 발포진과 임실 그리고 화엄사와 전남 광주 무등산에 있다.

---

104) 한국민족문화대백과사전에서 발췌하였다.

그리고 강진 군청, 진안 우화산에 비가 남아 있다.

6좌의 碑 중 광주 무등산에는 마애비로 남아 있으며, 명문을 크게 새겨, 멀리서도 잘 보이게 해 두었다.

고흥 발포진에 있는 비는 명문의 마멸로 인해 자세히 보지 않으면 누구의 碑인지 알 수 없을 정도이다.

고흥은 충무공 이순신 장군이 임소로 있었던 곳이라 하여 답사를 갔지만, 거기서 비석을 보니, 어사 민달용이었다.

당시에는 사진을 급하게 찍었는지 명문은 보이나 사진이 엉망이어서, 시간을 다시 내어 멀고 먼 고흥까지 가서 사진을 촬영 했다.

그림 43 어사 민달용비, 고흥 발포진

비석의 명문은 바다 부근이라 풍화로 인해 마멸이 빠르게 진행되고 있었다.

명문은 "어사민공달용구폐사민비(御史閔公達鏞抌弊思民碑)" 되어 있으며, 나쁜 것을 두드리고 백성을 생각하였기에 세운 비석으로 보인다.

세운 시기는 1890년 庚寅 改立(경인 개립) 되어 있기에, 비석이 어떠한 이유로 훼손되어 다시 세운 것으로 추정된다.

발포진의 선정비는 순찰사 등 몇 좌의 비가 있지만 마멸이 빠르게 진행되고 있어, 별다른 조치가 있어야 할 것으로 생각된다.

구례 화엄사의 민달용 어사비(그림 44)의 명문은 "어사민공달용영세불망비(御史閔公達鏞永世不忘碑)"라 되어 있으며 화엄사에 어떠한 도움을 주었는지 알 수 없다.

민달용이 조정에 보낸 별단에도 화엄사에 대한 내용이 없어, 비를 세운 이유를 알 수 없다.

그리고 진안 우화산에 있는 민달용의 비(그림 45)는 지방선거기간에 진안에 들렀는데, 우화산을 한참을 헤매다가 선거 출마자와 우연히 대화를 하던 중에 비석의 위치를 알아냈으며, 여러 비석과 같이 있었다.

명문은 구례 화엄사와 같으며 화엄사나 진안 우화산의 민달용의 비의 세운 시기는 알 수 없으나, 추정으로는 1858년으로 본다.

민달용의 별단에는 진안 지역을 언급한 게 있어 간단하게 소개한다.

"각읍의 민고(民庫)에 있는 것을 함부로 지출하는 폐단을 도신에게

그림 44 어사 민달용비, 구례 화엄사

그림 45 어사 민달용비, 진안 우화산

각별히 더욱더 철저히 조사하게 하여 엄하게 법에 따라 감죄(勘罪)하고 결렴(結斂)과 호렴(戶斂)을 일체 금단하게 하소서." 한 일입니다. 이 또한 제도 암행어사의 별단으로 인하여 이미 여쭌 다음 신칙하였습니다. 다시 관문을 보내 거듭 금하게 하소서. 그 하나는 "진안(鎭安)에서 납부하는 대동목(大同木)을 장수(長水)의 예에 따라 매 필(疋)마다 2냥 씩 순전(純錢)으로 대납하게 하소서." 한 일입니다. 장수에서 돈으로 목(木)을 대신하게 한 것이 유독 육지에 접한 땅들에 미치지 못하여 참으로 공평하지 못한 듯하나 그 당시 변통한 것은 분명 연유가 있어서이니, 지금 갑자기 그렇게 시행하도록 허락해서는 안 됩니다. 그 하나는 "각 역(驛)에서 함부로 말을 요구하여

타는 것과 상납할 때 토색질을 하는 폐단에 대해 거듭 옛 규식을 밝혀 일체 아울러 금단하게 하소서." 한 일입니다.[105)]

위와 같이 암행어사비가 세워진 곳에 별단에서 언급하면, 별단의 내용과 같이 치적, 선정을 하였기에 비를 세웠다고 추정 할 수 있지만, 그렇지 아니한 곳은 추정도 어렵다.

비석의 명문에서 영세불망비라 되어 있으면 추정은 단순히 기념적인 비석으로 보는 시각이 있기에 그렇다.

頌詩가 있다 해도 그 당시 상황을 모르면 명문을 풀이를 한다 해도 필자의 한문 실력으로는 많은 어려움이 있는 것도 사실이다.

그림 46 어사 민달용비, 임실 이도리

105) 《국역비변사등록》에서 발췌하였다.

임실 이도리에 있는 어사 민달용의 碑는 지번이 자료에는 沓으로 되어 있어, 찾기가 어려웠다.

산이나. 도로이면 쉽겠지만 현실은 그러하지 못하기에, 임실에 가서 묻고, 1시간을 헤매다가 겨우 찾았다.

제방에 있었기에 비석이 다른 것으로 보였기에 더욱 그랬다.

비제는 "어사민공달용청덕혜민불망비(御史閔公達鏞淸德惠旻不忘碑)"이라 되어 있고, 뒷면에는 "崇禎紀元後4戊午年4月" 이라 되어 있어 1858년에 세운 것으로 보인다.

칭송하는 명문이 없어 어떠한 덕혜를 베풀었는지는 알 수 없다.

그림 47 어사 민달용비, 강진군청

강진에는 김영랑의 생가를 보러 가다 강진군청에 들렀는데 그곳에는 현감과 어사의 碑가 있었다.

아침이고 다른 일정이 있어 급하게 몇 장만 사진을 촬영하고 다른 곳으로 이동하였는데, 나중에 보니 사진이 흔들려서 사용하기 어려웠다.

그래서 3년이 지난 후에 광주 무등산에 있는 민달용의 마애비를 촬영하러 가면서 다시 사진을 촬영하였다.

어사 민달용의 비석에는 비제와 그를 칭송하는 송시가 있으며, 그 내용은 다음과 같다.

비제: 어사민공달용영세불망비(御史閔公達鏞永世不忘碑)

繡斧南下　　繡衣와 도끼를 차고 남으로 오시니
鐵面[106]稜稜　　철면어사 강직하고 엄숙하여라
籍祛成瘼　　문적의 병폐를 제거하여 이루고
簽補無徵　　첨정을 보완하여 징험 없게 하였네

崇禎紀元 後 四 己未 二月 日　1859년 세우다

어떤 비석이든 비제와 송시가 있기 마련이지만, 명문 풀이는 어렵다는 것을 많이 느낀다.

---

106) 송(宋)나라 신종(神宗) 때의 참지정사(參知政事)인 조변이 고관을 무서워하지 않고 그 잘못을 탄핵하여「철면 어사(鐵面御史)」란 칭을 받았음.

특히 함축성이 있는 한자는 그 당시의 상황을 알 수 없으면, 더욱 그렇다.

강진군청에 있는 어사 민달용의 비의 명문은 필자가 직접 풀이를 하였지만, 며칠 동안 풀이에 많은 시간을 허비하였다.

앞으로 어사 불망비에 보이는 명문을 풀이를 많이 하여야 되는데, 두려움이 밀려온다.

마지막으로 무등산에 있는 마애어사비이다.

일명 무등산 어사바위이다. 담양현감으로 온 그의 아들 민영직이 새겼다고 한다.

그 내용을 보면 "자남평현감민영직병자중추봉과(子南坪縣監閔泳稷丙子仲秋奉寡[107])"라 되어 있다.

아들인 남평현감 민영직이 병자년(1888년) 한가위 날 받들어 새겼다는 뜻이다.

마애비를 보려면 무등산 원효사로 가는 방향에 마애비가 있으며, 멀리서 각자 된 명문이 보일 정도로 크게 되어 있다.

명문 내용은 "암행어사민달용 숭정기원사정사초추과차(暗行御史民達鏞崇禎紀元後四丁巳初秋過此)"라 되어 있다.

어사 민달용이 1857년 가을 초에 이곳을 지나갔다는 단순한 기록이다.

아들이 바위에 부친인 민달용이 이곳을 지나간 것을 기념하기 위해 글

107) 봉과라는 뜻이 무엇인지 몰라서 필자 나름대로 연구한 결과 자신을 낮추는 표현으로 생각하여, 모자라는 아들이 받들어 새겼다고 풀이하였다.

을 새겼다는 단순한 내용이지만, 나주에 있는 남평 현감이 광주 무등산에 왜 왔을까 하는 의문도 들기도 한다.

그림 48 어사 민달용 마애비, 광주 무등산

⑰

조석여 선정불망비

조석여曺錫輿(1813년~?)[108] 본관은 창녕(昌寧), 자는 치경(穉敬), 호는 하강(荷江). 할아버지는 조윤대(曺允大)이고, 아버지는 사과 조용진(曺龍振)이며, 어머니는 신작(申綽)의 딸이며, 1848년(헌종 14)에 별시문과에 병과로 급제, 경상도암행어사를 거쳐 1866년(고종 3)에 황해도관찰사, 1883년에 이조판서에 이르렀다.

글씨를 잘 썼다고 한다.

암행어사 조석여의 비는 거제와 합천 해인사에 남아 있으며, 거제에 있는 조석여 碑는 어느 집안에서 무덤을 정비하는 과정에서 비석이 있어, 폐기하지 못하고 무덤의 축대로 사용하였으며, 합천 해인사의 조석여비는 여러 비석과 같이 있다.

통영 광도면에 있는 조석여의 비는 통영에서 고성으로 가는 옛길에 있어, 거제에서 암행어사로서 임무를 마치고 가는 길목에 비를 세운 것으로 보인다.

---

108) 한국민족문화대백과사전에서 발췌하였다.

어사 조석여의 비석에는 그를 칭송하는 송시가 남아 있으며 다음과 같다.

비제: 수의사도조공석여휼민비(繡衣使道曺公石輿恤民碑)

粤在庚戌　마침 오시어 곳간을 세우시고
息彼子母[109)]　돈은 불려 여유 있게 하시었네
捐俸南激　봉급을 덜어 남쪽을 격려하니
飽哉老少　남녀노소 배부르게 하였네
韻被規[110)]草　민초를 위해 규약을 만드시니
石語不磨　돌에 새긴 글 닳지 않으리
威凜桓驄　위엄과 늠름한 모습으로 말에 오르시니
漠然可嵩　막연히 옳음을 숭상하네

己卯 二月 日　1879년 세우다

암행어사 조석여가 올린 별단에는 통영과 관계되는 내용이 보인다.

통영(統營) 한산도(閑山島) 군졸의 지방전(支放錢) 1천 8백 22냥

109) 이식(利息)이 붙어 자꾸 불어나는 것처럼 화폐의 샘물로 흠뻑 적셔 주어 돈에 여유가 있게 해 주었다는 말이다. 자모(子母)는 이식과 본전을 뜻한다.

110) 峴으로 볼 수 있지만 峴草의 뜻이 풀이가 되지 않아 規로 하였다.

그림 49 어사 조석여비, 거제 죽림리

을 편분전(便分錢)에 더 기록하고 방채조(放債租) 1천 석을 향곡(餉穀)에 첨부하였는데 편분전과 향곡을 조적(糶糴)하는 것이 오른쪽 연안 생민(生民)의 병폐입니다.

편리하지 않음을 알았으니 굳이 그대로 둘 것이 없습니다.

새로 설치한 별장(別將)을 특별히 혁파하고 방료(放料)의 전곡(錢穀)을 편분전에 이감(移減)하였으나 지명하여 징수할 곳이 없는 일입니다.

본도에 진(鎭)을 설치한 것은 겨우 해를 넘겼으나 피폐한 백성에게 폐를 끼쳐 도리어 시끄러운 탄식이 있다고 합니다.

어제 설치하고 오늘 혁파하는 것은 실로 소각(銷刻)에 가깝습니다.

그러나 관방(關防)에 무익하고 민생에 해가 있으니 역시 굳이 지키는 것도 옳지 않습니다.

전말과 편의 여부를 통수(統帥)에게 이치를 논의하여 아뢰게 한 후에 품처하겠습니다. 그 하나는 통영 원문(轅門) 밖 11동(洞)은 둔토(屯土)를 사 두거나 혹 지소(紙所)를 이설(移設)하였는데 고됨을 피하고 편안함을 취하는 부류가 또 많이 옮겨 와서 근래 큰 마을을 이루었는데 응탈(應頉)의 가호를 제하면 실한 호수는 불과 1천 5백여 호이고 각종 군총(軍摠)이 6천 8백 여 명이니 이 실한 호수로 이 군포(軍布)를 감당하기엔 실로 채울 수 없습니다.

원문 밖 11동을 알맞게 지방관(地方官)에 분속하는 일입니다.

11동을 영에 속하고 읍에 속하는 일에 원하고 원하지 않음은 각각 달라 멀리에서 헤아리기 어려우니 다시 수신에게 민정을 살피고 사정을 헤아려서 처리하게 하겠습니다.

그 하나는 통영의 향곡을 이획(移劃)하는 폐단을 엄히 금단하는 일입니다.

산협과 연해의 곡식을 서로 교환하는 것을 방색(防塞)하는 것은 오로지 이전(移轉)의 폐단을 위해서인데 또 본곡총(本穀總)에서 덜어내어 이획하는 것은 폐단이 서로 교환하는 것보다 더 심하니 다시 엄하게 신칙하여 영구히 금단하고 이후로 어기는 일이 있을 경우 드러나는 대로 논감하겠습니다.

그 하나는 통영의 전선(戰船)과 병선(兵船)을 이전대로 연한에 따라 차례로 수개(修改)하는 일입니다.

통영으로서 전선과 병선이 없다면 어찌 수사(水師)를 통제할 수 있겠습니까?

함선을 새 것으로 또는 수리하는 것은 본래 정해진 연한이 있어 굳이 을사년(乙巳年)의 신식(新式)에 혼입할 필요는 없습니다.

옛날 연한에 따라 차례로 수개하는 뜻에 따라 다시 엄하게 신칙하겠습니다.[111)]

합천 해인사도 어사 조석여의 비석이 있다.

비석의 명문은 자세히 보아야 되기에 3번 방문 끝에 명문을 알아냈으며, 송시와 함께 다음과 같이 소개한다.

---

111) 《국역비변사등록》에서 발췌하였다.

그림 50 어사 조석여비, 합천 해인사

비제: 수의사조공석여영세불망비(繡衣使曺公石輿永世不忘碑)

淸白素著　　청백을 드러내시어

苦瘼始革　　고달픈 폐막을 개혁하시네

息威並申　　위엄을 함께 펼치시니

叢林永春　　총림은 영원한 봄이어라

甲寅 八月 日　1854년 세움

거제에 있는 조석여 碑나 해인사의 碑는 干支는 있지만, 연호가 없다.

조석여의 碑는 강원도 관찰사를 역임한 뒤 세운 선정비가 남아 있으나 군부대 내부에 있어, 실물을 보지 못하였으며, 남아 있는 조석여의 비석 3좌인 것으로 생각된다.

⑱

김기찬 선정불망비

김기찬金基纘(1809년~?)[112] 본관은 청풍(淸風), 자는 공서(公緖), 호는 석거(石居). 아버지는 김주묵(金周默)이며, 어머니는 이제현(李躋賢)의 딸이다.

1835년(헌종 1)에 증광 문과에 병과로 급제하였으며, 1837년 홍문록(弘文錄)·도당록(都堂錄)에 이름이 올랐다. 1842년에 경상우도 암행어사로 활동하였다.

김기찬의 비는 함양 구룡리와 합천 해인사에 군산 옥구향교[113]에 남아 있으며, 구룡리의 비는 마멸로 인해 명문은 보이지 않으나 비를 세운 시기는 특정할 기록이 보인다.

합천 해안사의 비는 여러 비석과 같이 있으며, 비에는 그를 칭송하는 송시와 함께 있으며, 다음과 같이 소개한다.

112) 한국민족문화대백과사전에서 발췌하였다.

113) 1841년에 옥구현감으로 제수된 기록이 보인다.

비제: 수의김공휘기찬유혜비(繡衣金公諱基纘遺惠碑)

潛行周及	잠행으로 두루 돌아다니시며
屛奸戢猾	나쁜 것과 교활함을 거두어들이고
曲察惟聰	구석구석 살피어 귀 기울였으며
奬孝褒忠	효를 장려하고 충은 포상하였네
聲播道內	명성 도내에 가득하니
惠及山中	그 혜택 산중까지 미치네
片石留蹟	하나의 돌에 그 흔적 남기니
永世無窮	오랫동안 무궁하리라

丙午 八月 日 1846년 세움

어사 김기찬이 보낸 서계에 의해 경상도 도내 관리들의 차등 있게 죄를 주었다는 기록이 있다.

해인사에 있는 김기찬의 비석에도 세운 시기는 연호가 없어 정확하게 언제인지는 모를 것으로 생각되나, 1842년에 경상우도 암행어사라는 기록이 보여, 병오년을 1846년으로 생각 하였다.

어떻게 보면 다행으로 생각되기도 한다.

남아 있는 선정비나 불망비들이 세운 시기가 기록 되어 있지 않는 경우가 많아 추정으로만 가능한 것이 많은데, 干支라도 비석에 새겨져 있으면, 비슷한 시기를 유추를 할 수 있기 때문이다.

그림 51 어사 김기찬비, 해인사

함양 구룡리에 있는 어사 김기찬의 비는 마을 입구에 있으며, 비제와 세운 시기는 확인 되나 송시는 보이지 않는다.

비제는 "어사김공기찬영세불망비(御史金公基纘永世不忘碑)" 라 되어 있으며, 세운 시기는 헌종 팔년(1842년) 12월로 추정하고 있다.

비석의 向 왼 상단에는 비석을 세운 시기는 희미하나 12월 이라는 명문은 확인은 가능하며, 연호나 간지는 거의 보이지 않아 세운 시기를 추정으로 특정하였다.

그림 52 어사 김기찬비, 함양 구룡리

⑲

홍원모 선정불망비

홍원모洪遠謨(1784년~1830년)[114] 조선 후기의 문신, 본관은 풍산(豊山), 자는 성선(聖先).

조부는 홍문호(洪文浩)이며, 부친은 홍희수(洪羲綏)이다.

1809년(순조 9) 기사증광사마시(己巳增廣司馬試)에 진사(進士) 3등으로 합격하고, 1829년(순조 29) 10월에 암행어사로 활동하였다.

홍원모의 어사비는 보령 수영성과 대전 회덕에 남아 있다.

먼저 회덕읍에 있는 어사 홍원모비는 다른 회덕현감의 碑들과 달리 비각 내부에 보존되어 있다.

2009년에 회덕읍에 가서 어사 홍원모의 비를 촬영하려 하니, 비각 내부에 있는 비는 각도가 나오지 않아, 대전시에 문의하니 예약을 해야 내부에 들어가 갈 수 있다 하였다.

다음을 기약하였는데 15년 뒤 2024년에 다시 찾아가서 사진 촬영을 하였다.

---

114) 한국민족문화대백과사전에서 발췌하였다.

그림 53 어사 홍원모 비각, 대전 회덕읍

2009년에는 휴대전화기로 사진 촬영이 어려웠지만, 지금은 2009년도보다 휴대전화로 사진 촬영이 더 용이해졌기에 원하는 사진을 얻을 수 있었다.

정면은 "어사홍공원모영세불망비(御史洪公遠謨永世不忘碑)"라 되어 있으며, 비 후면에는 많은 명문이 있어 비를 세운 이유를 알 수 있다.

그 내용은 다음과 같다.

비제: 암행어사홍공원모민혜실적(暗行御史洪公遠謨民惠實蹟)

凡有事則記不忘則銘卽識之心而示諸遠也

惟我懷鄕民瘼不一其端前後官家非不留念而

鳩財沒策尙未革祛是爲鄕之憂歎何幸御史洪公

己丑十月行到此縣細察邑 瘼深採民隱査非不正角

色條一千三百五十七兩五分以每年十三殖利永爲

防弊之規成出完文一邑之蒙惠均矣七面芝浹恩深 矣

完文雖 如彼不如刻之石常于日鷄山永峙甲川不渴則

後之覽者有以知今年之記是碑以傳無爲垂之永久耳防

弊祛瘼

洪御史永世不忘懷川民

辛卯 四月日立 官建有事 有學 姜德煥

丁未五月 改立

碑閣營建 有事 延在喆[115)]

무릇 일이 있으면 기록해 두고 잊지 않으려 돌에 새기는 것은, 즉 마음에 알게 하고 먼 후대에 보이는 것이다.

생각건대 우리 회덕고을 백성들에게 폐단이 그 단서가 한 가지가 아니어서, 전후 관가에 유념하지 않는 것이나 재물을 거두어 모으자니 계책도 없어 오히려 폐단을 없애 버리지 못했으니, 이것이 한 고을의 걱정거리가 되었다.

115) 대전문화 21호에서 발췌하였다. (대전광역시사편찬위원회)

얼마나 다행인지 어사 홍공이 기축년(1829년) 10월에 이 고을에 도착하여, 자세히 고을의 폐단을 살피고 깊이 백성의 숨은 아픔을 캐내고 그릇되고, 바르지 못한 것은 조사하고. 각색조 1357냥 5푼으로 매년 십삼식리를 내어 길이 폐단을 막을 법규를 만들어 完文을 이루어 내니, 한 고을의 혜택이 입음이 고르고, 7面에 두루 은택이 미친 것이 깊도다.

완문이 비록 저와 같더라도 돌에 새겨 늘 눈으로 보는 것만 같지 못하다.

계족산이 우뚝 솟고 갑천이 마르지 않을 것인즉, 뒤에 보는 이는 올해 이 비에 기록한 것을 앎이 있을 것이고, 무궁히 전하고 영구히 전함이 있을 것이다.

폐해를 방비했고 질병을 제거한 홍어사를 영세토록 회덕민 들은 잊지 못하리라.

신묘 4월에 1831년 세우다 순조 31년 관건유사 유학 강덕환

측면: 정미 5월 개립하다. 1847년 비각을 세움
비각 영건 유사 연재철

어사 홍원모가 떠난 지 2년 후에 세워졌고, 비각은 1847년에 세웠다는 것을 알 수 있으며, 어사 홍원모가 회덕민들에게 베푼 은혜가 얼마 컸으면 碑의 음기로 기록을 남겼고, 그 碑를 보호하기 위해 비각을 세웠을까 하는 생각도 든다.

그림 54 어사 홍원모비, 대전 회덕

그 다음으로 보령 수영성에 있는 어사 홍원모의 비는 보령을 여러 곳을 답사하고 수영성으로 차를 운전하여 가서 보니 어사 홍원모의 비석은 여러 비석과 함께 있었다.

보령 수영성에 있는 어사 홍원모의 비에도 비제와 그를 칭송하는 송시가 있으며, 풀이하면 다음과 같다.

비제:어사홍공원모영세불망비(御史洪公遠謨永世不忘碑)[116)]

一被繡衣	**한 벌의 수의를 입으시니**
無瘼不蘇	**소생하지 못하는 병이 없도다**
明能燭幽	**어둠에서 능히 촛불을 밝히시니**
人赤澤枯	**사람 또한 고조함에서 윤택하게 하셨네**
劵燒五稧[117)]	**다섯 계의 책을 불사르니**
頌騰萬夫	**모든 사람들이 송덕을 높이네**
琢石紀惠	**돌에다 은혜를 새겨 기리니**

116) 보령금석문에서 발췌하였다.

117) 오계는 ① 생산·식리·공동구매 등을 목적으로 하는 경제적 집단: 농계(農契)·보계(洑契)·식리계·구우계(購牛契), ② 동리의 공공비용의 마련을 목적으로 하는 정치적 집단: 동계(洞契)·보안계(保安契), ③ 계원의 복리 및 상호부조를 목적으로 하는 복지적 집단:혼상계(婚喪契)·혼구계(婚具契), ④ 조상의 제사 혹은 동제를 목적으로 하는 종교적 집단:종계(宗契)·문중계·동제계, ⑤ 계원 자제의 교육을 목적으로 하는 교육적 집단:학계(學契)·서당계, ⑥ 계원의 친목과 오락 등을 목적으로 하는 친목·오락 집단: 시계(詩契)·문우계(文友契)·동갑계·유산계(遊山契)와 같이 경제·정치·복지·종교·교육·오락의 여섯 개 범주로 분류할 수 있을 것이다.

千劫不渝　　오랜 세월 변하지지 않으리라

庚寅 四月 日　1830년 세우다

홍원모가 올린 별단에는 보령 수영성을 언급하는 내용이 보인다.

적법이 밝으면 군정이 정비되니, 도신에게 분부해서 모록하고 투탁한 부류를 특별히 조사해서 민역(民役)이 고르도록 해야 하겠습니다.
그 하나는, 수영(水營) 기수(旗手)의 보군(補軍)을 보령(保寧)·홍주(洪州)·결성(結城) 등 고을의 백성에서 곧바로 패(牌)를 가지고 장정을 선발하는 것은 크게 법에 어긋나므로 즉시 탈면(頉免)하게 하고, 이른바 별포(別砲)는 간행한 책자에 실린 바가 아니니 곧바로 혁파하는 일입니다.
보군과 별포를 막론하고 곧바로 패를 가지고 장정으로 정하는 것은 법에서 벗어나는 일이니, 도신과 수신(帥臣)에게 엄히 신칙해서 잘못된 버릇을 혁파하도록 해야 하겠습니다.
그 하나는, 각읍진의 군기(軍器)는 전혀 모양새를 이루지 못해서 소홀함이 막심합니다.

가장 긴급한 것에 대해서는 점차 정비하여 그 실적을 전최(殿最)에서 빙고(憑考)하고, 정비를 가장 많이 한 자는 특별히 아뢰어서 논상(論賞)하며 전수(典守)를 삼가지 않은 수령은 또한 감처(勘處)하도록 하고, 개수(改修)한 건수를 병영에서 비변사에 보고하는 일

입니다.[118]

홍원모의 碑는 비록 2좌이나 대전 회덕에서 남긴 송덕을 오래도록 기리고자 비석을 세우고, 그 비석을 보호하고자 비각을 세웠다는 것은 그 당시 회덕 사람들이 커다란 은혜를 받았기에 그와 같은 조치가 있었던 것으로 생각된다.

그림 55 어사 홍원모비, 보령 수영성

---

118) 《국역비변사등록》에서 발췌하였다.

⑳

한이조 선정불망비

한이조韓頤朝(1684년~?)[119] 조선 중기 문신, 자는 대관(大觀)이다. 본관은 청주(淸州)이다.

조부는 한여우(韓如愚)이다. 부친 영양현령(英陽縣令)은 지낸 한세기(韓世箕)와 모친 신익상(申翼相)의 딸이다.

1721년(경종 1) 식년시 을과 2위로 문과 급제하였다. 1725년(영조 1)에 문학(文學)·사간원정언(司諫院正言)으로 임명되었다. 병조정랑(兵曹正郞)·충청도암행어사(忠淸道暗行御史)로 임명되었다.

어사 한이조의 비는 부여 임천에 있으나, 필자가 임천향교에 몇 번이나 들렀으나 비석을 인지 못 하여, 2024년 5월에 보고 왔다.

어사 한이조의 비는 임천 119센터 입구 비석군에 있으며, 비제와 그를 칭송하는 명문이 있으며 그 내용은 다음과 같다.

119) 한국민족문화대백과사전에서 발췌하였다.

비제: 감진어사한공이조영세불망비(監賑御史韓公頤朝永世不忘碑)

承宣接道　　어명을 받들어 도내를 접하여

惠洽飢氓　　굶주린 백성 흡족하게 은혜를 베푸셨네

永言不諼　　사람들의 시와 노래는 거짓이 아니라네

有石大鎊　　큰 돌을 깎아 여기 놓았도다

雍正四年 丙午 四月 日　1726년 세움

한이조의 별단은 보이지 않으며, 간단한 어사 활동만이 있다.

영조 1년 을사(1725) 12월 25일(무자)

충청 감사 홍용조가 청주 목사 이성좌를 파직한 일을 모두 의심하다. 충청도 암행어사(忠淸道暗行御史) 한이조(韓頤朝)가 청주(淸州)에 이르러 그 창고를 봉하였는데, 감사(監司) 홍용조(洪龍祚)가 드디어 해당 목사(牧使) 이성좌(李聖佐)를 파직(罷職)시킬 것을 아뢰고는 이내 이성좌의 선치(善治)의 상황을 논하면서 어사가 창고를 봉함으로 인하여 어쩔 수 없이 파직시켰다고 하니, 사람들이 모두 그를 의심하였다.[120)]

120)　고전번역원db에서 발췌하였다.

위의 기록만이 한이조의 어사 활동 내용이라 자세한 것은 더 알 수 없었다.

어사의 활동은 많을 것으로 생각되나 남은 자료가 거의 없다는 것이 암행어사의 행적을 연구하는데 많은 어려움이 있다.

필자의 글을 읽는 독자의 말씀이 비석에 관한 내용보다는 비석과 관련된 일화를 찾아서 글을 써 달라 하지만, 현실은 자료가 많지 않다는 것이다.

어쩌면 필자의 역량 부족이라 할 수 있지만, 한 사람의 일기나, 자세한 행적을 알 수 있는 기록이 없다는 것이 한계라 생각이 든다.

암행어사

이희득

산이 높아도 넘어야 하고
물이 깊어도 건너야 하지
땅과 하늘이 있으니
천하는 돌고 돌아가는구나
어명을 받들어
백성의 어려움을 헤아리고
폐단을 제거하니
커다란 돌에 은혜를 새겼네
아득한 멀고 먼 길
서산의 낙양을 마음속에 두니
驄斧는 위엄이 넘치며

繡衣는 더욱 빛이 나는구나

그림 56 어사 한이조비, 부여 임천

㉑
이계선 선정불망비

이계선李啓善(?~?)[121] 조선후기 인물로 본관은 경주, 자는 성여이다.

철종 1년 대광증시 을과로 급제하여, 정언 등을 거쳐 1851년에 강원도 암행어사를 지냈다.

이계선비는 울진 봉평 신라비 전시관 외부에 여러 비석과 같이 있으며, 원래의 자리는 월송 초등학교에 있었던 것을 2010년 현재의 자리로 옮겼다.

강원도 암행어사인 이계선비가 경상도 울진에 있는 이유는 조선시대는 울진이 강원도에 속하였기에, 현재의 자리에 있는 것이다.

碑는 비제와 송시가 있으며 그 내용은 다음과 같다.

비제: 어사도이공계선선정비(御史道李公啓善善政碑)

弊革十七	17개의 폐단을 혁파하고
惠賑四百	400으로 은혜와 구휼하였으니

121) 한국민족문화대백과사전에서 발췌하였다.

海潤天長　　바다처럼 윤택하고 하늘처럼 높게

並壽者石　　이 비석과 함께 전해질 것이네

咸豐 元年 五月 日　1851년 세움

어사 이계서의 별단에는 바다와 울진과 관련된 내용은 없으나, 바다와 관련된 기록이 보인다.

> 이번에 암행어사가 논한 바가 또 이와 같으니, 엄히 더 금지하도록 해조(該曹)와 해도(該道)에 다시 신칙하고, 차원이 과람하게 베는 것은 너무 확대한 것 같으니 그대로 두어야 하겠습니다.
>
> 그 하나는, 어전(漁箭) · 염부(鹽釜) · 선업(船業)의 폐업처에 대신 납부하고 억울하게 징수하는 것은 특별히 세를 감면해 주는 일입니다.
>
> 바다의 이로움은 왕성할 때도 있고 쇠퇴할 때도 있으며, 선업은 흥할 때도 있고 망할 때도 있는데, 구안(舊案)을 고치지 않고 공세(公稅)를 탈(頉)로 잡지도 않는다면 비록 혹 이웃과 친족에게 억울한 징수가 있을 수 있으나 또 어찌 안외(案外)에 숨기고 누락시킨 것이 없겠습니까. 다만 영읍(營邑)에서 제대로 단속한 바가 없이 그 간악한 짓을 내버려 두어서 그런 것입니다. 암행어사의 별단에서 기왕 그 억울하게 징수하는 폐단을 논하였으면 어찌 숨기고 누락시킨 간사한 짓은 말하지 않고서 갑자기 세를 견감해 달라고 청할 수 있겠

습니까.[122)]

그림 57 어사 이계선비, 울진 봉평 신라비석관

122) 《국역비변사등록》에서 발췌하였다.

㉒

암행어사와 떡장수

조선 현종(顯宗) 때 박문수 어사는 경상도 민정 암행의 임무를 띠고 언양 고을의 민정을 두루 살핀 다음 종자들과 헤어져 청도로 향하였다.

길을 가던 박문수는 노자를 모두 종자에게 맡기고 온 것을 뒤늦게 깨닫고 당황하였으나 방법이 없었다. 배가 고파도 노자가 없어 요기조차 할 수 없었다.

고개 아래에 이르렀을 즈음 시장기가 났으나 청도에서의 소임이 중대한지라 걸음을 멈추지 못하고 간신히 고개 위에 이르렀다.

박문수가 고개 위에서 쉬면서 사방을 살펴보니 수수떡을 부쳐 파는 두 여인이 보였다. 박문수는 속으로 안도의 한숨을 쉬며 다가가 떡값을 물었다.

여인들이 큰 떡 두 개에 한 푼이라고 하였다. 박문수가 자신의 사정을 이야기하고 청도에 가면 아는 사람이 있어 노자를 변통할 수 있으니 외상으로 떡 한 푼어치만 줄 것을 간청하였다.

그러자 한 여인이 코웃음을 치면서 “재수가 없으려니까 별 거지 녀석

다 보겠네. XX 밤 까는 수작 마라."라고 하면서 욕설을 퍼부었다.

이때 옆에서 보고 있던 다른 여인이 "한 푼어치 외상을 달라다 왜 그 같은 수모를 당하시오. 돈을 받지 않을 테니 내 떡을 자시고 요기를 하시오." 하면서 떡을 봉지에 싸 주었다.

그 덕분에 박문수는 주린 배를 채울 수 있었다. 외상값은 그날 저녁 안으로 갚기로 약속하고 박문수는 길을 떠나 청도 땅에 다다랐다.

박문수는 청도 군수에게 운문산 고갯마루에서 봉변을 당한 이야기를 하고 사령 두 사람과 까지 않은 밤송이를 준비하라고 일렀다.

사령에게는 곧 운문산 고갯마루로 가서 떡 파는 두 여인을 데려오도록 명하였다. 두 여인이 사령에게 이끌려 동헌에 들어왔다. 욕을 하던 여인은 당상에 앉은 박문수를 보고 눈물을 흘리면서 살려 달라고 애원하였다.

박문수는 먼저 자신에게 친절히 대하여 주던 여인에게 "너는 인심이 좋은 사람이니 상금으로 돈 100냥을 줄 테니 받아라." 하면서 상금을 내렸다.

욕설을 하던 여인에게는 "너는 재주가 좋으니 이 밤송이를 손대지 말고 XX로 마음껏 까먹어라." 하고 꾸짖었다.

이때 상금을 받은 여인이 욕설을 한 여인의 용서를 간청하였다.

그리하여 박문수는 다음부터는 항상 입버릇을 조심하라고 훈계한 뒤 두 여인을 돌려보냈다.

박문수는 영남 땅을 두루 살피고 서울로 올라와 임금에게 복명을 한 뒤 당시의 영상이던 조 대감의 집을 방문하였다.

조 대감은 박문수에게 그동안의 노고를 치하한 후 영남에서 겪은 재미있는 이야기를 들려주라고 하였다.
박문수가 청도에서 당한 봉변을 이야기하였는데, 조 대감의 조카가 그 말을 듣고 다른 사람에게 이야기를 하여 온 조정에 퍼지게 되었다. 그 뒤 사람들이 박문수만 보면 모두들 “밤 까라, 밤 까라.” 하면서 웃었다고 한다. 이후로 남의 청을 들어줄 수 없을 때는 “밤이나 까먹어라.” 하고 말하곤 하였다.[123)]

123) [출처] 한국학중앙연구원 - 향토문화전자대전

㉓

오명준 선정불망비

오명준吳明俊(1662년~1723년)[124] 본관은 해주(海州), 자는 보경(保卿). 아버지는 오수량(吳遂良)이다. 어머니는 영의정 여성제(呂聖濟)의 딸이다.

1684년(숙종 10) 진사시에 합격하고, 1694년 알성문과에 장원으로 급제하여 정언(正言)이 되었다. 성품이 강직하여 조정에 척완의 세력이 팽배함을 탄핵하였으며, 종종 직간을 잘하여 한때 파직당하기도 하였다.

어사 오명준의 비는 2좌가 있으며, 울진에 남아 있다. 울진은 조선시대는 강원도에 속하였기에 오명준이 어사로 활동하던 시기에 강원도에서 백성의 민심을 살핀 것으로 보인다.

울진 신라비석관 야외에 있는 오명준의 碑에는 비제와 송시를 새겨 두었다.

---

124) 한국민족문화대백과사전에서 발췌하였다.

비제: 어사오공명준영세불망비(御史吳公明俊永世不忘碑)

賑■一方　　온 고을을 구휼해 주셨네

遺惠千秋　　베푸신 은혜 길고 긴 세월 오래도록 남으리

비석의 설립 시기는 새겨져 있지 않아 정명리에 있는 어사 오명준의 비가, 1709년에 세워진 것을 보아서는 1709년이나 그 이전으로 추정된다.

어사 오명준이 감진어사 강원도에 파견되었다가 돌아와서 임금에게 보고 하는 기록이 보인다.

숙종 32년 1706년 04월 03일 (음)

이번 4월 초2일, 강원도 감진어사(監賑御史) 오명준(吳命峻)이 청대(請對)하여 인견 입시할 때에 감진어사 오명준이 아뢰기를

"이번의 이 이전(移轉)하는 곡물은 본디 환상(還償)할 물건이어서 감히 걸식하는 사람들에게 진대(賑貸)할 수는 없고, 단지 실호(實戶)에만 나누어 주기 때문에 뱃머리에서 나누어 줄 때에 걸식하는 사람과 굶주린 백성들이 눈물을 흘리면서 말하기를 '우리 임금께서 곡식을 옮겨 주는 것은 오로지 우리들을 위해서인데 한 됫박의 쌀도 얻어먹지 못하니, 이것이 어찌 우리 임금의 뜻이겠는가?'라고 하는데 그 말이 참으로 이치가 있고 또 매우 불쌍하기도 합니다.

대개 성상께서 곡식을 옮기게 한 것은 실로 이런 무리들을 위해서인데 참으로 이른 바 굶주리는 백성은 한 됫박의 쌀도 주지 않으니, 실

로 물에 빠진 자를 건져 주는 본래의 뜻이 아닙니다.

지난해 맹만택(孟萬澤)이 영서(嶺西)를 진휼하면서도 역시 1천 석의 쌀을 굶주리는 백성들에게 백급(白給)하는 것을 허락하였습니다.

신이 관할하는 9군(郡)의 백성은 실로 영서보다 배나 되니, 이제 만약 1천 3백 석을 덜어내면 보리가 나오기 전 아주 궁핍할 때까지 이어 갈 수가 있습니다.

이 숫자를 진휼청(賑恤廳)으로 하여금 선혜청(宣惠廳)에 옮겨 보내게 하는 것이 어떨지 모르겠습니다."

하니, 임금이 아뢰기를

"아뢴 대로 하라." 하였다.[125)]

어사 오명준의 비제를 보면서 의문이 들었는데, 감진어사로 백성에게 진휼을 베풀었으면, "감진어사오명준영세불망비"라는 것을 비에 새겨야 하나 그렇지 않은 것이 의문스럽기도 하며, 그 이유는 앞서 말한 어사 한이조의 경우는 조선왕조실록에는 감진어사로 파견되지 않았는데도 감진어사의 명문이 보이기에 그러한 것이다.

어사가 그 지역에 파견되어 여러 가지 일을 하는 것이 마땅하며, 어사가 한 일이 비석에 새겨지기에 감진어사, 균전어사 등으로 표현된다고 생각된다.

비석에 표현되어 있는 것이 어사의 모든 일이라 생각되지는 않지만, 공무수행은 한 가지만 아니기에 비석에는 다양한 표현이 있을 수 있으며,

125) 《국역비변사등록》에서 발췌하였다.

감진어사라 되어 있다 하며, 監賑의 일만 하는 것이 파견된 어사의 목적이 아닌 것으로 생각된다.

또 하나의 오명준비는 울진 정명리에 있으며, 원래는 정명리 어현 마을 북쪽 국도 7호 선변 기성휴게소 맞은편 어티재에 3기의 비가 위치한 것을, 아래쪽인 현재의 자리로 옮겼다.

여기에 있는 비석을 보러 간 것은 관찰사 강선의 자료를 확인 하러 간 것인데, 그 곳에서 어사 오명준의 碑를 본 것이다.

어사비를 연구 하고 있었지만 봉평 신라비석관에 있는 오명준의 어사비만 있을 것으로 생각하였기에, 답사를 하면서 의외의 성과를 얻는데 어사 오명준의 비가 그런 것이다.

그림 58 어사 오명준비, 울진 봉평 신라비석관

그림 59 어사 오명준비, 울진 정명리

정명리에 있는 어사 오명준의 비는 자세히 들여다보지 않으면, 명문이 보이지 않을 정도로 희미하였다. 비제는 "어사오공명준선진활민영세불망비(御史吳公明俊善賑活民永世不忘碑)" 되어 있다.

세운 시기는 "강희사십육년정해사월일(康熙四十六年丁亥四月日)" 되어 있기에, 1709년에 세운 것임을 알 수 있다.

㉔

김명진 선정불망비

김명진金明鎭(1840년~?)[126] 본관은 안동(安東), 자는 치성(稚誠). 아버지는 김석균(金奭均)이며, 김세균(金世均)에게 입양되었으며, 1870년(고종 7) 정시별시문과에 병과로 급제하였다. 1873년에 별겸춘추(別兼春秋)가 되고, 이듬해에는 암행어사가 되어 충청좌도에 파견되었다.

어사 김명진의 비는 충남 아산과 보은, 음성에 남아 있으며, 그중에 보은에 있는 비는 鐵로 만든 비이다.

보은 산외면 구티리에 있는 어사 김명진의 비는 하천에 매몰되어 있었던 것으로, 1980년 수해 때 모습이 나타나 현 위치에 세웠다.

전체적으로 명문이 많이 마멸되고 훼손되었지만, 남은 명문으로 암행어사인 것을 알 수 있고, 명문 풀이는 다음과 같다.

126) 한국민족문화대백과사전에서 발췌하였다.

그림 60 어사 김명진비, 보은 구티리

비제: ■사김공명진애민선정비(■史金公明鎭愛民善政碑)[127]

뒷면: ■■■二百九十二石補與

一千七百九十四兩■■■三十九石斗利条七百十七兩

長戔印■■■■乾沒■事 拾各面之意

同治 十四年 乙亥 四月　1875년 4월에 세움

宣仁施兮　　인자함과 베품이 널리 알려져

愛還民兮　　환민을 사랑으로 거두시고

127) 이희득 著《한국의 철비》에서 발췌하였다.

兼惠公■	공의 은혜는 겸하니......
及授生■	도와준 것이 삶에 더불어......
■同被兮	같은 이불이......
咸誦德兮	모두 그 덕을 말하네
■來不忘	오신 것을 잊지 못하여
鑄金詠■	쇠비에 새겨 영구히 노래하노라

충북 음성 원남면에 있는 어사 김명진의 비는 음성금석문에서는 표명진이라 되어 있었다.

표명진이라는 인물을 검색하여도 보이지 않아서, 필자가 직접 가서 명문을 손으로 만져 보고, 물을 묻혀 확인한 결과 김명진으로 밝혀졌다.

그림 61 어사 김명진비, 음성 보천리

비석의 명문은 희미하여 거의 보이지 않을 정도 이지만, 비제는 "수의김공명진영세불망비(繡衣金公明鎭永世不忘碑)"라 되어 있다.

비를 세운 시기를 알 수 없으나 조선왕조실록에 1874년에 암행어사 서계의 기록이 보여 1874년이나 그 이후에 세운 것으로 추정된다.

그림 62 어사 김명진비, 아산 성내리

마지막으로 어사 김명진의 비는 아산 영인성 비석군에 있으며, 원래는 성내저수지를 조성하면서 흩어져 있던 비석을 한군데 모은 것으로 알려졌으며, 1976년도에 현재 성내리 쇠재 마을 입구에 단을 세우고 12기의 비석을 모아 두었다.

이곳을 찾는 데 많은 시간을 허비하였다.

비제는 "암행어사김공명진영세불망비(暗行御史金公明鎭永世不忘碑)"라 되어 있으며, 세운 시기는 알 수 없으나, 음성군 보천리에 있는 비와 같이 1874년이나 그 이후로 추정된다.

《승정원일기》에는 어사 김명진의 서계의 기록이 보인다.

> 방금 충청좌도 암행어사 김명진(金明鎭)의 별단을 보니, 그 하나는 개량(改量)하는 정사는 영읍(營邑)에 충분히 검토하여 나은 방법에 따라 조처하는 일입니다.
>
> 개량하는 법은 마땅한 사람을 얻고 그 비용이 있고서야 할 수 있는 일인데, 국가의 경비를 본도에 의지하는 것이 많으니, 본도의 전결(田結)이 오래 문란하고 근거 없는 징수에 대한 원망이 곳곳이 있습니다.
>
> 이 논의는 예전부터 나온 것이니, 도신을 시켜 물론을 받아들여 먼저 한두 고을부터 시행하여 보아서 할 만하면 차차로 거행하는 것이 어떻겠습니까? 그 하나는, 새로 일군 것과 도로 일군 것을 빠짐없이 뽑아 잡아서 천포(川浦)의 재결(災結)에 보태는 일입니다. 기결(起結)을 사정하는 규례로는 이편이 씻겨 떨어지면 전편 진흙땅이 생긴 곳에서 잡는 것을 본디 행해야 하는데, 근래는 한 번 재상으로 탈면(頉免)된 것이 있으면 영구히 진결(陳結)로 삼고, 조금 찾아낸 것도 마침내 환결(還結)로 환급한 뒤에 백성에게 돌아가지 않고 서리들의 농간 거리로 들어갑니다.

원망을 자임(自任)하고 행하는 자가 있더라도 애만 쓰고 말 것을 염려하여 버려두기를 일삼으니, 이러하고도 감축된 것을 어떻게 도로 채우겠으며, 간사하고 교활한 자를 어떻게 제지하겠습니까.

전에 신칙한 것에 따라 전결을 사정하는 정사가 반드시 실효가 있게 하는 것이 어떻겠습니까?

그 하나는, 각 고을의 결가(結價)는 순영에서 재량하여 줄여 정하여 감히 함부로 사정하는 일이 있을 수 없게 하는 일입니다. 결가의 수는 본디 정식이 있는데, 근래 이 폐단은 이루 말할 수 없습니다.

지난번 연석(筵席)에서 신칙하신 것을 공문으로 팔방에 알리고, 성책하여 의정부에 보고하라는 관문(關文)을 보내기까지 하였으니, 보고가 다 오거든 그 정확하고 외람한 것을 논하는 것이 어떻겠습니까? 그 하나는, 제언을 논으로 만든 곳과 헐어서 폐기한 곳을 트고 쌓는 일입니다....... 생략.[128)]

128) 고전번역원db에서 발췌하였다.

㉕

조귀하 선정불망비

조귀하趙龜夏(1815년~1877년)[129] 본관은 풍양(豊壤), 자는 기서(箕敍), 조병현(趙秉鉉)의 아들이다.

1840년(헌종 6) 유학(幼學)으로서 식년전시문과에 갑과로 급제, 1842년 전라우도암행어사로 파견되어 민정을 시찰하고 실정(失政)한 수령을 보고, 치죄하도록 하였다.

1862년 전국적으로 민란이 일어나자 왕이 호남의 대소민(大小民)에게 내린 윤음(綸音)을 반포하기 위하여 선무사(宣撫使)로 파견되었다.

조귀하의 비는 필자가 조사한 바로는 4좌가[130] 남아 있으며, 3좌는 어사의 비이고, 그중 1좌는 마애비이다.

나주는 금성관과 남평향교, 그리고 남평초등학교에만 비석군이 있는 줄 알고, 그곳을 3번이나 방문하여 사진 촬영을 하였지만, 나중에 보니 나주 금석문에서 영산동 사무소에 선정비가 있다는 정보를 알았다.

---

129) 한국역대인물종합정보 시스템에서 발췌하였다.

130) 원주 문막읍에 목사 조귀하비가 있다.

특히 필자가 울산에서 벼슬을 한 인물들의 선정비를 조사하고 있는데, 울산에서 부사를 역임한 김기현의 비가 영산동 사무소에도 있음을 알고, 시간을 내어 나주를 찾았다.

나주 영산동 사무소에는 비석이 여러 좌가 있으며, 그중 어사 조귀하의 비가 있었고, 碑에는 건립시기와 건립자에 대한 명문이 있었으나, 마멸로 인해 판독이 되지 않으며, 碑題만 알아 볼 수 있었다.

조금 더 일찍이 조사를 했으면 설립 시기와 건립자에 대한 자료를 알 수 있었을 텐데 하는 생각이 많이 들었다.

비제는 "어사조후귀하불망비(御史趙侯龜夏不忘碑)"라 되어 있다.

비제에 보이는 "侯"는 어사에 대한 격이 낮은 표현으로 생각되는데, 대부분 어사의 선정비는 "公"으로 표현되기에, 나주 영산동사무소는 달리 표현되어 의아함이 드는 명문이었다.

어디까지나 필자의 생각이므로 유달리 깊게 생각할 필요는 없는 것이지만, 여러 개의 비석을 보면서 명문 하나, 하나에 의문이 드는 것이기 때문이다.

1842년에 전라도 암행어사로 파견되었다는 기록이 있어 비는 1842년이나 그 이후에 세운 것으로 추정된다.

어사 조귀하의 서계는 보이나 民政이나, 지역에 대한 글은 없으며, 임금이 희정당에서 조귀하를 소견하였다는 기록만 보인다.

조귀하의 다른 1좌 비(그림 65)는 전주 상장기 공원에 있으며, 여기의 비에도 송시는 없으며, 비제만 남아 있다.

비제는 "어사조공귀하불망비(御史趙公龜夏不忘碑)"라 되어 있으며, 세운 시기를 알 수 없으며 추정만 가능하다.

그림 63 어사 조귀하비, 나주 영산동

어사 조귀하의 비가 있는 상장기 공원은 제방자리로 말과 소의 멍에를 닮았다 하여, 멍에방천이라 부르던 곳이었다.

조귀하의 마애비가 있는 상관면 신리에는 여러 개의 마애비가 있기에 어떠한 곳이기에, 이렇게 많은 마애비가 있는지 궁금하였다.

상관이라는 지명은 옛 전주부의 관문 역할을 하던 만마관(萬馬關)[131]과 관련이 있는 지명이었다.

---

131) 만마관(萬馬關) 전라감영의 남쪽 관문이자 호남제일관이었으며, 1811년 조선 순조 때 왜구로부터 전주부성을 지키고 호남평야의 수탈을 막기 위해 완주군 상관면에 축성했지만, 일제의 전라선 철도 부설로 현재는 터만 남아 있다.

그림 64 어사 조귀하비, 전주 상관면 신리

상관이라는 것은 만마관의 북쪽 위에 있다 하여 상관이라 하였다. 關이라는 것은 중요 지역이거나, 군사상의 요충지역으로 鎭을 두어 방어하는 곳이다.

그러기에 여기에 관찰사나 판관, 그리고 어사의 마애비가 남아 있는 것으로 추정된다.

지금은 철도가 폐쇄되고 판굴이 다른 용도로 쓰이고 있으며, 그 주위에 여러 개의 마애비가 있다.

어사 조귀하의 마애비는 群을 이루는 곳에서 조금 떨어진 곳에 있으며, 비제와 설립 시기를 새겼다.

상관면 신리에 있는 여러 마애비 중 송시가 있는 것은 관찰사 이유원만 있고 그 외의 것은 비제와 설립 시기를 새겼다.

조귀하의 마애비의 비제는 "어사조공귀하영세불망비(御史趙公龜夏永世不忘碑)"라 되어 있으며, 向 좌의 명문은 "도광이십육년[132]칠월일(道光二十六年七月日)"이라 되어 있으며, 向 우측에는 희미하지만 상관면이라 되어 있다.

조귀하의 마애비는 연호만 새겨져 있고 干支는 보이지 않는다.

앞서 나주 영산동 사무소와 전주 상장기공원에 있는 조귀하의 비에는 설립 시기를 알 수 없으나, 상관면 신리의 비로 인해 추정이 가능하다.

기록이라는 것은 아주 중요한데 명문이 세월을 이기지 못하기에 추정만 가능한 것이 현재의 실상이다.

누군가 미리 자료를 조사했으면 세운 시기를 추정하는 발생 하지 않았을 텐데 하는 생각이 글을 쓰면서 많이 들었다.

마지막으로 논산 양촌면 인천리에 있는 비석으로 현재는 어디에 있는지 알 수 없다. 조선시대는 양촌면 인천리가 전북에 속하였기에 전라어사 조귀하의 비를 세운 것으로 보이며, "논산시사"와 "논산 디지털논산문화대전"에는 비석이 은정자 마을에 있다 하지만, 현재는 행방을 알 수 없다.

관심과 열정의 부족이고, 아까운 기록이 하나 사라졌다.

---

132) 1846년 6월이다.

그림 65 어사 조귀하비, 전주 상장기공원

㉖

이중하 선정불망비

이중하李重夏(1846년~1917년)[133] 본관은 전주(全州), 자는 후경(厚卿), 호는 규당(圭堂)·탄재(坦齋). 현감 이인식(李寅植)의 아들이다.

좌랑(佐郎)으로서 1882년(고종 19) 증광문과에 병과로 급제, 홍문관교리가 되었다.

1885년 공조참의·안변부사가 되었다가 토문감계사(土門勘界使)로서 청국측 대표 덕옥(德玉)·가원계(賈元桂)·진영(秦瑛) 등과 백두산에서 백두산정계비와 토문강지계(土門江地界)를 심사하였다. 국경 문제를 놓고 담판을 벌였으나 견해차가 심한 데다 청국측이 강압적인 태도로 나와 회담은 실패하였다.

1886년 덕원항감리(德源港監理)가 되었다가 1887년 다시 토문감계사가 되어 회담을 재개했는데, 청국측이 조선 측의 주장을 거절, 위협하자 "내 머리는 자를 수 있을지언정 국경은 줄일 수 없다."며 끝내 양보하지 않았다. 1890년 이조참의가 되어 충청도 암행어사의 임무를 수행하였고, 어

---

133) 한국민족문화대백과사전에서 발췌하였다.

사 이중하의 비는 충남에 고르게 분포되어 남아 있으며 총 10좌의 선정비가 있다.

서산 운산면에 있는 이중하의 비에는 碑題와 송시가 있으며, 송시는 마멸로 인해 명문의 판독이 용이하지 않다.

비제: 암행어사이공중하영세불망비

(暗行御史李公重夏永世不忘碑)

■持念■	청렴의 마음가짐으로......
■■賢否	현명함으로 부정을......
按察方面	고을을 두루 살피시니
■淸郡縣	...... 청덕으로 군현을
■■無宅	...... 집집마다 무탈 하네
惠民■■	은혜를 입은 백성들은......
石峨一片	하나의 돌에 숭상함을 새기니
頌傳千世	공의 송덕이 천년 동안 가노라

세운 시기는 새겨져 있지 않으며, 비에 남아 있는 명문이 희미하고, 필자가 물을 묻혀 판독하였지만 제대로 보이지 않았다.

그렇다고 남아 있는 명문도 제대로 판독하였다고 볼 수 없기에, 보이는 명문만 풀이하였다.

이중하의 암행어사 활동 시기는 1892년에 서계의 기록이 보여, 운산면의 선정비는 그 당시나 그 이후로 추정한다.

서산 운산면의 비는 송시가 있어 풀이를 하여야 하지만, 그 외의 지역은 대부분 비제와 설립년도만 새긴 경우가 많다.

그림 66 어사 이중하비, 서산 운산면

공주 신관동에는 6좌의 비가 있으며, 그중에 암행어사비는 3좌가 있다.

공주는 공산성에 여러 좌의 비석을 모아 두었는데 여기는 그 곳에 모이지 못하고, 따로 모아 두었다.

여기에 있는 이유를 알아보니 비석이 있는 이곳은 깃대나루가 있었든 곳이기도 하고, 그보다 더 중요한 일신역이 있었다.

신관동이라는 지명은 일신역과 관동이라는 지명에서 유래되었고, 선정비가 있는 이유는 역참과 관계되어 세운 것으로 추정된다.

그림 67 어사 이중하비, 공주 신관동

어사 이중하비는 "암행어사이공중하영세불망비(暗行御史李公重夏永世不忘碑)"라 되어 있고 세운 시기는 임진 11월이라 되어 있다.

이중하가 임금께 올리는 서계는 많은 자료를 남겨 두지만, 이 서계는 글 한 자라도 틀리면 추고를 받게 되는데 이중하가 그러한 경우이다.

《승정원일기》에는 그러한 내용이 남아 있다.

고종 29년 임진(1892) 윤6월 28일(갑신) 맑음
지방관을 감찰하여 보고한 충청도 암행어사 이중하의 서계에 대해 회계하는 병조의 계목

"임금께 아뢰는 문자는 얼마나 신중히 해야 하는 것입니까. 그런데 통어영 중군 이상덕(李相悳)의 덕(悳) 자를 덕(德) 자로 잘못 썼으니 매우 살피지 못한 것입니다. 해당 어사 이중하를 추고하는 것이 어떻겠습니까?"

하였는데, 판부하기를,

"회계한 대로 시행하라." 하였다.

어사 이중하가 서계에 "悳"을 "德"으로 잘못 표현하여 글을 올렸는데, 병조에서 임금께 올리는 글에 신중을 기하지 않고 잘못 썼으니, 추고[134)]하라는 내용이 보인다.

서계는 방대한 자료와 글이 있는데, 그중에 한 글자라도 틀리면 벌을 주었으니, 어사의 임무는 백성을 살피고, 탐관오리를 탄핵하는 일이 전부는 아닌 것으로 생각된다.

우리가 아는 암행어사는 마패를 보이고 출도를 하는 것과 봉고파직[135)] 하는 것이 전부라 생각되지만, 어사가 임금께 올린 서계는 그 당시 지방 상황을 알 수 있는 중요한 자료이고, 어사는 자세한 내용과 글 하나하나 틀림이 없어야 하는 어려움이 존재한다고 생각이 든다.

남아 있는 이중하의 비는 13좌[136)]나 되고, 선무사 활동한 곳에는 마애비

---

134) 예전에, 벼슬아치의 죄와 허물을 문초하거나 캐어물어 고찰하던 일.

135) 봉고파직은 관아의 창고를 문을 잠그고, 사또를 벼슬에서 내쫓는 일.

136) 암행어사비만 10좌이다.

와 선정비가 남아 있어 별도의 표를 만들어 정리 하였다.

그림 68 어사 이중하비, 서산시청

그림 69 어사 이중하비, 서천군청

그림 70 어사 이중하비, 청양군청

그림 71 어사 이중하비, 아산 신창

그림 72 어사 이중하비, 예산 역탑리

그림 73 어사 이중하비, 아산 성내리

그림 74 어사 이중하비, 서천 비인

그림 75 어사 이중하비, 부여 홍산 객사

어사 이중하의 비는 충청도에만 10좌의 비가 남아 있으며, 특히 충남에만 남아 있었다.

번호	비제	위치	설립년도	비고
1	암행어사이공중하청백휼민선정비	부여 홍산 객사	임진9월(1902년)	
2	어사이공중하영세불망비	서천 비인	임진3월(1902년)	
3	암행어사이공중하영세불망비	서산 운산	?	
4	암행어사이공중하영세불망비	공주 신관동	임진11월(1902년)	
5	어사이공중하영세불망비	서산시청	계사5월(1893년)	
6	암행어사이공중하영세불망비	서천군청	계사8월(1893년)	
7	어사이공중하영세불망비	청양군청	계사4월(1893년)	
8	암행어사이공중하영세불망비	아산신창	임진5월(1902년)	
9	암행어사이공중하영세불망비	예산 역탑리	계사3월(1893년)	
10	암행어사이공중하영세불망비	아산 성내리	?	
11	선무사이공중하송덕비	영천 완산보	?	
12	선무사 이중하	진주 촉석루	?	마애각석
13	경상좌도 관찰사	의령	?	

충북에도 이중하의 선정비가 있었지만 멸실되거나, 필자기 찾지 못한 경우라고 생각이 든다.

그다음으로는 부여 홍산 객사(그림 75)에 있는 이중하의 비에는 그를 칭송하는 명문이 있으며 풀이하면 다음과 같다.

비제: 암행어사이공중하청백휼민선정비

(暗行御史李公重夏淸白恤民善政碑)

刷逋代納	쇄포를 대납하여 주시고
虛結啓停	허결[137]을 계도하고, 멈추게 하시니
民頌吏歡	백성이 칭송하고 아전들이 기뻐하네.
邑瘼始伸	마을의 병든 것이 펼쳐 버리니
斃■■弊	쓰러진...... 폐단은
欲刓其澤	사랑을 바라는 것은 그 은택이로다
畫財殖村	재물을 고루 갖추니 마을이 번창하네
山低海淺	산이 낮으니 바다도 얕구나

壬辰 九月　1902년 세움

명문 풀이는 필자가 직접 하였지만 엉터리라 할 정도로 잘하지 못하였다고 생각된다. 누군가 나중에 제대로 풀이를 하였으면 한다.

이중하는 감계사[138]로서 청나라 측 대표와 함께 백두산에서 정계비와

137) 예전에, 땅을 갖지 못한 사람이 공연히 무는 조세를 이르던 말.

138) 19세기 말 대한제국-청 국경 분쟁 초기에 이루어진 두 차례의 회담 등을 지칭한다.

토문강 지계를 심사하며 국경 문제로 담화를 했으나, 큰 견해 차이와 청국의 무시와 강압적인 태도에 의해 실패했다.

그에 대한 공문이 보인다.

강역의 경계를 감정한 공문에 대한 고찰[勘界公文攷]

성상 을유년(1885, 고종22) 가을, 안변 부사(安邊府使) 이중하(李重夏)를 감계사(勘界使)로 삼아 토문강(土門江) 지계(地界)를 살피고 조사하게 하였다.

9월 27일, 감계사와 종사관 조창식(趙昌植)이 회령부(會寧府)에 도착하여 청나라에서 파견된 관원 덕옥(德玉)은 혼춘부도통아문(琿春副都統衙門)에서 파견된 관원으로 변무교섭승판처사무(邊務交涉承辦處事務)이다.

가원계(賈元桂)는, 호리초간변황사무(護理招墾邊荒事務)이다.

진영(秦煐)은 길림(吉林)에서 파견된 관원으로 독리상무위원(督理商務委員)이며, 등과 연일 와서 모였다.

30일과 10월 1일에 두 차례 담판을 하였는데 각자의 의견을 다투어 고집한 것이 많았다.

3일에 출발하여 무산(茂山)에 있는, 두만강의 세 개의 수원(水源)이 합하는 곳에 이르렀다.

이때 회담을 이끌던 사람을 '토문감계사(土們勘界使)'라고 불렀다.

청나라에서 파견된 관리는 오로지 정류(正流)만을 조사하려 하였고, 감계사는 먼저 정계비에 기록된 경계를 살핀 뒤에 강물의 근원을 조사하자고 하여 여러 차례 논의하다가 마침내 세 방향으로 길을 나누어 가기로 결정하였다.
15일, 종사관 조창식과 수행원 이후섭(李垕燮)은 회령(會寧)에 거주하고, 절충장군(折衝將軍)이다.
김우식(金禹軾) 종성(鍾城) 사람으로 앞에 보인다.
혼춘에서 파견된 관원 덕옥과 함께 홍단수(紅湍水)의 수원을 조사하러 갔고, 수행원 오원정(吳元貞)은 종성 사람으로 앞에 보인다.
중국의 회도관(繪圖官) 염영(廉榮)과 함께 서두수(西豆水)의 수원을 조사하러 갔으며, 감계사와 안무 중군(按撫中軍) 최두형(崔斗衡), 수행원 최오길(崔五吉)은 온성(穩城)에 거주하고, 전 오위장(五衛將)이다.
권흥조(權興祚)는 무산(茂山) 사람으로 앞에 보이며, 중국에서 파견된 관원 진영·가원계와 함께 홍토산수(紅土山水)의 수원을 따라 곧바로 백두산으로 향하였다.
밤낮으로 고생하여 정계비를 세운 곳을 찾았다.

험하고 높이 솟은 벼랑과 이리저리 자란 나무로 무성한 숲을 어렵사리 전진하며 겨우 200리 거리에 이르렀으나 산이 험하고 냇물이 가로 막은 데다가 눈보라가 더해져 중로에서 노숙하였다.
가원계가 정계비 조사하는 것을 싫어하여 감계사를 곤란한 지경에 빠트려 스스로 물러나게 하려고 한밤중에 행차를 재촉하였다.

쌓인 눈에 정강이까지 빠지고 사방은 어두워 수많은 사람과 말이 거의 위험한 지경에 이르렀을 때 홀연히 동남쪽이 개면서 아침 해가 막 떠올라 비로소 정계비를 세운 곳을 찾았다.
밤사이의 노정을 계산해 보니 60리이다.
정계비문을 탁본하여 중국에서 파견된 관리와 각각 1장씩 가졌다.
동쪽과 서쪽의 수원, 흙무더기와 돌무더기의 모양을 하나하나 조사하여 증명하고 이어서 산을 내려왔다.
조창식은 허항령(虛項嶺)까지 조사하러 갔다가 눈에 막혀 겨우 돌아왔다.
서두수를 조사하러 간 사람들도 차례로 돌아와 모였다. 27일에 이르러 모두 무산에 도착하였다.[139)]

마지막으로 선정비는 아니지만 공주 신원사 중악단에 이중하의 글씨가 편액으로 남아 있다.

이 편액에는 '직지어사'라는 글이 있기에 자료를 추가한다.

중악단이라는 글씨 옆에 "辛卯直旨御史" "李重夏 書"라고 되어 있다. 신묘년에 이중하의 직지어사의 기록을 보이지 않아 중악단과 관련하여 특별히 파견된 것으로 추정된다.

---

139) 고전번역원db에서 발췌하였으며, 북여요선(北輿要選) 下에 있는 내용이다.

그림 76 직지어사 이중하 글씨, 신원사 중악단

㉗

이용호 선정불망비

이용호李致庠(1842년~?)[140] 본관은 전주이고 호는 아석, 자는 무경이다. 아버지는 이치상이고, 1883년 충청우도 어사를 지낼 때 충청도에 우두국 설치를 건의한 내용이 《고종실록》 1883년 10월 23일(음력 9월 23일) 기사에 보인다.

친일파 이근택의 정부 전복 모의에 연루되어 7년 형을 받고 제주에 유배되었다.

어사 이용호의 비는 서천과 공주에 있으며, 군수로 재임한 기록이 있어 선정비를 찾아보니, 창녕 영산에 있었다.

서천군청에 있는 어사 이용호의 비는 비제와 세운 시기만 있고, 그를 칭송하는 명문은 보이지 않는다.

碑題는 "암행어사이공용호영세불망비(暗行御史李公容鎬永世不忘碑)"라 되어 있으며, 세운 시기는 "계미 3월(1883년)일" 이다.

어사 이용호의 서계에는 서천과 관계되는 내용이 보인다.

---

140) 한국민족문화대백과사전에서 발췌하였다.

고종 20년 계미(1883) 9월 23일(경자) 맑음

서천(舒川) 지역에 구씨(丘氏) 성을 가진 자가 수천 명에 달하는데, 연전에 구진규(丘鎭圭)란 자가 일문(一門)에 용납되지 못하자 감히 불령(不逞)한 감정을 품어 저들의 성이 대성인(大聖人)의 휘(諱 공자(孔子)의 이름이 구(丘)임)를 범한 것이 온당치 못하다 하여 구(丘)를 구(具)로 고쳐 달라는 뜻으로 사람을 고용하여 격쟁(擊錚)해서 원하는 대로 시행되게 되었습니다.

그러나 일개 패악한 자손이 이렇게 족속을 망치는 짓을 하여 수천 명의 구씨들이 무고하게 성을 바꾸게 되어 도리어 징렴(徵斂)에 시달려 대부분 패망하게 되었으니, 특별히 예조에 분부하여 본도에 관문을 보내 곧바로 저들 구씨들을 예전의 성으로 돌아가도록 해 달라는 일입니다.

사실이 이미 이러하다면 예조로 하여금 본도에 관문으로 문의한 뒤 품처하게 하소서.[141]

위의 내용과 선정비와 직접적인 관계는 알 수 없지만, 어사또의 행적이 서계에 나타나기에, 어사 이용호가 서천에서 행한 행적을 추정할 수 있다.

어사 이용호를 칭송하는 명문이 있으면, 어떠한 선정이나 행한 치적을 알 수 있으나, 비석에는 그러한 내용이 없다.

141) 《승정원일기》에서 발췌하였다.

그림 77 어사 이용호비, 서천군청

그림 78 어사 이용호비, 공주 신관동

공주 신관동에 있는 이용호의 비는 6좌의 비와 같이 있으며, 비제는 "어사이공용호영세불망비(御史李公容鎬永世不忘碑)"라 되어 있으며, 세운 시기는 "갑신(1884년) 3월일"이라 되어 있다.

이용호의 서계 중에 눈에 띄는 것은 우두법을 건의하는 것이다.

고종 20년 계미(1883) 9월 23일(경자) 맑음

우두법(牛痘法)[142]은 서양 의학에서 창시된 것인데, 시험하는 족족

142) 천연두를 예방할 목적으로 우두(牛痘)를 사람에게 접종하는 일을 가리킨다.

다 효험을 보여 만에 하나도 실패한 적이 없으니, 실로 사람을 살리는 훌륭한 의방(醫方)입니다.

따라서 사징전(查徵錢) 2900여 냥으로 우두국(牛痘局)을 충청 감영에 설치하여, 경상도 의원으로 하여금 그 기술을 가르치도록 하고, 소용되는 기계와 제반 갖추어야 할 것들을 모두 잘 헤아려 조처하도록 속히 내의원으로 하여금 해도에 관문을 보내 끝까지 좋은 결과를 맺도록 도모하는 일입니다. 쓸 때마다 효험이 있다면 권면하지 않아도 저절로 받아들이게 마련입니다. 우두국을 설치하여 기술을 가르치게 되면 효과를 볼 수 있을 것이니, 영읍에서 먼저 적절하게 권면하고 신칙하게 하소서.[143]

143) 《승정원일기》에서 발췌하였다.

㉘

박용대 선정불망비

박용대朴容大(1849년~1827년)[144] 본관은 밀양(密陽)이며, 자는 성기(聖器)로, 공조참의 박세병(朴世秉)의 아들로, 어머니는 광주이씨(廣州李氏)이다.

1881년부터 1910년까지 병조참판, 한성부 좌윤, 공조참판, 사직서 제조, 의효원 제조, 장례원경, 규장각 제학 등 주요 관직을 역임했다.

일제강점 이후 일제침략에 협력한 공로를 인정받아 1910년 10월 일본 정부로부터 남작 작위를 받았으며, 1911년 2만 5000원의 은사공채를 수령했다.

1915년 시정 5주년 기념 조선물산공진회, 경성협찬회 정회원, 1917년 10월 불교옹호회 고문을 맡았다. 박용대의 이상과 같은 활동은「일제강점하 반민족행위 진상규명에 관한 특별법」제2조 제7·19호에 해당하는 친일반민족행위로 규정되어『친일반민족행위진상규명 보고서』Ⅳ-6: 친일반민족행위자 결정이유서(pp.802~812)에 관련 행적이 상세하게 채록되

144) 한국민족문화대백과사전에서 발췌하였다.

었다.

박용대의 비에도 어사를 칭송하는 명문이 있으며, 처음 촬영한 사진의 명문이 보이지 않아, 2024년 6월에 가서 재촬영하였으며, 내용은 다음과 같다.

그림 79 어사 박용대비, 공주 신관동

비제: 암행어사박공용대영세불망비(暗行御史朴公容大永世不忘碑)

我城之微　　나의 城에 작은 기미라도

我公戾止　　公이 오셔서 죄를 멈추게 하시고

痛矣卒徒　아픔이 있는 무리에게는

惠風斯敷　은혜로움 펼치시고

侏儒得飽　난장이도 배부르게 하셨네

五万青蚨[145]　오만의 동전을 모으게 하여

琢磨[146]不諼　절차탁마를 잊을 수 없게 하니

親慈石夫　어버이 같은 자애로움 분이시네

丙子十一月 日 立　1876년 11월에 세움

《승정원일기》에는 어사 박용대가 조정에 입시하여 임금과 나눈 기록이 보이며 다음과 같다.

고종 11년 갑술(1874) 11월 3일(임인) 맑음

11-11-03[17] 희정당에서 충청우도 암행어사 박용대를 소견할 때 행 도승지 김병시 등이 입시하였다

○ 신시(申時)

상이 희정당에 나아갔다. 충청우도 암행어사가 입시하였다. 이때

145) 구멍 뚫린 동전(銅錢), 즉 돈을 말한다. 청부충(青蚨蟲) 모자(母子)의 피를 동전에 발라 놓으면, 어디에 있든 서로 날아와 같은 장소로 모여든다는 고사에서 유래한 것이다. 《搜神記 卷13》.

146) 옥이나 돌을 쪼아서 모래로 닦은 것처럼(琢磨) 밝게 빛이 난다. 즉, 학문이나 덕행을 힘써 수양한다는 의미이다.

입시한 행 도승지 김병시, 가주서 임상희, 기사관 김홍집 · 심상만, 암행어사 박용대(朴容大)가 차례로 나와 엎드렸다.

상이 이르기를,

“사관은 좌우로 나누어 앉으라.”하고, 이어서 어사에게 명하여 앞으로 나오게 하였다. 상이 이르기를,

“잘 다녀왔는가?” 하니, 박용대가 아뢰기를,

“임금의 위광이 미치는 바이므로 무사히 다녀왔습니다마는, 신은 나이가 젊거니와 이력도 없어서 대양(對揚)을 다하지 못하였으니, 참으로 황송하여 못 견디겠습니다.”

하니, 상이 이르기를,

“그대가 일찍이 한림(翰林)이었을 때에 이미 사무에 두루 상세함을 알았는데, 기어이 그렇게 말할 것이 뭐가 있는가?” 하였다. 상이 이르기를,

“서계와 별단 이외에 더 아뢸 만한 일이 없는가?” 하니, 박용대가 아뢰기를,

“아뢸 만한 것이 별로 없습니다.” 하였다. 상이 이르기를,

“잘 다스리는 수령은 누구인가?” 하니, 박용대가 아뢰기를,

“노성 현감(魯城縣監) 신석균(申奭均)이 으뜸이고, 전 홍산 현감(鴻山縣監) 이승정(李承靖)과 해미 현감(海美縣監) 홍재신(洪在愼)도 다 잘 다스립니다....... 생략.[147]

---

147) 고전번역원db에서 발췌하였다.

㉙

박영교 선정불망비

박영교朴泳敎(1849년~1884년) 본관 반남 호는 충목, 조선 말기의 문신. 개화파의 일원으로 1884년 갑신정변에 가담했다. 본관은 반남. 아버지는 판서 원양이다. 1878년(고종 15) 음보로 등용되어 금성현감을 지냈다. 1881년 정시문과에 급제한 뒤 수찬·통리기무아문주사·승지 등을 지냈다. 1882년에는《지구도경 地球圖經》을 저술했다.

1883년 전라도암행어사로 활동한 뒤 다시 승지가 되었다. 1874년경부터 김옥균·서광범 및 동생인 영효 등과 함께 개화파를 형성했다.

1884년 12월 4일 청나라로부터의 자주독립과 위로부터의 급진적 근대화를 주장한 갑신정변에 가담해, 민씨 정권의 요인을 제거하고 정권을 장악한 뒤 도승지와 국왕의 비서실장을 맡았다. 그러나 명성황후의 요청으로 청군이 개입해 3일 만에 정변이 실패로 돌아가자, 홍영식 및 사관생도 7명과 함께 고종을 호위하다 피살되었다. 1894년 죄적이 말살되고 복관되었다. 시호는 충목(忠穆)이다.

김동복[148] 선생께서 1980년에 선정비를 조사하고, 2000년에 발간한 《조선선정불망비총군록》이라는 책에는 박영근(朴泳根)이라 하였으나, 판독을 잘못한 것으로 생각된다. 군산 임피향교 입구에는 여러 비석이 있고, 그중에 어사 박영교의 비가 있으며, 비제와 그를 칭송하는 송시와 함께 새겨져 있다.

비제: 어사박공영교영세불망비(御史朴公泳敎永世不忘碑)

列邑矯弊 여러 읍의 폐단을 바로 잡으시니
吏民俱平 아전과 백성들이 모두 평안하네
持斧直指 왕의 어명을 받들어
改絃[149]■■ 새롭게 제도를 정비하시네
均賦咸目 세금을 덜어 균등하게 부과하니
萬口銘感 만인들이 감동하여 비에 새겼네
接事得情[150] 일을 맡아 죄의 실정을 알아내시니
百世流芳 명성은 오래도록 남으리

癸未 四月 日 1883년 세움

148) 김동복(金東福) 서울 거주, 건설회사 근무하시면서 1980년부터 선정비를 조사하여 2000년 《조선선정불망비총군록》 책을 내신 분이시다.

149) '개현역철(改絃易轍)'은 거문고 줄을 바꾸고 수레의 노선(路線)을 변경한다는 의미로, 정치와 제도 등 모든 것을 혁신함을 뜻한다.

150) 죄를 저지른 실제 사정을 알아낸다는 뜻이다.

그림 80 어사 박영교비, 군산 임피향교

그림 81 어사 박영교비, 김제 만경읍

어사 박영교의 별단을 소개하면 다음과 같다.

全羅道 暗行御史 朴泳敎의 別單에 대해 보고하고

그 대책을 묻는 議政府의 啓

고종 20년 1883년 09월 23일 (음)

○의정부에서 아뢰기를

전라도 암행어사 박영교(朴泳敎)의 별단(別單)을 보니 그 하나는, 요즘 각읍(各邑)이 조폐(凋弊)하자 백성이 대부분 어려워서 세(稅)

를 미루기가 일쑤인 것은 다만 각 해 수령이 혹 직분을 잘하지 못하거나 혹은 자주 교체되거나 혹 관청을 비우는 소치에서 말미암는데 이후로는 해조에서 각별하게 가려 차정하여 5년까지는 교체를 허락하지 말며, 말미를 받는 한 가지는 모두 아는 큰일 외에는 일절 허락하지 말아서 성과를 이루게 하는 일입니다.

자주 교체하면 영송(迎送)하는 폐단을 염려해야 하고, 오래 비워 두면 사무가 문드러져서 걱정인데 더구나 물러 터져서 직분을 제대로 하지 않는다면 백성과 고을의 해는 이루 말할 수 없습니다.

전조(銓曹)에 신칙하여 궐임이 생기는 대로 가려서 차정하고 임기가 차기 전에는 바꾸지 말게 하고, 말미도 또한 가벼이 허락하지 말라고 도신에게 관문을 보내소서.

그 하나는, 각읍의 민고(民庫)는 바로 백성을 위해서 설치한 것이나 요즘 백 가지 폐단이 겹으로 생겨서 경사(京司)에서 구청(求請)하고 영문(營門)에서 복정(卜定)하여 관(官)에 내려야 할 것을 번번이 민고에 내려서 이른 바 해색(該色)이 따라서 간사함을 부려 갑절로 함부로 내리고, 토지와 민호(民戶)에 배당하여 징렴함을 세과(歲課)처럼 여겨서 가난한 백성이 지탱할 길이 없으니 각읍의 민고는 별도로 관고(官庫)로 만들라고 절목(節目)을 만들어 주고 다시 거듭 분명히 알리게 하는 일입니다.

민고에 함부로 내리는 것은 참으로 커다란 폐막인데 관에 내린 것을 어찌 섞어서 여기에 돌리겠습니까마는 해읍에서 가운데에서 농간을 부리는 것은 매우 놀라운 데에 관계되니 이제부터는 별도로 관고를 만들고, 백성에게 징렴하는 한 가지는 영원히 엄히 막게 하라고

> 하나같이 수의(繡衣)의 절목대로 시행하소서.
>
> 그 하나는 병인년(丙寅年: 고종3, 1866)과 정묘년(丁卯年: 고종4, 1876)의 기근(饑饉)과 전염병으로 사람이 줄어들고 땅은 다 묵어서 그렇지 않은 읍이 없는데 그 가운데 진결(陳結)로 아직 개간하지 않은 것은 나주(羅州)가 2천 6백 90결, 광주(光州)가 1천 2백 10결, 순천(順天)이 6백 60결, 영암(靈巖)이 7백 14결, 김제(金堤)가 3백 93결, 임피(臨陂)가 4백 50결, 만경(萬頃)이 1백 83결, 옥구(沃構)가 5백 15결, 부안(扶安)이 2백 50결, 함평(咸平)이 4백 23결인데 다만 나라의 재정만을 생각하고 백성의 고통을 돌보지 않는다면 이미 안집(安集)한 백성이 필시 다시 흩어질 것이고 이미 개간한 토지도 또한 다시 묵을 것이니....... 생략.[151]

김제 만경읍에 있는 현령 심인택과 어사 박영교 선정비는 하나의 비에 2명의 관리의 이름이 새겨진 경우로, 만경현령 심인택은 명문이 남아 있으나, 어사 박영교의 명문은 누군가 훼손 하였다.

비제는 "어사박공영교휼민영세불망비(御史朴公泳教恤民永世不忘碑)"라 되어 있고, 세운 시기는 "癸未 七月日立"이라 되어 있다.

2000년도에 발간한 "조선선정불망비총군록"에는 "어사 박영근"이라 되어 있다.

계미년이면 1883년이고, 비석을 세울 때는 암행어사 활동할 당시나 그 이후에 세우므로, 1882년이나 1883년에 활동을 한 어사를 찾아보니, 박영

---

151) 《국역비변사등록》에서 발췌하였다.

교(朴泳教)였다.

고종 때 어사화와 홍패를 받는 기록이 있다.

비석의 명문을 훼손한 것은 갑신정변 실패로 인해 피살되었기에, 비의 명문도 훼손되었다고 생각된다.

비록 현대에 조사한 기록이 박영근으로 되어 있으나, 기록 미상의 인물로 생각되지만, 군산 임피의 비석이나, 김제 만경읍의 비는 어사 박영교로 보아야 한다고 생각한다.

㉚

심상학 선정불망비

심상학沈相學(1845년~?)[152] 자 덕초 호 난소, 본관 청송 개항기 부경리통리기무아문사, 예조참판 등을 역임한 관료이며, 1881년(고종 18) 신사유람단의 정식 위원으로 파견되어 4개월 동안 일본의 근대적 문물제도를 시찰하고 돌아왔다.

그 뒤 통리기무아문(統理機務衙門)이 개편되어 7사(司) 가운데 동문사(同門司)의 부경리통리기무아문사(副經理統理機務衙門事, 약칭 부경리사)에 임명되어 개화적인 혁신정책의 실무를 담당하였다.

어사 심상학의 선정비는 마애비를 포함하여 7좌가 남아 있으며, 제일 먼저 전남 해남 우수영부터 소개한다.

전남 우수영 터에는 많은 선정비를 모아 두었는데, 그중에 어사 심상학의 비가 남아 있다.

비제 좌우에 그를 칭송하는 명문이 있다.

---

152) 한국민족문화대백과사전에서 발췌하였다.

비제: 암행어사심공상학송덕선정비(暗行御史沈公相學頌德善政碑)

減稅戢奸	세금을 줄여 주시고 나쁜 것은 그치게 하시니
威和一經	일경으로 위엄과 평온하게 하셨네
補弊濟窮	폐단을 바로잡고 궁핍함에서 구제하였으니
百世惠風	오래도록 은혜로움을 노래하리

丙戌 正月 1886년 세움

그림 82 어사 심상학비, 해남 우수영

김제 금구향교에는 많은 선정비들이 만화루 앞에 있으며, 그 중에 어사 심상학비(그림 83)도 있다.

그림 83 어사 심상학비, 김제 금구향교

비의 명문이 마멸로 인해 희미하여 보이는 글자만 풀이를 한다.

비제: 어사심공상학영세불망비(御史沈公相學永世不忘碑)

■ ■ 偈蠲 ...... 세금을 덜어 주시고

■ ■ 恤窮 ...... 궁함을 멈추게 하셨네

鳳[153]山片石　봉산의 돌에 새기니
永■鴻辺　공적은 오래도록 전해지리니

乙酉 四月 日　1885년 세움

김제 금구향교의 심상학비는 명문의 마멸로 인해 송시가 제대로 풀이되지 않아 억지로 한 것 같은 느낌이 많이 든다.

그 다음으로는 해남 단군전에 비석군이 있으며 그곳에도 어사 심상학의 비(그림 84)가 있으며, 비제와 그를 칭송하는 명문을 소개하면 다음과 같다.

비제: 어사심공상학영세불망비(御史沈公相學永世不忘碑)

蠲減宿逋[154]　오래된 빚을 탕감하여 주시고
欹器[155]復正　의기도 바로 잡으셨네

153) 필자가 추정하여 넣었다.

154) 오래되고 묵은 빚을 뜻한다.

155) 공자가 노 환공(魯桓公)의 사당에서 의기를 보고 사당을 지키는 이에게 이것이 무슨 기구냐고 묻자, 임금의 자리를 돕는 그릇(宥座之器)이라고 하였다. 이에 공자가 말하기를 "내 듣건대, 자리를 돕는 그릇은 비면 기울고 알맞으면 바르게 되며 가득 차면 뒤집어져서 명군(明君)이 이로써 지극한 경계를 삼고 항상 자리 옆에 두었다고 한다." 하고, 제자를 돌아보면서 "물을 부어 보아라." 하였다. 물을 붓자, 물이 알맞으면 그릇이 바르고 가득 차면 뒤집어졌다. 공자가 탄식하기를 "아아, 사물이 어찌 가득 찼으면서도 뒤집어지지 않는 것이 있겠는가." 하였다.《孔子家語 卷2 三恕》.

그림 84 어사 심상학비, 해남 단군전

補以查括　　조사하고 찾아냄을 기울이셨으니

斯民全活　　모든 백성을 온전히 살리셨도다

光緖 十一年 乙酉 十月 日 立　1885년 세우다

비에 나타나는 명문은 함축성이 있기에, 그 당시의 상황을 알지 못하면 명문 풀이가 엉뚱하게 되는 경우도 있다.

그래서 신중하게 풀이하려고 자료를 찾고 묻고 하였지만, 풀이가 제대로 되었는지는 알 수 없지만, 전문가들은 풀이를 보면 잘했는지 못했는지

그림 85 어사 심상학비, 고창 무장읍성

알 수 있을 것이고, 나중에 누군가 이 글을 보고 수정할 것으로 생각하여 본다.

고창 무장읍성에 있는 어사 심상학의 비(그림 85)의 명문이 "어사심공상학만세불망비(御史沈公相學萬世不忘碑)"라 되어 있고, 세운 시기는 "乙酉十一月立 陳烋三酉"라고 되어 있다. 을유년은 1885년이다.

다른 곳의 비는 "영세불망"이 많지만, 무장읍성의 비는 "만세불망"이라 되어 있다. 영세와 만세의 명문은 큰 차이가 없다.

심상학의 서계에는 무장읍과 관계되는 내용이 보인다.

고종 22년 을유(1885) 11월 3일(정유) 맑음
전 무장 현감 홍종관 등을 나문할 것 등을 청한
전라우도 암행어사 심상학의 서계에 대해 회계하는 이조의 계목

○ 이조의 계목에,

원 문건은 첨부하였습니다. 전라우도 암행어사 심상학(沈相學)의 서계를 보니, 전 무장 현감(茂長縣監) 홍종관(洪鍾觀)은 암행어사의 계사에서 이미 해당 관청으로 하여금 품지하여 처리하게 할 것을 청하였으니 다시 논할 만한 것이 없습니다....... 생략.[156]

그 다음으로는 군산 옥구향교에 있는 어사 심상학의 비(그림 86)이다.

---

156) 《승정원일기》에서 발췌하였다.

옥구향교는 2015년도에 방문하여, 하마비와 향교, 그리고 선정비들을 사진 촬영하였는데, 그중에 어사 심상학의 비는 보이지 않았다.

두세 번 찾아도 보이지 않아서 옥구향교를 당일로 가서 사진을 촬영하고 왔다.

4시 30분의 거리이고, 힘든 운전이지만, 필요한 자료를 얻기 위해서는 가야 한다는 것이 필자의 생각이기에 갔다 온 것이다.

어사 심상학의 비는 이병문 관찰사비와 나란히 있으며, 비제와 그를 칭송하는 명문이 있다.

비제: 어사심공상학영세불망비(御史沈公相學永世不忘碑)

屯土陳廢	묵혀 버린 밭인 둔토에
五年蠲稅	5년 동안 세금을 감면해 주셨네
流民還集	떠난 백성들이 돌아와 모여드니
百代豊碑[157)]	백대 동안 찬양하리라

庚寅 二月 日　1890년 세움

어사 심상학이 활동하던 시기는 1885년이고, 비를 세운 시기는 5년이 지난 후에 세워졌다.

157) 찬양하는 비석이다.

그림 86 어사 심상학비, 군산 옥구향교

그 다음으로 김제 만경읍에 있는 심상학의 비(그림 87)는 "어사심공상학휼민청백비(御史沈公相學恤民淸白碑)"라 되어 있으며, 송시는 보이지 않는다.

내용 그대로 풀이하면 백성을 구휼하고 깨끗한 선정을 하였다고 하는 뜻이고, 서계에서 만경읍 현령에 대한 비리를 처벌하라는 내용이 보이기에 선정비를 세운 것으로 보인다. 세운 시기는 "乙酉十月日立" 되어 있다. 1885년이다.

그림 87 어사 심상학비, 김제 만경읍

마지막으로는 전주 상관면 신리에 있는 마애비(그림 88)이다.

상관면 신리에는 돌기둥 형식의 비석이 아니고 대부분 마애비로 구성되어 있는데, 어사 심상학의 碑 외에도 많은 마애비가 남아 있다.

마애비는 1면에 3인을 새겨 두었는데, 판관, 관찰사의 이름이 보이고 있다.

판관은 민영직[158]이고, 관찰사는 조강하[159]이다.

---

158) 민달용의 아들로 1881년에 전주판관에 임명되었다.

159) 풍양 조씨로 경상도 관찰사, 전라도 관찰사를 역임한 조선후기 문신이다.

명문을 새긴 시기는 광서 12년 8월일(1886년)이라 되어 있다.

마애비에 보이는 명문은 다음과 같다.

觀察使趙公康夏

御史沈公相學 永世不忘

判官閔侯永稷

上關[160]

光緖 十二年 八月 日 1886년 8월 세움

위의 명문은 3인의 이름이 새겨져 있으며, 불망비라는 용어가 난무 한데 여기는 "불망"이라는 표현되었다.

여러 마애비나, 선정비에 보면 선정비, 불망비라 되어 있어 잉여적 표현인데, 碑라는 것은 돌기둥이라 뜻이므로, "어사심공상학불망"이라는 표현이 제대로 된 것으로 생각된다.

역전 앞, 처갓집 등의 표현이 대표적인 잉여적 표현인데, 선정비나 불망비도 잉여적으로 표현으로 보는 것이 맞는다고 생각되며, 위의 명문에 나타나는 "불망"은 남아 있는 여러 비석 중에 제일 알맞게 표현된 것으로 평가를 하고 싶다.

---

160) 전주 상관면을 말한다.

그림 88 어사 심상학 마애비, 전주 상관면

㉛

이승욱 선정불망비

이승욱李承旭(?~?) 본관 전주 자, 호 미상인 조선말의 관리로서 시종원 시종, 중추원의관, 전라도 암행어사로 활동하였다.

암행어사와 여러 벼슬을 하였지만, 인물에 대한 정보가 거의 없는 것이 이상할 정도이다.

이승욱의 비는 해남 단군전 앞에 있으며, 여러 비석과 같이 있다.

비제: 어사이공승욱영세불망비(御史李公承旭永世不忘碑)

不磷不淄[161]	갈아도 갈리지 않고 물들여도 물들지 않으니
攬轡[162]慨然	서슴없이 람비의 뜻 품었도다

161) 《논어》〈양화(陽貨)〉에 "단단하다고 말하지 않겠는가? 갈아도 갈리지 않으니. 희다고 말하지 않겠는가? 검은 물을 들여도 물들지 않으니. [不曰堅乎 磨而不磷 不曰白乎 涅而不緇]"라고 하였다.

162) 후한(後漢) 범방(范滂)이 기주 자사(冀州刺史)로 나갈 적에, "수레에 올라 고삐를 잡고서는 천하를 정화할 뜻을 개연히 품었다.[登車攬轡 慨然有澄清天下之志]"는 고

有權[163]有經　바람직한 권력으로 법도를 세워
一方肅淸　고을의 그릇된 일을 엄하게 바로 잡았네
布政優優[164]　우우의 정치를 펼치시고
汗不爲諛　아첨에 대해서는 땀 한 방울 안 흘렸으며
■[165]我民聽　백성의 말에 귀 기울이시니
無愧其銘　비석에 새긴 것이 부끄럽지 않게 하였도다

大韓 光武 二年 戊戌 二月　1898년 세움

어사 이승욱의 비의 명문을 풀이하여 보니, 문장을 지은 사람이 대단한 선비일 가능성이 보여, 많은 선정비 중에서도 최고의 문장으로 생각된다.

사에서 나온 것으로, 지방 장관으로 부임할 때, 혹은 난세에 혁신 정치를 행하여 백성을 안정시키겠다는 의지를 비유한다.《後漢書 卷97 黨錮列傳 范滂》

163) 정(鄭) 나라 제중(祭中)이 소공(昭公)을 축출하고 여공(厲公)을 대신 세운 사건과 관련하여,《공양전》에서 "옛사람 중에서 권도(權道)를 제대로 행한 사람을 찾는다면, 제중이 바로 그 사람이다. 권도라는 것은 무엇인가. 그것은 정상적인 일과는 반대가 되지만, 뒤에 가서 보면 훨씬 바람직한 결과가 되는 것을 말한다.[古人之有權者 祭仲之權是也 權者何 權者反於經 然後有善者也]"라고 평한 것을 가리킨다.

164) 《시경》〈장발(長發)〉에 "급하지도 않고 느슨하지도 않게 하며, 강하지도 않고 유약하지도 않게 하여, 정사를 펼치기를 여유 있게 하니, 온갖 복록이 여기에 모여들도다.[不競不絿 不剛不柔 敷政優優 百祿是遒]"라는 말이 나온다.

165) 명문은 판독이 되나 한자는 백과사전에 어디에도 나오지 않은 글자 였다.

그림 89 어사 이승욱비, 해남 단군전

㉜

정직조 선정불망비

정직조鄭稷朝(1817년~1881년)[166] 조선 후기 문신. 자는 자상(子相)이다. 본관은 동래(東萊)이고, 부친 정세교(鄭世敎)의 차남으로 태어나 정세억(鄭世億)에게 입양(入養)되었다. 1861년(철종 12) 신유 식년시(式年試) 문과에 급제하였다.

벼슬은 1862년(철종 13) 부안현감(扶安縣監)을 역임하고, 같은 해 홍문록(弘文錄)에 들었고, 1863년에 도당록(都堂錄)에 뽑혔다. 1864년(고종 1) 도청(都廳)으로서 가자(加資) 되었다. 1868년(고종 5) 암행어사(暗行御史)로 다녀와 경주부윤(慶州府尹)으로 나갔다.

어사 정직조의 비는 진안 우화산 등산로에 여러 비석과 같이 있고, 선정비에는 비제[167]만 있고 송덕을 칭찬하는 명문은 없었다. 그리고 광주 무등산에 있는 명문은 직접 가지 않았기에 여기서는 논하지 않는다.

166) 한국역대인물정보시스템에서 발췌하였다.

167) "어사정공직조영세불망비"라 되어 있다.

비의 뒷면에 "숭정5 乙巳 6월일"이라 되어 있어 1869년에 세운 것으로 보인다.

어사 정직조의 서계를 간단한 소개하면 다음과 같다.

고종 5년 무진(1868) 11월 23일(병신) 맑음
암행어사의 서계에 따라 치적을 보인 지방관에게
포상하기를 청하는 이조의 계목

○ 이조 계목(吏曹啓目)에,

원 문건은 첨부하였습니다. 전라좌도 암행어사 정직조(鄭稷朝)의 서계를 보니, 전 광양 현감(光陽縣監) 이민철(李敏哲)과 전 장수 현감(長水縣監) 이상연(李象淵) 등은 암행어사의 서계에서 이미 유사로 하여금 품처하게 하도록 청하였으니 달리 논할 것이 없습니다. '순천 부사(順天府使) 유협(柳晱)은 4년 동안 정사를 다스림에 온갖 일이 모두 잘 거행되었습니다.

그리하여 1000여 명이나 되는 군적(軍籍)의 빈자리를 채워 넣어 군대의 대오가 씩씩하게 되었고, 1만여 석 가량의 묵은 포흠을 채워 넣어 환곡의 수납이 알차게 되었습니다. 그리고 농지개량을 통해 얻어 낸 토지 1170결로 정공(正供)을 보충하였으며, 여기에 든 비용 9760냥은 기실 녹봉을 덜어 낸 것입니다. 뿐만 아니라 성곽과 관사를 수리하고 선박과 병기를 수선할 때 필요에 따라 스스로 마련한 비용도 무려 1만 5000금이나 됩니다. 이렇게 성심을 다한 나머지 실적이 상등의 평가를 받았습니다.' 하였습니다. 이와 같은 성대한

치적에는 포상이 있어야만 할 것이니 숙마(熟馬)를 하사하는 은전을 베풀어야 마땅할 듯합니다....... 생략.[168]

그림 90 어사 정직조비, 진안 우화산

---

168) 《승정원일기》에서 발췌하였다.

㉝

성이호 선정불망비

성이호成彛鎬(1817년~1895년)[169] 본관은 창녕(昌寧), 자는 돈오(惇五). 성재순(成載淳)의 아들이다. 일찍이 생원과에 합격하고, 1852년(철종 3) 식년문과에 병과로 급제하였다.

1855년 도당록(都堂錄)에 오르고 1857년 전라우도암행어사로 임명되었고, 이어 홍문관부교리를 지냈다. 1864년(고종 1) 남양부사(南陽府使)를 거쳐 이듬해에 성균관대사성을 지내고 1866년 이조참의를 거쳐 사간원대사간을 역임하였다.

성이호는 어사와 관찰사의 비가 남아 있다.

어사 선정비는 정읍 피향정에 여러 비석과 같이 있으며, 선정비는 명문의 마멸로 인해, 거의 보이지 않을 정도이다.

2000년도에 발간한 "조선선정불망비총군록"에서 비제와 세운 시기를 알아냈다.

---

169) 한국민족문화대백과사전에서 발췌하였다.

비제: 어사성공이호거사비(御史成公彛鎬去思碑)

決堰■害 제방을 쌓아 피해를 막으시니

無德不■ 덕이 없다 말할 수 있으랴

甲子 正月 1864년 세움

어사 성이호가 올린 서계의 일부를 소개한다.

철종 8년 정사(1857) 12월 21일(무진)

서계하여 전 금산 군수 김재헌 등을 탄핵한 전라우도 암행어사 성이호를 불러 보다

전라우도 암행어사 성이호(成彛鎬)를 불러서 접견하고 서계(書啓)에 의하여 금산(錦山)의 전 군수 김재헌(金在獻), 무안 현감(務安縣監) 이상억(李象億), 만경 현령(萬頃縣令) 김원희(金遠喜), 영광(靈光)의 전 군수 김회면(金會明), 진도(珍島)의 전 군수 정극현(鄭克鉉), 부안(扶安)의 전전 현감 홍긍주(洪兢周), 무장(茂長)의 전 현감 정기면(鄭基勉), 전전 현감 홍종운(洪鍾雲), 해남(海南)의 전 현감 유종(柳淙), 함평(咸平)의 전전 현감 홍선용(洪選容), 태인(泰仁)의 전 현감 이승경(李承敬), 청암(靑巖)의 전 찰방(察訪) 조창교(趙昌敎), 제원(濟原)의 전 찰방 안시협(安時協), 나주(羅州)의 전 영장(營將) 홍봉주(洪鳳周), 법승 첨사(法聖僉使) 심의영(沈宜泳), 군산(群山)의 전 첨사(僉使) 조존항(趙存恒), 이진 만호(梨

津萬戶) 홍기영(洪基永), 임자도 첨사(荏子島僉使) 최문철(崔文哲), 금모포 만호(黔毛浦萬戶) 이명록(李命祿) 등에게는 죄를 주고, 용안 현감(龍安縣監) 윤태철(尹泰喆)에게는 포장(褒奬)하여 승서(陞敍)[170]하였다.[171]

그림 91 어사 성이호비, 정읍 피향정

170) 벼슬을 올림.

171) 《조선왕조실록》에서 발췌하였다.

㉞

홍철주 선정불망비

홍철주洪澈周(1834년~1891년)[172] 본관은 풍산(豊山), 자는 백영(伯泳). 서울 출신. 홍의명(洪義命)의 손자로, 홍일모(洪一謨)의 아들이다. 1859년(철종 10) 진사로서 증광별시문과에 병과로 급제하였다.

1866년(고종 3) 조정에서는, 갈수록 심해지는 지방의 간리(奸吏)·토호들의 탐학 행위를 철저히 파악하여 징계하기 위해 경기·경상·전라·공충도(公忠道: 충청도)에 일제히 암행어사를 파견하였다.

이때 공충도에 파견되어 백성들로부터 철저히 수소문하여 백성들을 괴롭혔던 토호들을 파악하여 죄를 주고, 수령 중 선행을 행한 자와 실정한 자를 파악, 보고하였다. 그 공으로 1867년 이조참의에 임명되었다.

어사 홍철주의 비는 예산 역탑리와 대전 장동마을입구에 있으며, 역탑리는 여러 비석과 함께 있으며, 어사를 칭송하는 명문이 있다.

먼저 예산 역탑리부터 소개하면 다음과 같다.

---

172) 한국민족문화대백과사전에서 발췌하였다.

비제: 암행어사홍공철주영세불망비(暗行御史洪公澈周永世不忘碑)

上體國賜　　왕으로부터 나랏일을 내려 받으시니

下念民命　　염려하는 마음으로 백성의 命을 살리셨네

一塘還舊　　한 번에 보를 옛것으로 바꾸시니

千緿歸正　　천 번 엉킨 실 줄이 바르게 돌아오게 하였네

年季春水　　새해의 봄 농사의 물은

公澤不渴　　공의 은택으로 마르지 않았네

字字樂石　　글자 하나하나를 좋은 돌에 새기어

與頌勿智　　더불어 칭송하여 알게 하였네

崇情 紀元 後 五年 丁卯 四月 日 立　1867년 세우다

역탑리에 있는 어사 홍철주의 비에 보이는 명문은 사진상에는 전체가 보이지 않지만, 선정비 앞에 안내문이 있고 명문을 풀이하여 놓았다.

대부분의 선정비가 세워져 있는 곳에는 비석만 있고, 자세한 안내문이나, 명문이 풀이돼 있는 곳은 많지 않은 편이지만, 예산 역립리에 있는 비석군은 명문을 풀이하여 선정비를 보는 사람들에게 한자의 어려움을 없게 하였다.

대전 도장동에 있는 어사 홍철주의 비는 마을 사람들의 왕래가 잦은 버스 정류장 앞에 비가 있었다. 여기에 암행어사비가 있는 이유는 이 마을의 민폐를 파악하여 그 일을 해결해 주어 그 보답으로 불망비를 세웠다고 한다.

그림 92 어사 홍철주비, 예산 역탑리

그림 93 어사 홍철주비, 대전 도장동

비제는 "암행어사홍공철주영세불망비(暗行御史洪公澈周永世不忘碑)"라 되어 있고, 세운 시기는 정묘(1867년) 5월이라 되어 있다.

어사 홍철주의 별단의 기록이 보여 소개하면 다음과 같다.

고종 4년 정묘(1867) 4월 24일(정미) 맑음
전 정언 남종두 등을 엄히 형문한 뒤 원지 정배할 것 등을
분부하겠다는 의금부의 계

○ 또 아뢰기를,
공충도 암행어사 홍철주(洪澈周)의 토호별단(土豪別單)에 '전 정언 남종두(南宗斗)는 역답(驛畓)을 강제로 사는 등 패려한 작태가 괴이하고, 전 부사 홍종석(洪鍾奭)은 지방에 8년 동안 있었는데 관리와 백성들이 보존하기 어려운 상태이고, 전 승지 이용학(李容學)은 지역이 영남에 가까워 남쪽 백성들이 더욱 지탱하지 못하고 있다.' 한 것을 인하여 판부하기를 '공충 감사 민치상(閔致庠)을 동지의금부사 가설직에 단부한 뒤 남종두를 감영의 옥으로 잡아와 한차례 엄히 형문한 뒤 원지(遠地)로 정배(定配)하고, 송청흠(宋淸欽)도 한차례 엄히 형문한 뒤 원지로 정배하고, 황종석은, 고향으로 내려가 사는 향재(鄕宰)와 조사(朝士)들이 세력을 믿고 무단(武斷)하는 데 대해서는 내 이미 익히 들었다.
불쌍한 저 백성들이 어찌 지탱해 나갈 수 있겠는가.
공충 감사로 하여금 한차례 엄히 형문한 뒤 원지로 정배하도록 하되

남종두와 똑같이 거행하라. 이용학은 명색이 조사로서 이런 무단을 자행하였으니 이 어찌 훌륭한 조상의 자손이라 하겠는가.

해부(該府)[173]로 하여금 한차례 엄히 형문한 뒤 정배하도록 하라.' 고 주비(朱批)를 써서 내렸습니다.

남종두는 감영의 옥에 잡아와 한 차례 엄히 형문한 뒤 원지로 정배하고 송청흠도 한차례 엄히 형문한 뒤 원지로 정배하고, 황종석은 한차례 엄히 형문한 뒤 원지로 정배하되 남종두와 똑같이 거행하도록 아울러 해당 도신을 동지의금부사로 가설한 곳에 분부하겠습니다.

이용학은 공충도 서원(西原)으로 내려갔다고 하니, 규례대로 본부의 나장을 보내어 잡아오는 것이 어떻겠습니까?" 하니, 전교하기를, "윤허한다. 대명하기를 기다려 나수하라." 하였다.[174]

---

173) 해당하는 부서를 말한다.

174) 《승정원일기》에서 발췌하였다.

㉟
홍종영 선정불망비

홍종영洪鍾永(1839년~?)[175] 본관은 남양(南陽), 자는 응수(膺受). 아버지는 홍재증(洪在曾). 1875년(고종 12) 응제부(應製賦)로 전시(殿試)에 직부(直赴) 되어 같은 해 경과별시(慶科別試)에 병과(丙科)로 급제하였다. 이후 홍문관, 사간원, 사헌부, 성균관 등의 관직을 거쳤다.

1886년 승정원 동부승지에 특별 임명되어 내무부 총무관, 이조 참의, 성균관대사성, 안동부사, 성천부사, 영변부사, 중추원 2등 의관, 궁내부 특진관, 궁내부 영선사장 등을 역임하였다. 1880년에는 서장관(書狀官)으로서 사은 겸 동지사(謝恩兼冬至使) 임응준(任應準)을 수행하여 중국에 다녀왔고, 1890년에는 고부사(告訃使)로서 역시 중국에 다녀왔다.

홍종영의 비는 창원용지 공원과 성주사에 있으며, 성주사의 것은 바위에 새긴 마애비이다.

그리고 거제도에는 鐵로 만든 관찰사 홍종영의 비가 있다.

어사 홍종영의 비는 약간의 특징이 있다. 대부분의 어사 선정비의 명문

175) 한국민족문화대백과사전에서 발췌하였다.

은 암행어사나, 繡衣로 시작되는 명문이지만 홍종영의 경우는 총무어사, 전운어사로 표현되어 있다.

먼저 용지공원에 있는 비부터 소개하면 다음과 같다.

비제: 전운어사홍공종영영세불망비(轉運御史洪公鐘永永世不忘碑)

南來公德	남으로 오신 공이 덕을 베푸시니
尤被昌民	창원 백성이 더욱 큰 공을 입었도다
監百八里	백여덟 마을을 살피어
損四千緡	사천여 돈을 줄이게 하였네
新舊漕逋	새롭고 오래된 포구의 세금은
公平政理	공평하게 정리하시니
片石不泐	한 조각 빗돌은 갈라지지 않으며
芳流百禩	꽃다운 이름 백년을 가리

丁亥 八月 日　1887 년 세움

비제에서 언급하는 전운어사는 충청도, 전라도, 경상도의 세곡과 대동미, 잡세 등을 수송하는 임무와 농민에게 선가(船價)를 징수하는 관직을 말하며, 성주사에 있는 마애비에 나타나는 총무어사는 전운서의 으뜸 벼슬을 나타낸다.

그림 94 어사 홍종영비, 창원 용지공원

홍종영의 기록을 찾아보면 “총무관겸전운어사”로 되어 있어, 홍종영이 전운서의 수장겸어사로 임명된 것을 알 수 있다.

창원 성주사 홍종영의 마애비는 사찰로 올라가는 옛길 암벽에 있고, 사람의 키보다 높은 곳에 있어 사진 촬영하기가 어려웠다.

더군다나 대나무 잎이 가려서 전체적인 모습이 사진 상에 다 나오지 않는 것도 제대로 된 마애비를 촬영하지 못하는데 한몫하였다.

그림 95 어사 홍종영 마애비, 창원 성주사

비제: 총무어사홍공종영영세불망비(總務御史洪公鍾永永世不忘碑)

接節南撫　　남쪽으로 오시어 법대로 위로 하였고
如傷視民　　백성의 상처를 살피셨네
山門鎭帶　　산문에는 물품을 내리시고
法宇重所　　절집을 새롭게 격을 높였도다

光緖 丁亥 十月 日　1887년 세움

어사 홍종영의 서계를 찾아보니 안 보여서 총무관을 겸임한 기록을 찾아 올려 본다.

고종 23년 7월 15일 병오 1886년

윤선을 구입하여 각 도의 공물과 조세를 운반하게 하고 총무관이 관할하게 하다 국역 내무부(內務府)에서 아뢰기를,

"본 내무부(內務府)의 공작사(工作司)에서 사 온 윤선(輪船)이 지금 이미 인천항(仁川港)에 와서 정박하고 있습니다. 각도(各道)의 공부(貢賦)는 그것으로 운반하게 되는데 구관(句管)하는 관리가 없어서는 안 됩니다. 관직명은 총무관(總務官)으로 하고 당상(堂上官) 중에서 의망(擬望)하여 동부승지(同副承旨) 홍종영(洪鍾永)을 차하(差下)하고 그대로 전운어사(轉運御史)를 겸하게 하는 것이 어떻겠습니까?

그리고 각 도와 각읍(各邑)의 거리가 멀고 가까운 것과 사세가 어렵고 쉬운 것을 헤아려서 일체 시행해야 할 것은 되도록 편리한 대로 미리 통지하여 배에 실어 운반할 때에 민읍(民邑)에 폐단을 끼치지 않도록 해야 합니다. 지금 가을철이 이미 다가온 만큼 그저 세월을 보내면서 지체시켜서는 안 될 것이니 빨리 배를 출발시키게 하되 먼저 이런 내용으로 각도의 도신(道臣)들에게 행회(行會)하는 것이 어떻겠습니까?"

하였다. 또 아뢰기를,

"백성들에게 농사와 누에치기를 장려하는 것은 나라의 큰 정사인데, 연전에 과장(科場)(試驗場)을 창설한 후 아직까지 구관하는 사람이 없습니다. 농무사(農務司)에 소속시키고 해당 당상이 전적으로 관할하게 하되, 종목국(種牧局)으로 고쳐 부르는 것이 어떻겠습니까?"

하니, 모두 윤허하였다.[176)]

---

176) 조선왕조실록에서 발췌하였다.

㊱ 조필영 선정불망비

조필영趙弼永(?~?)[177] 본관, 자, 호 미상 1883년(고종 20) 김제군수로서 전 장흥부사 윤(尹)의 비행에 대하여 사정관(査正官)이 되었고, 그 뒤 대구판관으로서 각종 일을 잘 처리하여 좋은 평가를 받았다.

1886년 이후 총무관(總務官)으로서 호남전운사(湖南轉運使)가 되었는데 당시 직권을 이용, 수세미에 대한 불법수탈을 자행함으로써 동학농민혁명운동의 한 원인이 되기도 하였다. 이로 인하여 1894년 전라도 강진현 고금도에 유배되었다가 그 이듬해 석방되었다. 그 뒤 1904년에는 내장원경(內藏院卿)이 되었다.

어사 조필영의 선정비는 김제와 화순 그리고 판관으로 활동한 대구에 남아 있다.

그중에 화순에 있는 조필영의 비는 바위에 새긴 마애비로 기차가 지나가는 곳이라 철도청에 사진 촬영 신청을 하지 아니하여 촬영하지 못하였다.

---

177) 한국민족문화대백과사전에서 발췌하였다.

다만《화순금석문》에 자료가 있기에 쓰려고 한다.

먼저 김제 금구향교에 있는 어사 조필영의 비(그림 96)를 소개하면 다음과 같다.

그림 96 어사 조필영비, 김제 금구향교

비제: 전운어사조공필영휼민영세불망비

(轉運御史趙公弼永恤民永世不忘碑)

念及於移■之■	생각이 미치어 느직함이 있고......
惠加於量■之■	혜택이 더하여 수량을......

비를 세운 시기는 명문이 없어 추정하면 1893년이나 그 이후로 생각된다. 그리고 명문은 마멸이 심하여 풀이가 쉽지 않다.

앞의 조필영의 소개하는 글에서 총무관과 전운어사로서 직권을 이용한 불법 수탈을 자행하였기에 유배되는 기록이 보여 소개한다.

고종 31년 갑오(1894) 7월 17일(신묘)
염찰사 엄세영 장본에서 청한 대로 폐단이 심한 전운을
변통할 것 등을 청하는 의정부의 계

○ 또 의정부의 말로 아뢰기를,
"계하된 염찰사 엄세영의 장본을 방금 보니, '고을 전역이 피폐한 것은 전적으로 전운(轉運)하는 한 가지 문제에서 연유한 것입니다.
신설한 세곡의 명목이 갈수록 더욱 기괴하므로 여러 가지 폐단을 뒤에 개록(開錄)하였는데, 지금까지의 형편으로 볼 때 응당 변통하는 조처가 있어야 합니다.
모두 묘당으로 하여금 품처하도록 해 주소서.'라는 내용이었고, 그 후록(後錄)을 가져다 살펴보니, 각각 양여미(量餘米), 신설된 명목, 조복미(漕復米)를 이획(移劃)하는 것, 윤선(輪船) 비용을 획하(劃下)하는 것, 흘림선[流音船]의 폐단, 종인(從人)과 역졸(驛卒)이 토색질하는 것, 세곡 총량을 늘리는 것 등이었습니다.
당초에 조창(漕倉)을 철파하고 윤선에 실어 운반하도록 한 것은 진실로 상공(上供)을 중시하고 백성의 힘을 덜어 주자는 좋은 의도에서 나온 것이었는데, 어찌하여 법으로 인해 생기는 폐단이 해마다 증가하여 백성들의 원망이 서로 일어나고 아전들의 포흠이 점점 심해짐을 초래하였단 말입니까.
민란이 일어난 것이 일찍이 이런 점에 연유하지 않은 적이 없었습니다. 소식을 전해 들으매 어찌 놀랍고 개탄스러운 마음을 이루 다 금할 수 있겠습니까. 속히 바로잡아 고쳐서 남도(南道) 백성들의 뼈에 사무치는 원한을 풀어 주어야 할 것입니다.
그런데 근일 제의한 안건 중에 갑오년 10월부터 각도에서 바치는 세미(歲米)와 세태(歲太)를 모두 돈으로 대신 바치는 것으로 마련하도록 요청하여 이미 시행을 윤허받았는바, 여러 가지 폐단이 저절로 융통성 있게 처리될 것이므로 더 이상 논의할 필요가 없을 것입니다.
계사년 조의 미수 세액(未收稅額) 가운데 각항(各項)의 폐단이 되는 것들은 한결같이 후록에서 조목별로 진술한 대로 도신과 총무관(摠務官)으로 하여금 충분히 토의를 거친 다음 바로잡아 감히 과오를 답습함이 없도록 하여 백성들의 바람을 크게 위로하도록 관문을 띄워 통지해야 할 것입니다.
전 총무관 조필영(趙弼永)은 그가 범한 죄를 따져 볼 때 좋은 지역에 가볍게 귀양 보내고 말 수는 없으니, 멀리 찬배(竄配)하는 형전을 더 시행하는 것이 어떻겠습니까?"
하니, 전교하기를,
"도배(島配)의 형전을 시행하라."
하였다.[178)]

178) 《승정원일기》에서 발췌하였다.

어사 조필영비 1좌는 화순 삼충각에서 조금 떨어진 곳인 기차가 다니는 철도 암벽 철조망 내부에 있다.

여기를 촬영하려면 철도청에 허가를 받아야 하나, 허가를 받지 못한 것도 있지만, 철망으로 인해 사진이 제대로 나오지 않아, 《화순금석문》으로 대체하기로 한다.

마애비에는 비제와 송시와 함께 새겨져 있기에 다음과 같이 소개한다.

39. 轉運御史 趙弼永 永世不忘碑

(전운어사 조필영 영세불망비)

소 재 지: 화순군 능주면 잠정리 산 33-1

건립연대: 불상

규　모

총높이: 1.20m　비높이: 0.90m

넓　이: 0.55m　두　께: 마애비

〈碑　文〉

宣布上恩　口碑斯銘
寬好民力　永世不忘

〈번역문〉

금상의 은혜를 선포하였으니 모두가 이 사실 입이 달토록 노래하였네
백성들의 노력을 관대한 마음으로 좋아 하였으니 영원한 세상에 잊지 않으리라.

그림 97 《화순금석문》 사진

비제: 전운어사조공필영영세불망비(轉運御史趙公弼永永世不忘碑)

宣布上恩	임금의 은혜를 널리 펼치니
口碑斯銘	칭송으로 비에 새겼네
寬好民力	관호로 백성의 힘이 되니
永世不忘	영원히 잊혀지지 않으리[179]

마애비를 새긴 기록은 없어 1889년이나 그 이후에 새긴 것으로 추정된다.

그다음으로는 서천에 있는 어사 조필영의 비를 소개한다.

서천향교 앞에 있는 조필영의 비는 앞서 소개한 비와 같이 "전운어사"라 되어 있다.

조선왕조실록, 《승정원일기》에는 기록이 있지만, 충청도에 파견된 기록은 보이지 않는다.

조필영의 전운어사 기록은 다음과 같다.

고종 30년 계사(1893) 10월 23일(신미) 맑음
전직의 임소에 있는 이철우에게 나장을 보내 잡아올 것을
청하는 의금부의 계

○ 또 의금부의 말로 아뢰기를,

179) 《화순금석문》에서 발췌하였다.

"총무관 겸 전운어사(總務官兼轉運御使) 조필영(趙弼永)의 장계 내에, '김제 군수(金堤郡守) 이철우(李徹愚)를 우선 파출(罷黜)하고 그 죄상을 유사(攸司)로 하여금 품처(稟處)하도록 해 주소서.'라고 한 데 대하여 계하하셨습니다. 이철우가 현재 임소에 있다고 하니, 규례대로 본부의 나장(羅將)을 보내어 잡아 오는 것이 어떻겠습니까?"

하니, 전교하기를,

"대명(待命)하기를 기다려 나수(拿囚)하라."

하였다.

김제나 화순에 남아 있는 조필영 비는 지역적으로 전라도에 속하나, 서

그림 98 어사 조필영비, 서천향교

천에 있는 조필영의 비는 충청도에 속하는 것이다.

암행어사는 지역을 구분하여 활동하는 데 비해 전운어사는 남아 있는 조필영의 비로 인해 지역 보다는 세곡운반이라는 특수한 임무로 인해 지역적 구분이 없으므로 충청도에 비석이 남아 있는 것으로 추정된다.

서천에 있는 어사 조필영의 비에도 비제와 그를 칭송하는 명문이 남아 있다.

비제: 전운어사조공필영불망비(轉運御史趙公弼永不忘碑)

免辛兩稅	양세를 언제 면하려오
伊諼公德	공의 덕으로 속일 수 없으니
民方■肩	백성들의 ... 어깨는
咸口轉運	모두의 함성은 전운이라 하네

癸巳 八月 日　1893년 세움

마지막으로 고성 옥천사에는 전운어사 조필영의 축원현판이 남아 있다.

앞서 소개한 어사 박이도 축원현판은 간단한 송시가 있지만, 조필영의 축원현판은 많은 글씨가 새겨져 있다.

현판[180]에는 "전운어사겸진주목사조공필영축원원현판(轉運御史兼晉

---

180) 어사 조필영의 축원현판은 옥천사 성보박물관 관장이신 원명스님 께서 제공해 주셨다.

州牧使趙公弼永祝願懸板)"이라 되어 있다.

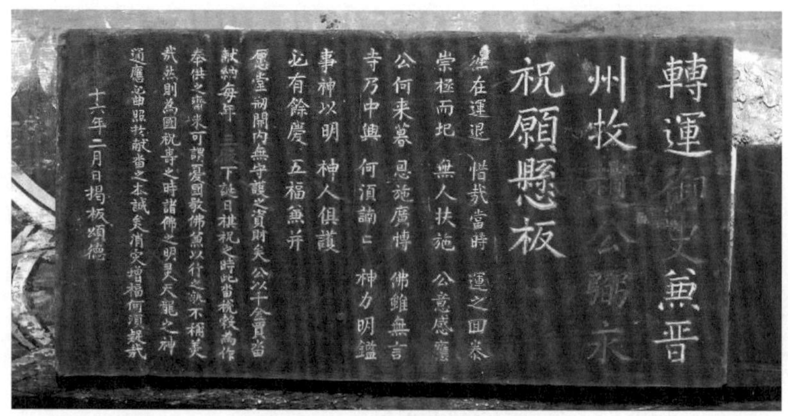

그림 99 어사 조필영 옥천사 축원현판
[출처: 고성 옥천성보박물관]

어사 박이도 축원 현판은 붉은 글씨가 선명 하지만, 어사 조필영의 현판은 안료가 퇴색되었지만, 현판의 글이 선명하였다.

현판에 새긴 글을 풀이하면 다음과 같다.

전운어사겸진주목사조공필영축원원현판

(轉運御史兼晉州牧使趙公弼永祝願懸板)

往在運退 惜哉當時 運之回泰

崇極而圮 無人扶施 公意感應

公何來暮 恩施廣博 佛雖無言

寺乃中興 何須諵諵 神力明鑑

事神以明 神人俱護

必有餘慶 五福兼并

願堂剏開 內無守護之資財矣 公以千金買畓 獻納每年 三殿下誕日 祺祝之時 此畓稅穀 爲作奉供之齋米 可謂憂國敬佛 兼以行之 孰不稱美哉 然則爲國祝壽之時 諸佛之明靈 天龍之神通 應必曲照於獻畓之本誠矣 消灾增福 何須疑哉

光緒 十六年二月 日 揭板頌德

전운어사 겸 진주목 조공필영 축원 현판

往在運退　　지난 날 운세(運勢)가 물러감에

崇極而圮　　너무 높아서 무너졌는데,

惜哉當時　　안타깝도다, 당시에

無人扶施　　돕거나 보시하는 사람 없었네

運之回泰　　운수(運數)가 돌아와 태평하니

公意感應　　공공(公共)의 의지가 감응하였네

公何來暮　　공께서 어찌하여 늦게 오셨지만

寺乃中興　　사찰(寺刹)은 이에 중흥하게 되었네

恩施廣博　　은택을 널리 베풀었으니

何須諵諵　　어찌하여 많은 말을 하겠는가

佛雖無言　　부처님은 비록 말이 없지만

神力明鑑　　신령스러운 능력으로 밝게 보신다네

事神以明　　신을 분명하게 섬기면

必有餘慶　　반드시 남은 경사가 있고,

神人俱護　　신과 사람이 모두 지키면

五福兼并　　오복(五福)이 함께 온다네

원당(愿堂)을 처음 창건(創建)했으나 안으로는 수호(守護)할 자재(資財)가 없었다. 공(公)께서 천금(千金)으로 논[畓]을 사들여 헌납(獻納)하여 매년 세 분 전하[三殿下]의 탄일(誕日)을 맞아 축원(祝願)드릴 때 이 논의 세곡(稅穀)으로 공양(供養)을 올리는 재미(齋米)로 삼았으니, 나라를 걱적하고 부처를 공경하는 마음을 겸하여 행하였다고 할 수 있으니 누구 칭송(稱頌)하며 찬미(讚美)하지 않겠는가.

그렇다면 나라를 위하여 축수(祝壽)할 때, 여러 부처의 밝은 신령과 천룡(天龍)의 신통(神通)이 응당 반드시 논[畓]을 바친 본래 정성에게 완곡(婉曲)하게 비출 것이니, 재앙(災殃)을 소멸(消滅)하고 복록(福祿)을 더함은 어찌 의심하겠는가.

광서 16년(1890) 2월에 현판을 걸고 덕을 칭송함.

덧붙이면 고종(高宗) 16년은 서력 1879년인데, 이 당시 조필영(趙弼永)은 전운어사(轉運御史) 벼슬에 있지 않고, 경남 창녕(昌寧)과 전북 김제(金堤) 등 지방 수령을 역임하였다.

《승정원일기(承政院日記)》와 《고종실록(高宗實錄)》 등을 살펴보면, 고종 24년 정해(1887) 4월 25일(임오)에 "진주 목사의 후임에 무안 현감(務安縣監) 조필영(趙弼永)을 제수하라."는 전교(傳敎)를 내렸다는 기록이 보인다.

앞에 왕력(王曆)이나 갑자(甲子)를 명기(明記)하지 않았지만, '16년'이라는 말에 근거하면 이는 조선의 고종(高宗)이 아니라 청(淸)나라 광서(光緖) 16년이 맞으므로 1890년, 즉 고종 27년이 된다.

전운어사(轉運御史)는 원래 전운사(轉運使) 또는 조운사(漕運使)라고도 하였다.

조선 초기에는 조운(漕運) 업무(業務)를 위하여 전운색(轉運色)이라는 관서(官署)를 두고 그 책임관으로 도전운사(都轉運使)를 임명하였는데, 세조 때 해운판관(海運判官)으로 명칭이 바뀌었다.

전운사가 본격적으로 활동한 것은 1883년(고종 20) 전운서가 설치되면서부터인데, 조선 후기에 들어 세곡의 임운제(賃運制)가 널리 유행하면서 이를 둘러싼 부정이 횡행하였으며, 아울러 개항과 더불어 선운업계에 침투한 일본 선운업자와의 갈등이 야기되었다.

이에 조정에서는 각 조창을 전운서에 소속시키는 한편, 그 책임자인 전운사를 두고 그로 하여금 세곡의 징수와 운송, 수납을 관리하게 하여 전운사는 충청·전라·경상도의 세곡을 서울로 운송하는 책임을 맡았다.

기타 원당(願堂)을 원당(愿堂)으로 잘못 새긴 것을 보면 당시에 철저하게 교정하고 점검을 하지 않은 듯하다.

더구나 조필영(趙弼永)은 결국 형벌을 받아 귀양을 가기도 했다.

《고종실록(高宗實錄)》 등을 살펴보면, 고종 31년(1894) 5월 20일 병신

조에 "연이어 올라오는 장주(章奏)를 보니 공론(公論)이 들끓고 있음을 알 수 있다.

정말 가렴주구(苛斂誅求)하여 백성들의 원망을 산 것에 대하여 논한다면 책무를 저버린 죄에 대하여 징계하여야 할 것이다.

전(前) 호남 전운사(湖南轉運使) 조필영(趙弼永)에게 찬배(竄配)의 법을 시행하라."는 전교를 내렸다.

결국 조필영은 다음 날에 의금부(義禁府)에서 찬배죄인(竄配罪人) 조필영(趙弼永)을 함열현(咸悅縣)의 정배(定配)된 지역으로 압송(押送)된다.

1894년(고종 31) 1월 고부 군수 조병갑(趙秉甲, 1844~1911)의 학정에 맞서 전봉준(全琫準, 1855~1895)이 주도하여 일으킨 봉기하게 된다. 조필영(趙弼永)도 그에 일조한 인물이라는 점이다.

이런 일이 일어나기 4년 전인 1890년 전운어사(轉運御史) 겸 진주목사로 갔을 때 옥천사에 전답을 사서 헌납한 인연으로 그 공적(功績)을 칭송(稱頌)하기 위하여 세운 현판(懸板)임을 기억해야 한다.

㊲

김유연 선정불망비

김유연金有淵(1819년~1887년)[181] 본관은 연안(延安), 자는 원약(元若), 호는 약산(藥山), 아버지는 김영(金鍈)이다. 목사(牧使) 김횡(金鐄)에게 입양되었다.

1844년(헌종 10) 증광 문과에 병과로 급제, 초계문신(抄啓文臣: 37세 이하에서 우수한 자를 뽑아 규장각에 소속시키고 공부하게 한 문신)에 발탁되었고, 1862년(철종 12) 이조참의 · 예방승지 · 이조참판을 역임한 뒤 1866년(고종 3) 함경도관찰사로 나가 변경방비 및 국경통상 등 여러 문제를 처리하였다.

1868년 형조판서를 거쳐 이듬해 정사로 청나라에 다녀왔고, 이어 한성부판윤 · 대사헌 · 반송사(伴送使) 등을 거쳐 관북지방 안무사(按撫使)로 나가 많은 폐단을 바로잡는 데 공이 컸다.

당진 합덕제에 있는 어사 김유연의 비는 다른 여러 비석과 함께 있으며, 서산과 당진을 1박 2일로 답사 가서 김유연의 비를 촬영하려 했으나, 비

---

181) 한국민족문화대백과사전에서 발췌하였다.

의 전면이 해가 뜨는 반대로 있어서 촬영을 못 하고, 2년이 지난 후에 답사를 가서 제대로 촬영을 하였다.

어사 김유연의 비에는 비제와 비의 뒷면에 많은 명문이 남아 있어 소개하면 다음과 같다.

비제: 암행어사김공유연영세불망비

(暗行御史金公有淵永世不忘碑)

〈후면〉

蓋此蓮堤四池居最三邑洞利設久弊滋球措無術幸

值庚戌秋金公有淵按廉也察隱恤苦查徵錢四百八

十兩惠劃本堤六洞存本取殖經用修築之資以防徵

斂之弊惠我無疆萬祀不革堤民樂之願壽其傳爰竪

以石鐫而記之

咸豐 辛亥 四月 二十 八日 1851년 세움

이 연제는 주변 연못 가운데 가장 으뜸이다. 세 고을 연제의 이로움을 보고 있으나, 설치한 지 오래되어 제방이 점점 허물이지고 있음에도 보수 할 방법이 없었다.

다행히 경술년 가을 암행어사 김유연이 백성들의 걱정을 상세히 살펴 돈 480냥을 거둬들여, 연제 아래 6개 마을에 은혜를 베풀었다.

그 돈의 본전은 살려 두고 이자로 보수하는 경비로 쓰니, 다시 돈을 거둬들이는 폐단을 막아, 그 은혜를 끝없이 베풀어, 만년이 되어도 고치게 못하게 했으니, 제민들은 기뻐하여, 그 은혜 오래도록 전하기 위해 돌에 글을 새겨 그 일을 기록한다.[182)]

암행어사 김유연이 임금에서 보낸 서계를 일부 소개한다.

지금 충청우도(忠淸右道) 암행어사 김유연(金有淵)의 별단을 보니, 그 조목은 다음과 같습니다.

그 하나는, 전정(田政)이 문란하여 농간을 부리는 구멍이 한둘이 아니니 도신에게 관문으로 신칙하여 가을에 추수하기를 기다려 진전(陳田)의 조사를 강구(講究)하게 하는 일입니다.

연전(年前)에도 암행어사의 별단에서 논한 바로 인하여 각도(各道)의 양전(量田)을 먼저 몇 고을에서부터 차례로 시행한다는 취지로 누차 연칙(筵飭)으로 행회(行會)한 바 있습니다.

대체로 나라의 정사는 경계(經界)보다 먼저 해야 하는 것이 없는데, 양전을 실시한 지가 지금 이미 1백 30여 년이나 되었으니, 경계가 문란해졌을 것은 말하지 않아도 알 수 있습니다.

세가(勢家)들이 겸병(兼幷)한 것은 모두 세금이 없는 토지이고, 빈천(貧賤)한 백성들은 모두 세금이 배가 되는 전결(田結)을 껴안고 있으니 돌아보건대, 지금 생민들에게 뼈에 사무치는 폐막이 되는 것이 이보다 더 큰 것이 없습니다.

---

182) 당진의 금석문에서 발췌하였다.

부득불 한번 다시 양전을 해야만 전정을 바로잡을 수 있고 민명(民命)도 이에 힘입어 편안할 수 있을 터이니 제도(諸道)의 각읍(各邑)에서 한꺼번에 다시 양전하려고 하면 재력(財力)을 마련하기 어렵고 인기(人器)도 얻기 어려울 것이니, 실로 쉽게 강구할 수 있는 정사가 아닙니다.

그러나 각 도와 각읍에서 감당할 수 있는 수령을 가려서 전정의 폐단이 가장 심한 곳부터 먼저 몇 고을에서 시험해 보고 차례로 거행해 간다면, 이웃의 치적(治績)은 본받을 수 있고 인재(人才)도 추이(推移)하여 쓸 수 있으므로 몇 년 되지 않아 거의 모든 도에서 다시 양전하는 것을 보게 될 것인데, 그 효과는 한꺼번에 모두 양전한 것과 무엇이 다르겠습니까.

연전에 연칙한 뒤에 혹 몇몇 고을에서 시험해 보고 효과를 보기도 하였으나 인정(人情)은 매양 인순(因循)에 편안해하고, 조칙(朝飭)은 조금 오래되면 해이해지므로 근년 들어서도 거행했다는 보고를 전혀 듣지 못했습니다.

이는 오로지 도신이 왕명을 제대로 받들어 시행하지 못하고, 고을의 수령이 스스로 안일에 젖기를 좋아한 데서 연유하여 심지어 백성의 연척(捐瘠: 찌들음)을 남의 일 보듯이 하여 수습할 수 없게 된 것이니 탄식을 금할 수 없습니다.[183)]

---

183) 《국역비변사등록》에서 발췌하였다.

그림 100 어사 김유연비, 당진 합덕제

㊳

이만직 선정불망비

이만직李萬稙(1826~?) 본관 미상 자는 공뢰 조선 말기 개항기의 인물로 병조참의, 승지 등을 역임하였고, 1878년에 경상도 암행어사로 활동하였다.

이만직의 선정비는 구미와 부산, 영천 그리고 전남 영광에 남아 있으며, 그중 전남 영광의 비는 군수 선정비였다.

먼저 부산에 있는 이만직의 비는 황산역[184]에서 위천역[185], 무흘역[186]을 거쳐 소산역[187]에 와서 민생 복지를 위한 기금을 조성하여 베푼 은혜를 잊지 않기 위해, 소산역의 감관과 색리가 세웠다고 한다.

이 비석은 대로변에 있지 않고 부산에서 양산으로 가는 옛길에 있으며,

184) 양산 물금리에 있었던 역참 나중에 위천으로 이동한다.

185) 양산시 상북면에 있었던 역참.

186) 밀양도호부 관아 동쪽 30리 지점이었으며, 북쪽의 용가역과는 35리, 서쪽의 금동역과는 20리 거리에 있었던 역참.

187) 고려시대와 조선시대 부산광역시 금정구 선두구동에 있던 양산·울산 방면 교통로상의 역참.

吏房의 비와 같이 있다.

선정비에는 비제와 송시가 있으며 소개한 다음과 같다.

비제: 수의상국이공만직영세불망비(繡衣相國李公萬稙永世不忘碑)

我弊疇捄	**우리의 폐단을 구할 이 누구인가**
派均涸轍	**물줄기를 마른데서 고르게 대어 주었네**
待時而革	**때에 맞게 개혁하여**
宿診的脈	**묵은 병을 진단하고 맥을 짚는 데 틀림없었네**
猶存久規	**오히려 오래갈 규범을 보존케 하여**
銘恩體德	**그 은덕을 새기고 덕을 본받아야 하네**
期有漸甦	**백성이 점점 소생하길 기약함에 있어서**
永矢毋渝	**길이길이 변치 말기를 맹세하네**

1878년 세움[188)]

비의 뒷면을 확인하지 않아 정확하게 선정비가 언제 세웠는지를 파악하지 못하였다.

부산금석문이나 부산역사대전에도 연호가 간지를 기록하지 않아서 비석을 세운 시기를 정확히는 알 수 없으나, 선정비가 세워진 곳에는 송시의 풀이가 있고, 안내판에는 년도가 언제인지를 언급하고 있어, 1878년에

---

188) [한국향토문화전자대전/한국학중앙연구원]에서 발췌하였다.

세운 것으로 생각된다.

그림 101 어사 이만직비, 부산 금정구 선동

다음은 영천에 있는 이만직의 비는 여러 비석과 같이 있으며, 그중에 동명이인 군수 이만직의 비가 있으나, 한자가 다르며, 시대도 다른 인물이었다.

어사 이만직의 비에는 명문을 탑본하였는지 먹물의 흔적이 뚜렷하여, 선정비군 옆에 있는 영천문화원에 자료를 요청하였으나, 아직 금석문을 제작하지 않았다는 이야기를 들었다.

할 수 없이 명문을 촬영하여 직접 풀이하여 본다.

비제: 어사이공만직애민선정비(御史李公萬稙愛民善政碑)

倉費石頭　　창고의 비용은 돌처럼 굳게 하였고
弁燭一境　　고을을 두루 밝게 살피셨도다
頌惠無窮　　칭송과 은혜는 무궁하고
二水[189]之永　　이수의 물은 영원하리라

崇禎 紀元 後 四年 戊寅 五月 日　1878년 5월 세움

이만직이 암행어사 활동하면서 올린 서계가 보인다.

고종 15년 무인(1878) 6월 15일(계사) 맑음

강원도 원주에 있는 원세철 등을 나장을 보내 잡아올 것을 청하는 의금부의 계

○ 또 의금부의 말로 아뢰기를,

"경상좌도 암행어사 이만직(李萬稙)의 서계에 대한 이조의 회계 안에, '전 밀양 부사(密陽府使) 원세철(元世澈), 전 인동 부사(仁同府使) 이관응(李觀應), 전전 언양 현감(彥陽縣監) 정기상(鄭璣相), 전 비안 현감(比安縣監) 안순(安橓) 등에 대해서는 암행어사의 계사에

189) 삼산이수라는 뜻으로 보이고 좁은 의미로 북천과 남천, 넓은 의미로는 자호천 보현천을 말하며 삼산은 마현산, 작산, 유봉산이다.

서 이미 유사(攸司)를 시켜 품처하기 바란다고 청하였는데, 신들도 다시 논할 것이 없습니다.' 하였고, 또 우도 암행어사 이정래(李正來)의 서계에 대한 이조의 회계 안에, '전 상주 목사(尙州牧使) 김석근(金奭根), 전 곤양 군수(昆陽郡守) 조희주(趙羲周) 등에 대해서는 암행어사의 계사에서 이미 유사(攸司)[190]를 시켜 품처하기 바란다고 청하였는데, 신들도 다시 논할 것이 없습니다.' 하였습니다. 조희주는 현재 대명(待命)하였기에 잡아 가두었습니다. 원세철은 강원도 원주(原州) 지역에 내려가 있고, 이관응은 경기 고양(高陽) 지역에 내려가 있고, 안순과 정기상은 양주(楊州) 지역에 내려가 있고, 김석근은 충청도 홍주(洪州) 지역에 내려가 있다 하니, 전례에 따라 본부의 나장을 파견하여 모두 잡아오게 하는 것이 어떻겠습니까?"

하니, 전교하기를,

"대명(待命)하거든 잡아 가두도록 하라."

하였다.[191]

마지막으로 어사 이만직비는 구미 인동향교에 있으며, 처음 방문에는 비의 명문이 보이겠지 하는 생각에 사진만 촬영하고 돌아 왔지만, 글을 쓰려고 하다 보니, 명문이 판독이 되지 않아 재차 가서 명문을 확인하였다.

비석에 명문이 있는 것은 좋은 현상이지만, 한자 풀이에 약한 필자에게는 어려움이 넘치는 일이 발생하는 것이다.

---

190) 그 당시에 업무를 맡은 관청이나 그 벼슬아치를 말한다.

191) 《승정원일기》에서 발췌하였다.

그림 102 어사 이만직비, 영천 조양각

인동향교에는 관리들의 여러 선정비들이 있으며, 그중에 이만직의 비가 있다.

비제와 명문을 소개하면 다음과 같다.

비제: 수의이공만직영세불망비(繡衣李公萬稙永世不忘碑)

天眷[192]仁民　하늘은 인자 한 백성에게

192) 필자가 넣은 글자이다.

福星[193]出■	복성께서 내려 보내셨도다
櫛斸布濫	밝음으로 일일이 찾아내니 베풂이 넘치고
洗■遇凜	늠름한 분이 오셔서 폐단을 씻으셨네
氷壺月影	달 속에 비친 모습은 얼음처럼 냉철하시며
陰崖春動	그늘진 벼랑에 봄기운이 싹트듯이
石如人心	돌에 새김은 우리의 마음과 같으니
萬世不泐	만년토록 갈라지지 않으리라

光緖 五年 正月 日 立　1879년 정월 세우다

그림 103 어사 이만직비, 구미 인동향교

193) 복을 내려 주는 신(神)이라는 뜻으로 보통 훌륭한 지방관을 가리킨다.

㊴

이정래 선정불망비

이정래李正來(1838년~?)[194] 조선 말기 관리. 본관은 광주(廣州)이다. 부친은 이병현(李秉顯)이다.

1870년(고종 7)에는 우의정(右議政) 홍순목(洪淳穆)으로부터 문학에 뛰어나다는 추천을 받았다.

1873년(고종 10)에 성균관(成均館)에서 실시된 칠석제(七夕製)에 참여하여, 전시에 응시할 수 있는 자격을 부여받았고, 이후 정시에서 병과 4위로 급제하였다.

또한 승정원(承政院)의 주서(注書)로 추천되기도 하였다.

1876년(고종 13)에는 김홍집(金弘集)·심상만(沈相萬)·이범조(李範祖) 등과 함께 본관록(本館錄)에 선발되었으며, 의정부(議政府)의 회의를 거쳐 암행어사(暗行御史)에 적합한 인물로 천거되기도 하였다. 이후 교리(校理) 등을 역임하였다.

어사 이정래의 비는 경남 고성에 2좌이며, 나머지 1좌는 합천 초계에 남

194) 한국역대인물종합정보시스템에서 발췌하였다.

아 있다.

고성의 선정비는 남산공원과 그리고 원진리에 있다.

먼저 고성 남산 공원에 있는 어사 이정래의 비를 소개하면 다음과 같다.

비제: 행수의도이공정래불망비(行繡衣道李公正來不忘碑)

繡衣縉襮　　붉은 비단 수의 걸치시니
隱暎南州　　은은하게 남쪽에 비추셨네
威若山屹　　위엄은 산처럼 우뚝하며
澤沾海流　　은택은 바다처럼 널리 퍼지네
瘼祛巨創　　폐단을 제거하여 크고 넓게 하였지
恤及殘郵　　쇠잔한 역참에도 구휼이 미치게 하였네
可語維石　　이를 말해 주는 것은 비석뿐이니
頌千萬秋　　공의 송덕은 천만년 이어 가리

崇禎 紀元 後 五 己卯 春 三月　1879년 3월 세움

앞서 소개한 이만직은 경상우도 암행어사이고, 이경래는 경상좌도 암행어사로서 활동하였다.

좌도, 우도 암행어사의 기록은 조선 후기에만 보이는데, 이것은 전라도, 충청도, 경상도를 좌우로 나누어 통치를 하였기에 좌도, 우도의 암행어사가 나온 것으로 보인다.

그다음으로 소개하는 어사 이정래의 비는 합천 초계에 있으며, 여기는 필자가 울산에서 합천을 가려면 창녕을 거쳐, 가는 곳이라, 몇 번이나 들렀던 곳이다.

암행어사 이정래는 비는 초계면 사무소에 있으며 여러 비석과 같이 있다.

그림 104 어사 이정래비, 경남 고성 남산

합천 초계면의 선정비는 이정래나 여러 비석들이 세월과 풍화에 의해 마멸이 심하여, 명문을 알아보기 어려우나, 초계면의 비석들은 대부분 명문을 풀이하여 두었다.

어사 이정래비도 풀이를 해 두었기에 다음과 같이 소개한다.

비제: 어사이공정래영세불망비(御史李公正來永世不忘碑)

威望所推	위엄과 명망을 추구하였고
損金救瘼	돈을 내어 폐막을 구제하였네
風聲以樹	명성은 널리 퍼져 숲을 이루셨네
紀石興慕	흠모하는 마음 비석에 새겨 기리네

光緖 四年 九月 日　1878년 9월 세움

마지막으로 경남 고성 원진 마을에 있는 비를 소개한다.

그림 105 어사 이정래비, 합천 초계

여기는 고성 지역 하마비를 찾는 중에 이 마을 이장님과 우연히 통화가 되어, 원진마을에 하마비가 있다 하여 가 보니, 하마비는 아니고 부사와 어사 이정래의 비였다.

그래서 간단하게 촬영만 하고 돌아왔는데 나중에 보니 비의 명문이 많이 있어, 재차 찾아갔지만 여름이라 풀이 많고 마멸로 인해 잘 보이지 않았다.

비제: 어사이공정래영세불망비(御史李公正來永世不忘碑)

節南而[195)]■劃■■稅馬巖西面輿言常誦

남으로 내려와 세금을 구분하니

마암, 서면 사람들이 더불어 칭송을 항상 하였네

察隱糾淸■■寔聽鮒添一斗[196)]石亦不負

숨은 것도 찾아내고 백성의 위급한 소리 들어 주시니

새긴 돌 역시 저버리지 않는구나

戊寅 十月 日 西面 東面 馬巖面民 立　1878년 세우다

---

195) 명문이 마멸이 심하여 필자가 추정 몇 글자를 추가하여 문장을 만들었다.

196) 동해의 물고기가 수레바퀴 자국에 고인 물 속에 있으면서, 한 말이나 한 되 정도의 물만 부어 주면 살아나겠다고 애원한 학철부어(涸轍鮒魚)의 고사.

무인 10월 어느 날 서면 동면 마암면민 립

어사 이정래가 올린 별단에는 경남 고성 마암면에 대한 글이 보여 소개하면 다음과 같다.

> **....... 생략. 그 하나는, 고성(固城) 마암면(馬巖面)에 있는 선희궁(宣禧宮)註001)의 유토결(有土結)이 11결 영(零)이 있는데, 이미 다시 부세를 내기로 되었다가 절수(折受)註002)하여 영원히 시행하지 말도록 하였습니다.**
>
> **그런데 연전에 내수사에서 본사(本司)에 이속시켰다고 하면서 궁결례(宮結例)에 따라 내라고 독촉하니, 실로 당해 백성들에게는 뼈를 갉아내는 병폐입니다.**
>
> **그러니 다시는 독촉하여 징수하지 말라는 내용을 엄중히 신칙하고 분부하는 일입니다. 부세를 받아 낼 전안(田案)이 본래 있고 중첩되는 부세로 인한 백성들의 원망을 생각해야 하니, 앞으로 다시는 멋대로 징수하지 말라는 내용을 내수사에 공문을 보내 신칙 해야겠습니다....... 생략.**

'전 고성 부사(固城府使)[197] 신상규(申相珪)[198]는 자신의 유능함을 자

---

197) 《승정원일기》에서 발췌하였다.

198) 신상규(1838년~?) 본관은 평산이고 자는 정서이다. 1875년에 고성군수에 부임하였다.

랑하고 몰염치한 일이 많으니, 이역청(吏役廳)[199]의 쌀 30석 5두와 벼 56석을 인리(人吏)의 복호결(復戶結) 가운데 72결에서 제해 주었고, 사오는 비용을 첨보(添補)하는 것이 전부터 있어 온 예이긴 하지만, 시탄(柴炭)의 첨보전(添補錢)[200] 50냥은 바로 근년에 향민(鄕民)들이 공의(公議)로 보폐(補弊)한 것이고, 빙정전(氷丁錢) 100냥은 해색이 임뢰(任賴)한 것인데 모두 빼앗아 관에 넘겨주었습니다. 게다가 병자년 가을의 재결(災結) 가운데 20결을 민간에 표재(俵災)하지 않고 몰래 도리(都吏)를 시켜 위로 납입하게 하여 제 주머니로 귀속시켰으니, 이미 체직되었다 해서 논하지 않아서는 안 됩니다.' 모두 해부로 하여금 나문하여 엄하게 처벌하소서.[201]

어사 이정래의 별단에서 고성에 관한 기록이 보이고, 《승정원일기》에서도 고성군수의 기록이 보인다는 것은 그 당시의 상황이 백성들에게는 좋지 않은 것으로 생각되며, 그러하기에 고성에는 어사 이정래의 비를 2좌나 세운 것으로 생각된다.

선정비는 사람들이 백성들의 고역이라 하지만, 연구자는 어사의 별단과 선정비의 명문이 그 당시의 상황을 파악하고 추정 하는데 있어 아주 중요한 자료라고 생각한다.

---

199) 조선시대 하급관리들이 집무하는 청사이고, 인리청, 또는 이청, 작청 길청 이라고 하며, 이들 하급관리는 토착민들에게는 군림하고, 수령에게는 불청하는 폐단이 많았다.

200) 예방(禮房)의 아전에게 1년 동안 지급하는 돈.

201) 《국역비변사등록》에서 발췌하였다.

그림 106 어사 이정래비, 경남 고성 원진리

㊵

노처녀들을 시집보낸 어사[202]

조선 후기에 쓰여진 《청구야담》에는 어사의 일화가 전해지고 있으며, 그중에 하나를 소개하면 다음과 같다.

> 옛날에 한 繡衣가 길을 가다가 어느 고을에 이르러 이 동네 박에서부터 암행을 하여 마을로 들어서는데, 때는 바야흐로 팔월 보름 무렵이었다.
>
> 潦雨[203]가 그치고 날이 맑고 춥지도 덥지도 않기에 잠시 숙식하는 집을 나와 밝은 달빛 아래 이리저리 산책하여 마을을 산보하는데, 어느 집 울 밖에 잠시 쉬고 있는데 여염집에서 사람들의 말소리가 들리고 이어 웃음소리와 시끄럽게 떠드는 소리에 어사가 가만히 엿보니, 장성한 처녀 4, 5인이 서로 이끌며 이야기하고 있었다.
>
> 그중 아가씨가 말하기를 오늘은 달이 밝고 고요한데, 태수놀이를 해

---

202) 원래 제목은 〈作善事繡衣繫紅繩〉이며 《청구야담》에서 발췌하였다.

203) 큰비를 말한다.

보자고 제안하였다.

모든 여자들이 모두 "좋다." 하고 하며 서로 배역을 정하였다.

누구는 태수가 되고, 누구는 사령이 되고, 형방이 되고, 급창과 박좌수가 되었다.

배역이 정해지자 태수 역을 맡은 아가씨가 마루 위에 올라 말하기를 "아무 마을 박좌수를 속히 잡아들이라."고 명령 하였다.

형방이 급하게 "박좌수를 속히 잡아들여라." 하니 급창이 사령에게 "박좌수를 속히 잡아들여라 하신다." 하니, 사령이 말하기를 "박좌수를 잡아 왔습니다." 하였다.

그리고 나서 박좌수를 마루 아래 꿇어앉히고 말하기를, "박좌수 대령입니다."

태수가 박좌수에게 말하기를 집 안에 딸아이가 장성하면 가정을 갖게 하는 것이 큰 인륜대사이거늘 어찌 부모가 다섯 딸을 데리고 있는 것인지 물었다.

박좌수를 역을 맡은 여인이 말하기를 "소인도 사람입니다. 어찌 그것을 모르겠습니까!

마음은 근심이 되고 장성한 딸한테는 민망함이 가득합니다.

다만 소인의 집이 가난하여 누가 딸과 혼인을 하려 하겠습니까?

그리하여 여식과 맞는 혼처를 구하지 못했습니다."

박좌수가 말하였다.

太守가 말하기를 아랫마을 마을 이좌수는 집에는 스무 살 된 수재[204]

---

204) 총각을 말한다.

가 있고, 윗마을 김좌수는 열아홉 살 되는 수재가 있으니, 혼처를 알아보거라 하고, 건너 마을 서 별감네 집에는 스무 살 난 수재가 있고, 동쪽마을 최대감 집에는 17살 된 수재가 있는데 어찌 혼처가 없단 말인가!

대체 어떻게 집안일을 하기에 모른다 말인가!

여러 군데 혼처를 알아보고, 속히 통혼을 트고 성례하는 것이 지극히 당연하느니라 하니 박좌수가 지당하다고 답을 하였다.

太守가 말하기를 박좌수를 끌어내라 하니 사령이 끌어 내보냈습니다 하니, 모여 있는 여인들이 모두들 박장대소하고 일제히 흩어져 버렸다.

繡衣가 자세히 살피다 보니 해괴하고 또 한 애긍(哀矜)[205]한지라.

다음 날에 마을을 염탐하여 보니 과연 그 집이 박좌수의 집이요.

과년한 딸이 다섯이 있는데, 23세, 21세, 19세, 17세, 15 이었다.

그러나 박좌수는 가난할 뿐 아니라, 어리석고 민첩하지 못하여, 다섯 딸이 과년하도록 혼처를 정하지 못하고 즐겁게 놀며 장난하며 세월을 보내게 하고 있었다.

그래서 수의가 어젯밤에 말한 수재 있는 곳을 탐문하여 보니, 어제밤에 태수 역을 하던 아가씨의 말과 차이가 나지 않았다.

이에 수의는 관아에 들어가서 암행어사 출도를 한 뒤에 박좌수를 잡아들이라 하였다.

---

205) 애처롭고 가엾게 여기는 것을 말한다.

박좌수를 불러다 관아 마당에 세워 놓고는 과년한 딸이 다섯이나 있는데, 어버이로서 왜 혼처를 정해 주지 못하느냐? 하고 물으니 박좌수는 가난하여 어느 집에서 혼인을 하겠느냐 하는 생각에 혼사를 하지 못한다고 하였다.

수의가 각 마을에 있는 수재를 알려 주며 혼사를 성사시키라하니, 가난한 처지이고, 가르치지 못하였기에 어느 가문에서 며느리로 맡겠습니까! 하니, 수의가 말하기를, 그러면 딸을 어려서는 가르치지를 않았으며, 장성하여서는 인륜지대사를 行하지 않았으니, 어찌 사람이 되어 아비의 도리를 다 했다 할 수 있는가!

당장 오늘 안으로 혼처를 정하여 줄 것이니 그리 알라 하였다.

드디어 각읍에 방을 붙이고 이좌수, 서별감, 최대감, 김좌수, 강별감 등 다섯 사람을 즉각 불러들이게 하고 그들로 하여금 마주보고 정혼하게 하였다.

그들로 하여금 신속히 연길(涓吉)[206] 하여 때에 알맞게 혼례를 치르게 하였고, 읍의 사또에게 부탁하여 혼례에 드는 혼수용품을 적극적으로 마련하게 하였다.

모두 위거(違拒)[207]하지 못하고 수의의 분부에 적극적으로 혼사에 나섰다.

수의와 읍의 사또 등이 연길을 정해 혼례를 치르게 하고나서, 어사는 이러한 것을 기록하여 조정에 보고할 자료로 삼았다.

---

206) 혼사, 또 다른 경사가 있을 때 좋은날을 고르는 것.

207) 어기고 맞서는 것을 말한다.

박좌수의 다섯 딸들은 모두 같은 날을 잡아서 혼인하여 신랑과 시부모를 모시고 살았다고 한다.

㊶

심동신 선정불망비

심동신沈東臣(1824년~?)[208] 본관은 청송(靑松), 심문(沈雯)의 아들이다. 홍명주(洪命周)의 외손이다. 1850년(철종 1) 경과증광별시 문과에 을과로 급제한 뒤 관직에 올랐다.

1863년 사헌부장령이 되었으며, 1871년(고종 8) 성균관대사성의 직에 올랐다. 1876년 이조참의가 되었으며, 이듬해 승정원의 좌승지를 지냈다. 1878년 전라좌도암행어사로 제수되어 전라좌도 지방수령들의 시정을 규찰하여 왕에게 보고하기도 하였다.

1879년에는 1876년 강화도조약 이후 개항된 부산항에 인접한 동래부사로 임명되었으며, 1880년 조선과의 통상을 맺기 위하여 내항한 미국함대에 관한 동정을 일본을 통하여 연락받아 조정에 보고하는 일을 맡아 처리하기도 하였다.

어사 심동신의 선정비는 4좌가 확인 되었으나, 임실에 있는 선정비는 찾

208) 한국민족문화대백과사전에서 발췌하였다.

지 못하여, 임실 운수지[209]를 편찬 한 분과 통화를 하였으나 알지 못한다 하였다. 그리고 임실군청에도 문의하였으나, 알지 못한다는 답이 왔다.

임실 운수지는 임실에 관한 역사와 국가유산 정보인데 그곳에는 어사 민달용과 심동신의 비가 있다고 기록이 있으며, 그 중에 민달용의 비는 남아 있어 찾았으나, 심동신의 비는 기록만 있을 뿐 어디 있는지 알아내지 못하였다.

남아 있는 어사 심동신의 비는 남원 광한루, 서천공원, 제주향교에 남아 있다.

제주도는 직접 가지 못하고 제주향교 관계자의 도움을 받아 사진을 얻었다.

남아 있는 심동신의 선정비들은 대부분 비제와 세운 시기만 남아 있으며, 그 중에 남원 서천공원의 경우는 방손이 개립 하였다는 기록이 비의 뒷면에 남아 있다.

어사 심동신의 별단을 소개하면 다음과 같다.

전라좌도암행어사 심동신(沈東臣)의 별단을 보니, 그 하나는, 조세에 관한 정사(政事)에 있어서는 털끝만큼도 문란하거나 착오가 있어서는 안 되는데, 근래 각 고을에서는 사적으로 세율(稅率)을 세우고, 세금 액수를 헤아려 정한다는 명목하에 법으로 정해진 것 외에 조목을 더 내는 것이 거의 한도가 없습니다.

---

209) 임실의 별칭인 운수(雲水)의 연원과 변천, 풍속 교화 노력, 임실현의 사정, 지역 관련 인물들의 에피소드, 산천에 딸린 수많은 이야기 등 다양한 콘텐츠를 담고 있는 책이다.

그리하여 더 거두어들이는 것과 방납(防納) 등의 허다한 폐단이 꼬리를 물고 일어납니다. 그리고 연분구등(年分九等)[210]의 법과 쌀과 콩을 환산하는 규정이 대략적인 구별이 있기는 하지만, 백성들은 모두 알지 못합니다.

그리고 나가는 것은 많고 들어오는 것은 소략한데, 중간에서 없어지는 것이 또 몇천만 냥이나 되는지 모릅니다.

지금 바로잡아 개혁하는 것을 조금도 늦출 수 없으니, 도신에게 각 고을에 행회(行會)하도록 하여 3, 4년 동안의 세금 액수를 정한 것을 모두 모아 조사하여 하나하나 바로잡고 책에 싣도록 하고, 이 밖에는 쌀 한 톨이라도 감히 더 거두지 못하게 하되, 간혹 이를 어기는 자가 있으면 곧바로 엄중한 형률을 적용하는 일입니다.

국가에서 법으로 정한 정상적인 부세(賦稅) 외에는 실 한 올이나 쌀 한 톨이라도 거두어들이는 것을 반드시 엄중히 금지하고 바로잡아야 합니다.

그런데 전결에 대한 폐단이 이와 같이 심한데, 수령들은 오직 서명만 하고 감영에서는 그냥 내버려 둘 뿐이니, 이는 어찌된 일입니까?

그리하여 이런 핑계 저런 핑계로 자꾸만 더 심해져 가고 있습니다.

이에 난잡하고 비루한 습속은 아무 것도 거리끼는 것이 없을 정도에 이르렀고, 아전들의 수법은 더욱 교활해져 진(秦) 나라에서 끊임없이 거두어들인 것과 거의 같아졌습니다. 이리하여 백성들의 고혈은 점차 고갈되어 가는데도 조금도 불쌍히 여기지 않고 강 건너 불구경

210) 조선시대 농사의 풍흉을 아홉 등급으로 나눠 전세를 부과한 수취제도.

하듯 하고 있으니, 국법의 기강을 생각할 때 절로 애통한 생각이 듭니다. 암행어사의 별단에서 진술한 것이 이와 같이 자세하니, 도신에게 엄중히 형신을 가한 뒤 원지(遠地)에 귀양 보낼 것을 각별히 신칙하여 행회하도록 하소서.[211)]

그림 107 어사 심동신비, 남원 광한루

〈전면〉 御史沈公東臣永世不忘碑

〈후면〉 崇禎 紀元 後 五 戊寅 九月 日 立

211) 《국역비변사등록》에서 발췌하였다.

1878년 세우다

2번째 소개하는 심동신의 비는 남원 서천공원에 있으며, 방손이 개립하였다는 기록이 보인다.

명문을 소개하면 다음과 같다.

그림 108 어사 심동신비, 남원 서천공원

비제: 어사심공동신선덕불망비(御史沈公東臣善德不忘碑)

崇禎 紀元 後 五 戊寅 九月 日 立

年久 頹圮 石泐 刻頑

西紀 一千九百 七十 七年 十一月 改立

傍孫[212] 斗燮 大燮

무인년(1878년)에 비를 세웠으나 오랜 세월에 무너지고, 돌이 갈라져

새긴 글이 무디어지니 1977년 방손 두섭과 대섭이 고쳐 세웠다

대부분 비를 새로 세우면 앞서 세운 기록이 사라지는 경우가 생기는데, 서천공원의 경우는 옛 기록과 개립한 기록이 있어, 비를 연구하는 데 있어 중요한 자료적 가치를 지니게 된다.

마지막으로 소개하는 비는 제주향교에 있는 것으로, 필자가 제주도 하마비를 조사하면서 선정비를 찾았으나, 어떻게 된 일인지 제주향교의 선정비는 찾지 못하였다.

나중에 심동신 어사의 비를 조사 하는 과정에서 선정비가 있다는 것을 알았다.

제주도는 육지와 달리 어사 심동신비 하나를 보려고 가기에는 엄두가 나지 않아, 제주향교 관계자와 통화를 사진 촬영을 부탁하였더니 보내 주셨다.

지면으로 감사의 마음을 전한다.

어사 심동신이 제주어사로 파견된 시기는 1860년으로 이 당시나 지금

212) 방계 혈족의 자손.

그림 109 어사 심동신비, 제주향교

이나 제주도의 언어는 육지와 많이 다르기에, 행색을 숨겨야 하는 어사의 활동에 어려움이 있었을 것으로 생각된다.

지금은 방송매체의 발달로 표준어가 일상이지만 그 당시는 지금보다 더 어려운 말을 하였을 것인데, 어떻게 행색을 감추고 암행어사 활동을 하였을까 하는 의문이 들기도 한다.

어사 심동신비는 제주향교에 여러 碑들과 같이 있으며, 비에는 간단한 송시가 있다.

소개하면 다음과 같다.

비제: 어사심공동신거사비(御史沈公東臣去思碑)

備錢[213]**四百**　　별비전으로 사백 냥을 돈을 마련하여

減柴衿戶　　집집마다 덜어 주고 베풀어 주셨도다

同治 元年 二月 日　1862년 2월 세움

제주어사 심동신의 별단의 기록이 있어 소개하면 다음과 같다.

비변사의 계사에

"방금 제주 암행어사 심동신(沈東臣)의 별단을 보니 그 하나는 삼읍(三邑)[214] 각 창(各倉)의 미완(米還) 원총(元總)이 1만 4천 7백 2석 영(零)이 되고 또 매년의 모곡과 가입미(加入米)가 2천 64석 영이 되는데 그 중에 1천 4백 91석 영은 규례대로 공하(公下: 공적으로 지출함)하고, 나머지 쌀 5백 73석의 귀속시킬 곳이 없어 원환(元還)에 첨부하였던 것은 평역고(平役庫)에 이하(移下)하여 군정(軍丁)이 바치는 것에 보태며, 구환(舊還)으로서 해마다 정퇴(停退)로 기록하게 한 것은 명색은 있으나 실제는 없으니 의당 모두 견감(蠲減)하게 해 달라는 일이며, 그 하나는 삼읍의 평역군(平役軍)은 매명(每名)이 분등(分等)마다 바치는 쌀을 6승(升)씩 줄여 주고, 부

213) 관청에 별도로 마련되어 있는 돈.

214) 제주(濟州)·정의(旌義)·대정(大靜)을 말함.

유한 민호 중에 면탈되기를 도모하는 자를 샅샅이 조사하여 환부(還付)하며, 속공전(屬公錢: 국가에 귀속된 돈) 2천 냥과 목(木) 11동(同)을 획급하여 보태 쓰게 하고 각고(各庫)에서 관용(官用)으로 지나치게 지출된 것에 대해 실제를 조사하여 견감하거나 없애 달라는 일입니다.

공하하고 남은 쌀 5백여 석을 해마다 환곡에 보태는 것은 이미 환민(還民)들이 감당하기 어려운 폐막(弊瘼)이 되었으니, 그 남은 쌀을 평역고에 넘겨서 6승에 보태 주자는 논의는 군정에 있어 한숨 돌릴 수 있고 환민에 있어서는 힘을 펼 수 있으며 일의 형세로 참작해도 양편(兩便)의 정사에 해롭지 않으니, 청한 바대로 시행하며 이른 바 속공된 전목(錢木)은 어떻게 해서 속공되었는지 모르겠으나 기왕 획급하여 보태 쓰게 한다고 하였으니 차치물론(且置物論)하고 부유한 민호가 역(役)을 면탈하는 것과 관용(官用)을 함부로 지출하는 폐단은 당해 목사에게 엄히 신칙하여 사정(查正)하게 해야 하겠으며 구환을 견감해 달라는 청은 허시하기 어려우니 덮어 둬야 하겠습니다.

그 하나는 본도(本島: 제주도)의 목장(牧場)은 근래에 가축의 생산이 점차 줄고 마적(馬籍)의 총수(總數)마저 따라 줄어들었으니 해시(該寺: 사복시를 이름)로 하여금 관문으로 신칙하여 폐단에서 소생시키는 일입니다.

사복시에 봉감(捧甘)[215]하여 관문으로 신칙하게 해야 하겠습니다.

---

215) 감결(甘結), 즉 공문을 받음. 여기서는 사복시에 공문을 보냄을 이름.

그 하나는 본주(本州: 제주)의 지세(地稅)를 액수 외에 지나치게 책정한 것은 형편대로 줄여 주고 봉입(捧入)한 것을 가지고 배분하여 사용할 곳을 계산하면 절미(折米)한 것을 합하면 2백 17석 영이 되니 알맞게 가져다 써서 다시는 원총(元摠)이 남거나 모자라는 폐단이 없게 하는 일입니다.

지난 가을 전 목사가 장세(場稅)의 정총(定摠)을 가지고 본사(本司)에 논리(論理)하여 아뢰었으나 아직 허시(許施)하지 않았는데 지금 이 암행어사의 단자에 또 지세의 정총을 가지고 이렇게 나열하였으니 장세와 지세를 막론하고 일정한 정총이 있어야 마땅하나 먼 외방의 사정을 멀리서 헤아리기 어려우니, 새 목사가 부임한 뒤에 예전 규례를 참조하여 되도록 감생(減省)하여 다시 성책(成册)으로 만들어 본사에 보고하고, 시행하라는 뜻으로 분부해야 하겠습니다.

그 하나는 섬 백성 중에 내륙(內陸)과 무역하는 자는 배를 생업으로 삼고 있는데, 근래에는 선색(船色)들이 별인정(別人情)[216] 명목을 만들어 내서 책징하는 것이 너무 많으니 각항(各項)의 선폐(船弊)를 특별히 신칙하여 통렬히 혁파하라는 일입니다.

당해 목(牧)에 관문으로 신칙하여 백성에게 폐단이 되는 모든 것을 하나하나 바로잡아 고치게 해야 하겠습니다....... 생략.[217]

제주어사 심동신의 다른 기록을 찾아보면 다음과 같다.

---

216) 특별한 정표로서 수고비 조로 주는 돈이나 물건.

217) 《국역비변사등록》에서 발췌하였다.

1859년(철종 10) 11월에 제주에 암행어사로 파견되어 관리의 비행을 암행하여 뇌물을 받은 제주목사 정우현(鄭愚鉉)을 파면하고, 선정을 베푼 제주판관 구원조(具源祚)는 계속 유임시켰다.
1860년(철종 11) 전 제주목사 임백능(任百能)[1795~?], 전 제주목사 목인배(睦仁培)[1794~?], 전 대정현감 김기휴(金沂休)[1813~1895] 등의 죄상을 알리고, 제주판관 구원조, 前 대정현감 강이진(康履鎭)[1798~1865], 정의현감 강만식(康萬埴)[1803~1868] 등을 포상하고 관직을 높여 주도록 조정에 보고하였다.
또 유가(儒家)의 자제에게 부역을 감면해 주고 효자와 열녀 등에게 포상하였다.[218)]

---

218) 한국학중앙연구원 - 향토문화전자대전에서 발췌하였다.

㊷ 이면상 선정불망비

이면상李冕相(1846년~?)[219] 본관은 전주(全州), 자는 성규(聖圭). 이종영(李種永)의 아들로 종정경 이승수(李升洙)에게 입양되어 완원군(完原君) 이유명(李惟命)의 손자가 되었다.

1889년(고종 26) 친림경무대문과에 갑과로 급제하자마자 승정원우부승지에 파격적으로 임명되었고, 다음 해에는 대사간에 임명되었다.

1892년 전라도암행어사가 되어, 백성의 고통을 덜기 위해서는 수령구임법(守令久任法)이 필요하며, 계방촌(契防村)을 혁파할 것 등을 건의하였다.

그러나 몹시 재물을 탐하고 호기롭던 운봉(雲峰)의 향리 출신인 박문달(朴文達)을 잡아 가두고 뇌물을 빼앗으려고도 하였다고 한다.

어사 이면상의 비는 11좌가 남아 있으며 그중에는 나무로 만든 碑도 있다.

남아 있는 어사 이명사의 碑 중에는 순천 송광사에 있는 것이, 아무래도

219) 한국민족대백과사전에서 발췌하였다.

가장 많은 사연이 있을 것으로 생각된다.

송광사로 들어가면 일주문이 나오기 전 오른편에는 부도전이 있으며, 그곳 계단 좌우에 소맷돌로 쓰이고 있는 것이 어사의 비석이다.

그림 110 어사 이면상비, 순천 송광사

이면상의 碑가 두 동강이 나서 소맷돌로 쓰이고 있는 이유가 송광사에 사천왕상 등을 중수를 약속을 하였지만, 지키지 않았기에 비석을 두 동강이 내어 부도전 계단의 돌로 사용하였다고 하지만, 정확하게 밝혀진 것이 없다.

필자가 직접 가서 碑를 보니 정확하게 둘로 갈라 소맷돌로 사용되고 있으며, 명문은 "암행어사이공면상구폐불망비(暗行御史李公冕相捄弊不忘碑"라 되어 있지만, 명문 또 한둘로 갈라져 자세히 보아야 명문을 알아볼 수 있다.

세운 시기는 "신묘(1891년) 8월일"이라 되었으며, 이면상의 비가 언제 건립하였는지 알 수 있다.

그다음으로는 순천 선암사 박물관에 있는 나무로 만든 비이다.

이 자료는 송광사 박물관 관장이신 고경 스님을 뵈러 갔더니, 자료를 주셨다.

이제까지 조사한 나무로 만든 碑[220)]는 16좌이고 실제로 본 것은 10좌이다.

그림 111 어사 이면상비, 송광사 고경 스님 제공

이면상의 목비는 옻칠을 한 곳에 명문이 있고, "암행어사이공면상불망비(暗行御史李公冕相不忘碑)"라 되어 있으며, 세운 시기는 "신묘(1891년) 5월"이라 되어 있다.

---

220) 이희득 著《독특하고 재미있는 문화유산이야기》하권에 실려 있다.

암행어사의 활동은 민생을 살피고, 부정한 관리를 처벌하는 것인데, 사찰에는 왜 갔을까?

지금도 사찰은 관광지로 각광을 받지만 지금보다 더 아름다운 풍경을 가졌을 그 당시 사찰은 관리나 선비의 풍류의 장소로 애용되는 곳이기도 하다.

예전의 사찰은 아름다운 경치로 인해 많은 사람들이 찾는 곳이며, 또 한 관리가 사찰에 가면 그 치다꺼리는 승려의 몫이기에 사찰에서는 여러모로 어려움이 많았을 것으로 생각된다.

수령이나, 어사의 임무 중에는 관광도 포함되기에, 사찰의 어려움도 덜어 주고, 그곳에서 풍류를 즐겼기에 불망비를 세우지 않았나 하는 생각도 하여 본다.

세 번째로 소개하는 이면상의 비는 고흥 탄포 삼거리에 있었으나, 고흥 침교리에 옮겨진 비석이다.

탄포 삼거리에서 보성으로 가려다 비석이 보여, 나중을 대비하여 사진 촬영하였는데, 2년 뒤 실측을 하려 다시 가니 보이지 않았다.

비석이 1좌가 아니고 3좌였는데 어디로 갔을까 생각하다 고흥군청에 문의를 하니 모른다 하며, 탄포 마을 관계자 전화번호를 알려 주며, 통화해 보라 한다.

그래서 탄포 마을 관계자와 통화를 하여 비석의 행방을 물으니, 탄포 마을에서 오래 살았지만, 비석은 보지 못했다고 한다.

그러면 필자가 촬영한 사진은 무엇인가 하늘에 내려왔다가 올라갔나 하는 생각이 절로 들지만 모른다 하니 어쩔 수 없다.

차를 세워 두고 비석의 행방을 곰곰이 생각을 하여 본다.

고흥에는 비석이 고흥향교와 철비가 있으며, 그 외는 생각이 나지 않아, 비석을 옮겨 놓을 만한 곳을 생각하여 보니 고흥청자박물관에 있을 가능성이 있기에, 차를 달려 그곳으로 갔다.

20여 분을 달려 도착한 청자박물관에는 비석은 보이지 않으며, 괜히 왔다는 생각이 든다.

하는 수 없이 위성지도로 고흥 전체를 찾아보다, 가만히 보니 청자박물관 부근에 비석이 여러 보인다.

그곳으로 차를 몰아가니 20여 좌의 비석이 보이고 그곳에 이면상의 비가 있었다.

그곳에 있는 비는 이면상이라는 안내문이 있어, 생각하여 보니 이것은 고흥군청에서 옮겨 놓았을 터인데 왜 모른다 하였을까 하는 생각이 든다.

업무의 인수인계가 안 된 것으로 생각된다. 비석 하나 때문에 이곳저곳 돌아다닌 걸 생각하니 원망이 절로 든다.

침교리에 있는 이면상의 비가 필자가 추정하는 탄교리의 碑 인지 아닌지는 비의 전면과 뒷면에 보이는 명문이 같기 때문에 그렇게 생각하였다.

비의 앞면은 "어사이공면상청덕선정비(御史李公冕相淸德善政碑)"라 되어 있고, 뒷면에는 "광서 12년(1886년) 신묘 9월일 견비"라는 명문이 있으며, 침교리 비석이나, 탄교리의 비석의 명문이 일치하기에 같다고 보는 것이다.

사진상에는 "堅碑" 아래로 명문이 보이지는 않지만 침교리나 탄교리의 碑는 어사 이면상의 비인 것으로 확신한다.

그림 112 어사 이면상비 좌(침교리), 우(탄교리)

《승정원일기》에는 이면상의 서계의 기록이 보인다.

고종 29년 임진(1892) 윤6월 11일(정묘) 맑음

29–윤06–11[17] 지방관을 감찰한 결과를 보고한

전라도 암행어사 이면상의 서계에 대해 회계하는 이조의 계목

○ 이조 계목에,

원 문건은 첨부하였습니다. 이번 전라도 암행어사 이면상(李冕相)

의 서계를 보니, 전전 광양 현감(光陽縣監) 김두현(金斗鉉), 전전 장수 현감(長水縣監) 이헌우(李憲愚) 등에 대해서는 모두 처벌하여 파직하였으니 모두 지금 우선 논의하지 않겠습니다.

전전 여산 부사(礪山府使) 김원식(金源植)에 대해서는 '한미한 집안 출신으로 세상에 다시없는 은혜를 입었으니, 보답하려는 생각이 남달라야 하는데도 도리어 제멋대로 갖은 침학을 부렸습니다……. 생략.[221]

그림 113 어사 이면상비, 고흥 탄포리

221) 《승정원일기》에 발췌하였다.

고흥 탄포리에 있었던 이면상의 비는 고흥 침교리로 옮겨졌으며, 박락이 심하고, 명문이 전체가 보이지 않는다.

그림 114 어사 이면상비, 고흥 침교리

고흥 침교리에 있는 어사 이면상의 불망비는 명문과 비석의 박락이 심하므로 적절한 조치가 있어야 할 것으로 생각된다.

그다음은 곡성군 석곡면에 있는 이면상의 비석으로, 이 碑는 답사를 할 때 인지를 하지 못하였으나, 순천 송광사 성보 박물관 관장이신 고경 스님과 어사 이야기를 하던 중에 알았다.

그리고 고경 스님과 점심 후 석곡면 사무소에 들러 비를 확인 하였고, 급한 대로 사진 몇 장만 촬영하였다.

그 당시에는 실측을 하지 않아 몇 년 뒤 다시 방문하여, 실측과 이면상불망비를 촬영하였다.

어사 이면상의 불망비의 명문에는 비제와 세운 기록만이 있었고, 그를 칭송하는 명문은 보이지 않았다.

비제는 "어사이공면상영세불망비(御史李公冕相永世不忘碑)"라 되어 있고, 그 옆에는 "壬辰5月 日"이라 되어 있어, 1892년에 세운 것으로 생각된다.

그리고 석곡면의 비를 보고 나서 승주읍으로 차를 몰아갔으며, 그곳에도 이면상의 비가 있다는 정보를 알았기에 간 것이다.

그림 115 어사 이면상비, 곡성군 석곡면

승주는 지금은 순천의 郡이지만 예전에는 큰 도시이기에 부사의 선정비와 여러 비석이 존재하는 것으로 생각되며, 승주에 있는 어사 이면상의 碑도 비제와 뒷면에 세운 시기만 새겨져 있고 그를 칭송하는 명문은 보이

그림 116 어사 이면상비, 순천시 승주

지 않는다.

다만 비제에 특이한 명문이 보이는 것이 다른 불망비와 다르다.

비제는 "상암행어사이공면상영세불망비(上暗行御史李公冕相永世不忘碑)"라 되어 있는데, 맨 앞에는 나오는 "上"은 존경 한다는 뜻으로 생각된다.

세운 시기는 "광서 17년(1891년) 신묘 8월" 이라 되어 있다.

다음은 완주 삼례이다.

현재 삼례도서관에 있는 선정비들은 대부분 삼례역에 있었던 선정비들을 옮겨 온 것이다. 그중에 어사 이면상의 비도 있다.

그림 117 어사 이면상비, 완주 삼례 도서관

어사 이면상의 비는 암행어사를 역임한 이돈상, 어윤중비와 같이 있으며, 비에는 그를 칭송하는 명문이 남아 있다.

내용은 다음과 같다.

비제: 암행어사이공면상영세불망비(暗行御史李公冕相永世不忘碑)

■■殘■

近多酒弊[222)] 술로 인한 폐단이 있었으나

公來覃惠 공이 오시어 깊어진 혜택에

小民其蘇 백성들이 소생하였도다

이면상의 비에는 송시가 있으나 세운 시기는 보이지 않는데, 필자의 생각은 건립년도가 비석에 있었지만 마멸이 되어 보이지 않는 것으로 생각된다.

그래서 세운 시기는 1891년이나 그 이후로 추정한다.

전주는 관찰사가 머무는 감영이 있었던 곳으로, 2013년도에 전주에 1박 2일로 가서 비석과 불상을 촬영하였다. 그 당시 다가공원에 있었든 선정비를 전주 감영을 복원하면서 옮겨 왔다는 소식을 듣고, 2022년도에 다시 가서 촬영을 하였다.

전주 감영에는 여러 비석이 있으며, 그중에 어사 이면상의 비가 있다.

---

222) 碑를 자세히 보면 명문이 보이나 희미하여, 여기에서는 풀이를 하지 않는다. 그리고 비의 명문이 전체적으로 잘 보이지 않아 명문이 맞다고 생각되지 않는다.

비제는 “암행어사이공면상영세불망비(暗行御史李公冕相永世不忘碑)”라 되어 있으며, 뒷면에는 많은 명문이 있지만, 사진 촬영할 당시에는 판독이 되지 않아 전주문화원에서 발행한 《전주의 선정비》라는 책에서 발췌하여 소개한다.

“半石里在府之南川邊戶餘數百民資工商可比一小縣

반석리는 고을 남쪽의 천변에 있다.

군호와 여정이 몇백 집이고, 백성들이 세운 공방과 상점이 있어 가히 작은 읍에 비교할 만하다.

春厄于災一望焦土吁其慘矣

기축년(1889년) 봄 화재의 재앙을 당하여, 초토화되었으니, 아! 그~ 참혹함이여.

辛卯正月鑄洞[223)]李公以察民隱靡不完者迺

신묘(1891년) 정월에 주동(鑄洞)의 李公이 암행어사로 와서 백성들의 어려움을 살핌에 다하지 아니 함이 없었다.

捐錢千百五十緡府于府曰其謨復斯里哉於是勤助之緡爲五千八百

이에 의연금 1150 꾸러미를 고을에 주면서 “이 마을을 복구 할 계획을 세우자.”고 하였다. 이에 서로 권장하여 모은 돈이

---

223) 주동의 뜻을 알아내지 못하였다.

有五十郎

5850 꾸러미가 되었고

舊址築百堵召渙析而處之嗚呼盛矣

옛터에 수많은 담을 쌓아 나누어 살게 하니, 아~ 성대하도다.

銘曰　　명에 이르기를

視民如傷　　상처를 돌보듯 백성을 돌보니

惠而知政　　베품으로 다스릴 줄을 알았네

爰居爰處　　여기저기 옮겨 다니며 사니

室家相慶　　집집마다 경사로세

雨霽煙消　　비가 개고 연기가 사라지니

德音不忘　　덕담이 잊히질 않는구나

藹藹厥蹟　　그 자취 훈훈하니

孰不瞻仰　　누군들 우러러 보지 않으리오

壬辰 九月 日 立　1892년 세우다[224]"

전주 감영에 있는 이면상의 비는 많은 정보를 가지고 있다.

반석리의 군호와 여정을 추정할 수 있고, 공방과 상점이 있었다는 것을

224) 전주문화원 발행《전주의 선정비》에서 발췌하였다.

기록으로 알 수 있는 자료이다.

그리고 《조선왕조실록》은 조정의 이야기와 왕의 기록이지만, 지방의 기록은 거의 없다.

그러므로 1889년에 화재가 난 것을 알 수 있고, 그 뒤 어떻게 다시 삶을 살았는지 알 수 있는 중요한 기록이다.

일반적으로 선정불망비는 비제와 간단한 내력만 비에 새기지만, 이면상의 비와 같이 자세한 내력은 그 당시의 상황과 어떻게 대처하였는지 알 수 있는 중요한 자료가 되기도 한다.

다만 이면상은 조정에서 탄핵을 받을 정도로 부패한 관리지만, 암행어사 활동은 상당히 좋은 평가를 받고 있는 것으로 나타났다.

전남 장성향교의 하마비를 촬영하려고 가니, 입구에 선정비가 여러 좌 있어, 사진 촬영을 하였는데, 그중에 이면상의 비가 있다.

그 당시에는 어사 이면상의 불망비 보다 이름이 알려진 원두표[225] 비에 관심이 많아, 원두표 선정비 사진에 많은 시간과 공을 들였다.

나중에 보니 원두표 선정비의 사진은 촬영을 잘하였는데, 이면상의 비의 사진은 엉망이고 명문이 제대로 보이지 않았다.

그래서 2023년에 7월에 다시 가서 촬영하였지만 제대로 된 명문을 확인하지 못하였다.

사진을 여러 장 촬영하여, 서울에 계신 고문헌 연구소 대표이신 김상환 선생님께 부탁하여 비의 명문과 풀이를 하였다.

---

225) 조선 중기의 무신이자, 인조조에 낙당, 한당, 산당과 함께 서인 4당의 한 축을 담당했던 원당의 영수였다. 임진왜란 때 김화현 전투에서 순절한 원호의 손자이다.

그림 118 어사 이면상비, 전주 감영

어려운 작업인데 쉽게 하시니 필자로서는 김상환 선생님과 인연이 큰 행운으로 생각된다.

비의 명문과 풀이는 다음과 같다.

비제: 직지사이공면상영세불망비(直指使[226]李公冕相永世不忘碑)

聖主之心　　성스러운 임금의 마음은

當明則燭　　밝혀야 할 때는 비추고

226)　암행어사의 다른 표현이다.

明見萬里	만 리를 환하게 보셔서
及於逃屋	피난 간 집에까지 미쳤네
選公於■	이에 공을 선임(選任)하셨으니
往哉汝■	가서 그대 직임(職任)을 수행하게
孰寃孰■	누가 원망하고 누가 허물하랴
■鬱■白	너무 답답하여 와서 고백하네
公哉攬轡[227]	공은 고삐를 잡고 가서
澄淸乃職	직분(職分)을 맑게 다스렸네
哀此客車	애처롭네 이 나그네의 수레가
雲巖孱■	운암에서 잔약(孱弱)하였네
不媚遠■	먼 곳에 아첨하지 않고
■于懷■	가까운 사람 품어 주었네
混之土姓	지역의 성씨(姓氏)를 섞어서
勒隷于驛	역참(驛站)에 예속(隸屬)시켰네
惟我公明	우리 공은 현명함으로
俾匹夫獲	필부들에게 제자리를 찾게 하셨네
人火■■	사람들이 불같이 모여들어
氷解凍釋	얼음이 녹듯 풀렸다네

227) 남비(攬轡): 지방관으로 부임했다는 말이다. 후한(後漢) 범방(范滂)이 기주 자사(冀州刺史)로 나갈 적에, "수레에 올라 고삐를 잡고서는 천하를 정화할 뜻을 개연히 품었다. [登車攬轡 慨然有澄淸天下之志]"는 고사에서 나온 것으로, 지방 장관으로 부임할 때, 혹은 난세에 혁신 정치를 행하여 백성을 안정시키겠다는 의지를 비유한다.《後漢書 卷97 黨錮列傳 范滂》.

■也可忘	어찌 잊을 수 있겠는가
其志海■	그 뜻이 바다와 같았네
口有豊碑[228]	사람의 입에 커다란 비석이 있어서
又彝之石	또 돌에 새겼다네
匪公伊私	공께서 사사로이 하신 게 아니라
蓮種于德	德으로 연꽃을 심으셨네
有寃莫虛	원한이 있어도 헛되지 않으리니
迨公永復	공께서 길이 회복하시리

上之二十八年辛卯九月 日 司果 立

주상(主上, 고종(高宗)) 28년 신묘년(1891년) 9월일에 사과(司果) 세움

남아 있는 어사 선정비 중 頌詩의 내용이 가장 많으며, 한자의 풀이도 어렵다.

장성에 있는 이면상의 비는 어떤 이유로 많은 글을 새겼는지는 알 수 없지만, 비석을 세우는 일 그리고 碑身에다 글을 새긴 다는 것은 수많은 백성들의 고초가 많았을 것으로 생각된다.

---

228) 공적을 기록한 거대한 석비(石碑)를 말한다.

그림 119 어사 이면상비, 장성

그다음으로는 춘향전의 무대인 광한루에 있는 이면상의 비이다. 광한루에 있는 비의 비제는 확인되지만 세운 시기는 마멸이 되어 잘 보이지 않는다.

비제는 "어사이공면상선정불망비(御史李公冕相善政不忘碑)"라 되어 있고, 세운 시기는 "壬辰八月"이라 되어 있어 1892년에 세운 것으로 보인다.

그림 120 어사 이면상비, 남원 광한루

그다음은 해남에 있는 비석(그림 121)이다.

어사 이면상의 비가 벌써 10좌이다. 많은 선정불망비를 세우느라, 민초들의 고생이 많았던 것으로 추정되지만, 명문이 있는 것은 그래도 그 당시의 상황을 알 수 있다는 것이 다행이다.

이면상의 비에는 비제와 명문이 있어 소개하면 다음과 같다.

그림 121 어사 이면상비, 해남 단군전

비제: 어사이공면상영세불망비(御史李公冕相永世不忘碑)

一清湖省	청렴함으로 호남 땅에 오셔서
秉國之憲	나라의 법을 잘 다스리고
咸德幷著	한마음과 덕을 나타내시어
淑慝可辨	善惡을 잘 가려내시니
心焉磨石	한 마음으로 비석을 세웠네
直也如絃	활줄과 같은 곧은 마음으로

啓減陳結[229] 진결의 세금을 줄여 주시니
其惠與年 그 은혜는 해마다 깊어만 지네

光緖十八年 壬辰八月 1892년 8월 세움

마지막으로 정읍 고부 군자정에 있는 비석이다.

2016년에 1박 2일로 답사를 갔지만, 군자정의 비석보다는 동학혁명의 발상지라는 것에 관심이 많아, 군자정과 비석의 사진을 제대로 촬영하지 않았다.

군자정에 있는 비석들을 대부분 훼손되어 있으나, 그중에 몇 좌의 비는 형태가 그대로인 것이 몇 좌가 있으며, 그 외의 비석은 상부가 훼손되어 있다.

그중에 이면상의 비는 "李公冕相永"이라는 명문은 남아 있고, 벼슬의 명문이 보이지 않으나, 필자는 어사 이면상으로 추정을 하였다.

뒷면에는 세운 시기가 없어 언제 세웠는지 알 수 없으며, 비의 전면에는 명문이 몇 字 남아 있으나 풀이는 하지 않는다.

비석이 있는 군자정은 동학혁명 당시 탐관오리의 상징인 고부군수 조병갑이 농민들의 고혈을 짜 주색잡기를 한 것으로 알려져 있으며, 그로 인해 성난 백성들이 남아 있는 관리의 선정불망비를 훼손하였다고 생각한다.

연꽃이 아름다워야 할 곳이 백성의 고혈과 원망이 섞인 비석이 있으니,

229) 예전에, 묵은 논밭에서 거두는 조세를 이르던 말.

그림 122 어사 이면상비, 고부 군자정

농민들의 원망이 얼마나 컸으면, 훼손하였을까 하는 생각이 든다.

그리고 어사 이면상의 비는 여러 좌가 되기에 표를 만들어 정리하여 본다.

어사 이면상 선정불망비

번호	비제	위치	설립 시기	비고
1	暗行御史李公冕相救弊不忘碑	순천 송광사	辛卯(1891년)八月	
2	暗行御史李公冕相不忘碑	순천 선암사 성보박물관	辛卯(1891년)五月	
3	御史李公冕相清德善政碑	고흥 침교리	辛卯(1886년)九月	
4	御史李公冕相永世不忘碑	곡성 석곡면	壬辰(1892년)五月	

5	上暗行御史李公免相永世 不忘碑	순천 승주읍	辛卯(1891년)八月	
6	暗行御史李公冕相永世 不忘碑	전주 삼례	?	
7	暗行御史李公冕相永世 不忘碑	전주 감영	壬辰(1892년)九月	
8	直指使李公冕相永世 不忘碑	장성 동산공원	辛卯(1891년)九月	
9	御史李公冕相善政不忘碑	남원 광한루	壬辰(1892년)八月	
10	御史李公冕相永世不忘碑	해남 단군전	壬辰(1892년)八月	
11	李公冕相永…	정읍 고부 군자정	?	

㊸
조윤승 선정불망비

조윤승曺潤承(?~?)[230] 조선말기의 인물로 본관 창녕 자, 호, 미상으로 1896년에 장례원 주사, 내부시찰관, 참위, 평리원 판사를 역임하였다.

조윤승의 암행어사 기록은 "宮內府[231]來文"에 보인다. 그 내용은 다음과 같다.

光武元年十一月十二日(1897년 11월 12일)

十一月十二日

慶尙南北道暗行御史 曺潤承이 本月十二日에 入來.

慶尙南北道暗行御史 曺潤承이 本月十二日에 入侍.

위의 내용이 암행어사 조윤승의 기록이다. 서계도 보이지 않으며, 1905

230) 조윤승의 기록이 보이지 않아 장서각 기록유산db에서 발췌하였다.

231) 조선 말기, 왕실에 관한 모든 일을 맡아보는 관청을 말한다.

년에 기록된 각사등록[232]에는 "수의 조윤승"이라는 기록이 보여, 1897년과 1905년에 암행어사로 활동하였던 것으로 생각된다.

다른 기록을 찾아보니 소택일기[233]에 어사 조윤승의 기록이 보이며 다음과 같이 소개 한다.

소택일기에는 "선무사겸수의"로 표현되어 있으며, 소택일기에는 5번의 언급이 있고, 시기는 1897년 정유년이었다.

7월 15일

朝飯後復路 午後至家 山雲孟謙昨來 繡衣曺潤承入安東府 別無可聞

處暑 白洞黃德休汝省及宋致賓士來 宣撫使兼御使曺潤承入 豊基鎭撫有道收拾如主 持馬牌鑰筒 進牧修

위의 기록으로 어사 조윤승이 경상도에서 활동했다는 것을 알 수 있으며, 조선왕조실록이나, 《승정원일기》에는 없는 기록이 지방의 한 가문에서 나와서, 조윤승을 연구하는 데 있어 아주 중요한 자료로 생각된다.

암행어사 조윤승의 선정비는 예천 용궁면에 남아 있으며, 여러 비석과 같이 있다.

---

232) 조선시대 지방 관아의 등록류 문서들을 해서체로 정서하여 편찬한 사료집. 편찬 기간은 조선 선조 10년, 1577년부터 1910년까지 약 330여년이다.

233) 1834년부터 1949년까지 예천 용문면 맛질 함양박씨家 소택의 인물들이 대대로 작성한 생활일기.

비제는 "암행어사조공윤승영세불망비(暗行御史曺公潤承永世不忘碑)"라 되어 있고, 세운 시기는 "丁酉七月日立"이라 되어 있어 1897년에 세운 것으로 보인다.

그림 123 어사 조윤승비, 예천 용궁면

④④

김학순 선정불망비

김학순金學淳(1767년~1845년)[234] 본관은 안동(安東), 자는 이습(而習), 호는 화서(華棲). 아버지는 목사 김이석(金履錫)이며, 어머니는 남양홍씨로 홍주영(洪疇泳)의 딸이다.

1798년(정조 22) 사마시에 합격하고, 1805년(순조 5) 증광시에 장원급제하였으며, 전시(殿試)에 병과로 급제하여 승문원에 등용되었다.

1808년 성균관전적·병조좌랑을 거쳐, 1809년 홍문관교리에 임명되었다.

그 뒤 영남어사, 순천부사 등을 역임하고, 1825년 공청도 관찰사(公淸道觀察使), 1827년 도승지, 1832년 공조판서, 1833년 형조판서, 1835년 이조판서에 제수되었다.

40여 년 동안 주요관직을 두루 역임하면서 왕의 자문과 정사에 깊이 관여하였고, 청렴과 근면으로 이름이 높았다. 저서로는《화서집(華棲集)》이 있다.

경상도 암행어사로 파견된 김학순은 지방관의 훌륭한 정치를 하는지 아니면 탐학을 일삼는지 따져, 그에 따른 인사 조치를 취하였고, 백성들에

234) 한국역대인물종합정보시스템에서 발췌하였다.

게 큰 고통을 주는 환곡, 군역, 등을 개선 시켰기에 선정불망비를 세운 것으로 생각된다.

비석은 경산 자인 계정 숲에 있으며, 여러 좌의 비석과 함께 있으며, 비제와 그를 칭송하는 명문이 있다.

소개하면 다음과 같다.

비제: 수의사김공학순거폐불망비(繡衣使金公學淳袪弊不忘碑)

蠲百里糴　　온 동리의 조적[235]을 밝게 처리하시어
梳一縣瘼　　縣의 폐단을 제거하였네
如傷之澤　　다친 사람 돌보듯 한 은택이어라
公山峨峨　　팔공산 우뚝 솟고
琴湖洋洋[236]　　금호강 흘러넘치누나
永世難忘　　영원토록 잊는 것이 어렵구나!

架山餉還爲慈民切骨之患
가산에서 비축했던 환곡을 대여하는 일은

---

235) 환곡의 출납을 말한다.

236) 거문고의 명인(名人)인 백아(伯牙)가 고산(高山)에 뜻을 두고 연주하면 그의 지음(知音)인 종자기가 "좋구나, 아아(峨峨)하여 태산(泰山)과 같도다." 하였고, 유수(流水)에 뜻을 두고 연주하면 "좋구나, 양양(洋洋)하여 강하(江河)와 같도다."라고 평했다는 일화가 있다.《列子 湯問》.

백성들에게 골수에 사무치는 근심거리였다

癸酉因繡衣金公所啓永爲革罷

계유년 어사 김학순의 장계로 영원히 혁파되었다

邑民不忍忘　　읍민들이 그 일을 잊지 못하여

立石 頌德　　비석을 세워 그의 공덕을 찬양하노라

丙子 九月 日立　1816년 9월 세우다[237]

우리가 잘 아는 완당 김정희가 충청도 암행어사로 활동할 때 보고서에는 그 당시 충청도 관찰사 김학순에 대한 내용이 보인다.

監司金學淳段, 恬雅之操, 優於坐鎭, 廉簡之政, 亦自生威, 不煩不撓, 雍容做去是如爲白有臥乎所....... 생략.

감사 김학순은 안정되고 단아한 지조가 좌진[238]에서 뛰어나며, 청렴하고 간결한 정치 또 한 절로 위엄을 발합니다.

번거롭지도 요란하지도 않게 자연스럽게 업무를 처리합니다....... 생략.[239]

237) 경산금석문에서 발췌하였다.

238) 감사의 자리에서 일을 하는 것을 말한다.

239) 《승정원일기》에 발췌하였다.

어사 김학순이 조정에 보낸 서계 내용을 소개한다.

순조 13년 1813년 08월 09일 (음)

○비변사에서 아뢰기를

경상도 암행어사 김학순(金學淳)의 별단을 보니, 그 하나는, 환곡의 폐단 가운데 연안은 텅 비고 산협에 많이 쌓이는 것이 가장 고질적인 병폐이니 환곡의 총수가 가장 많은 곳은 상정가에 구애하지 말고 가격을 줄여 작전하여 옮겨서 경비에 보충하되, 기유년(己酉年: 정조13, 1789) 상주(尙州) 등 고을의 전례처럼 하고, 각 아문의 곡식을 많이 감축하는 것이 어렵다면 다른 도와 본도 가운데에서 상정가에 준하여 바꾸어 보충하는 일입니다.

곡식이 귀하여 가격이 비싸기 때문에 연안 고을은 텅 비는 것이고 곡식이 흔하고 가격이 낮기 때문에 산협 고을은 쌓이는 것입니다.

도신이 곡식 장부에 따라서 진실한 마음으로 많은 데에서 덜어 모자라는 곳에 보탠다면 어떻게 이런 일이 있겠습니까.

그러나 지금 곡식이 고갈되는 탄식은 연안이나 산협이나 거의 차이가 없으니 이를 덜어 저곳에 보태게 하여 고르게 나누어 주는 방도에 힘쓰고 있으나, 곡식을 작전(作錢)하여 이어 경비에 보태는 것에 있어는 신중히 해야 할 일입니다. 도신이 시세를 살펴 장점에 따라서 곡식을 고르게 나누도록 본도에 행회하고 역시 제도(諸道)에도 일체 신칙하겠습니다.

그 하나는, 각읍 환곡의 폐단은 으레 탈면하는 것이 빌미가 되고 있

습니다....... 생략.[240)]

그림 124 어사 김학순비, 경산 자인 계정 숲

240) 《국역비변사등록》에서 발췌하였다.

㊺
정인흥 선정불망비

정인홍鄭寅興(1852년~1924년)[241] 정인홍(鄭寅興)은 1852년 서울에서 출생하였다. 조선총독부 판사를 지낸 정준모의 아버지이자 이조판서를 지낸 정순조의 아들이다.

1878년 과거에 급제하여 관직에 나아갔다.

1894년 정부 직제 개편 이후 사법 부문 관료로 주로 근무하였다. 법무아문의 참의를 거쳐 법부 민사국장, 법률기초위원장 등에 임명되었다.

1896년에는 법부협판이 되었으며, 을미사변(乙未事變)과 단발령에 반발하는 의병이 전국 각지에서 봉기하자 중부 지방의 의병을 해산시키기 위한 선무사(宣撫使)로 파견되었다. 1908년 판사로 임명되어 의병 재판에 참가하였다.

한일병합조약 체결 직후 1910년부터 직제 개편이 이루어진 1921년까지 11년 동안 중추원찬의(中樞院贊議)를 지냈다.

친일 성향의 사회단체인 대동학회(大東學會)와 공자교회(孔子敎會),

---

241) 한국역대인물종합정보시스템에서 발췌하였다.

공자교에서도 활동하였다.

2002년 민족정기를 세우는 국회의원 모임과 광복회가 공동 발표한 친일파 708인 명단과 2008년 민족문제연구소에서 《친일인명사전》(E0079420)에 수록하기 위해 정리한 명단에 선정되었다.

2006년 친일반민족행위진상규명위원회에서 공식 발표한 친일반민족행위 1006인 명단에도 포함되어 있다.

《승정원일기》에는 어사 정인홍의 충청우도의 활동에 대한 기록이 보인다.

고종 22년 을유(1885) 11월 4일(무술) 맑음
흥복전에서 충청좌도 암행어사 정인홍 등을 소견할 때
우부승지 민정식 등이 입시하였다

○ 신시(申時).

상이 흥복전(興福殿)에 나아갔다. 충청좌도 암행어사와 입격한 유생이 함께 입시할 때, 우부승지 민정식, 가주서 권상락, 기주관 김지원(金持元), 별겸춘추 민종식(閔宗植), 암행어사 정인흥(鄭寅興)이 차례로 나아가 엎드렸다. 생원 남정필(南廷弼), 유학 이범승(李範升) · 윤시영(尹始榮)이 계단 아래 차례로 섰다.

상이 이르기를,

"사관은 좌우로 나누어 앉으라." 하였다. 민정식이 아뢰기를,

"입격한 유생 중 최달주(崔達周) 등 7인은 신병이 있어 대령하지 못했습니다. 대령한 유생은 당에 올라 직책과 성명을 아뢰게 합니까?"

하니, 상이 그러라고 하였다. 남정필 등이 차례로 당에 올라 직책과 성명을 아뢰었다. 민정식이 아뢰기를,

"유생들로 하여금 예를 행하게 합니까?" 하니, 상이 그러라고 하였다. 예를 행하였다. 민정식이 아뢰기를,

"유생들을 먼저 물러가게 합니까?" 하니, 상이 그러라고 하였다.

이어 암행어사에게 앞으로 나오라고 명하니, 정인흥이 앞으로 나왔다. 상이 이르기를,

"내려간 지 여러 달이 되었는데 잘 다녀왔는가?" 하니, 정인흥이 아뢰기를,

"성상의 덕택으로 무사히 다녀왔습니다." 하였다. 상이 이르기를,

"서계(書啓)는 이미 보았다. 이번에 어사가 오래 미납되었던 것을 모두 해결하였으니 실로 매우 다행이다." 하니, 정인흥이 아뢰기를,

"신의 재주와 식견이 얕은데 외람되이 큰일을 맡겨 주시는 것을 받아 겨우 끝맺었으니 모두 성상의 덕택입니다. 또 여러 고을의 수령들도 깨끗이 끝맺지 않으면 안 되는 사세를 알고서 모두 정성과 힘을 다해서 이러한 성과가 있게 된 것입니다." 하였다. 상이 이르기를,

"그렇다면 각읍에서 오래 미납되었던 것은 지금 남아 있는 것이 없는가?" 하니, 정인흥이 아뢰기를,

"오래 미납되었던 것을 수납하지 않은 것 중에 안에서 내린 책에 실려 있는 원총(原摠)과 경사(京司)에서 추후에 가려낸 것은 읍부조(邑簿條)에서 조사해 찾아내어 지금 이미 청장(淸帳)하도록 하였고 수량의 전부를 상고하여 남아 있는 것이 없습니다." 하였다. 상이 이르기를,

"치적으로 말하면 누가 잘 다스렸는가?" 하니, 정인흥이 아뢰기를, "공납(公納)을 징수하고 정치를 행함에 총리하고 잘 다스린 것은 옥천 군수(沃川郡守) 신 오일영(吳鎰泳)이 좌도에서 가장 나았습니다. 매우 쇠폐(衰弊)하고 잔폐한 상황에서 독봉(督捧)하고 소생시켜 완전하게 한 공으로 말하면 전 연기 현감(燕岐縣監) 신 한용원(韓龍源)이 실로 노고가 많았습니다...... 생략.[242)]

영동에는 선정비가 있다고 생각하지 않았는데, 옥천에서 선정비를 보고나서, 숙박을 하기 위해 영동군을 찾았는데 여름이라 해가 길어 잠시 주차를 할 공간을 찾다가 비석군이 있기에, 주차를 하고 가서 보니 어사 정인흥의 비가 보였다.

정인흥의 비 외에도 여러 비가 있고, 정인흥의 비의 명문은 "암행어사정공인흥영세불망비(暗行御史鄭公仁興永世不忘碑)"라 되어 있으며, 그를 칭송하는 명문은 보이지 않는다.

세운 시기는 "乙酉七月日"이라 되어 있어 1885년에 세운 것으로 생각된다.

242) 《승정원일기》에서 발췌하였다.

그림 125 어사 정인흥비, 충북 영동읍

㊻
이헌영 선정불망비

이헌영李𨯶永(1837년~1907년)[243] 조선 말기의 문신. 본관은 전주(全州). 자는 경도(景度), 호는 경와(敬窩)·동련(東蓮). 이정태(李鼎台)의 아들이다.

1867년(고종 4) 진사, 1870년 정시문과에 병과로 급제하여 홍문관수찬에 특제되었다.

그 뒤 1877년에 병조참지, 1878년 경기도암행어사를 역임하였다.

1881년 1월 신사유람단의 한 사람으로 발탁되었는데, 수행원으로 이필영(李弼永)·민건호(閔建鎬)·임기홍(林基弘) 등이 통사로 동행하였다.

이때 그가 시찰한 부서는 세관관계 기구였고, 이 시찰로 인하여 개화파 관료로서 성장할 수 있었다. 귀국한 다음 새로운 중앙기구로 통리기무아문(統理機務衙門)이 신설되자 부경리사(副經理事)로 통상사당상(通商司堂上)에 임명되었다.

임오군변 직후인 1882년 8월에는 승정원우부승지가 되었고, 1883년에

243) 한국역대인물종합정보시스템에서 발췌하였다.

는 경상우도암행어사·이조참의를 거쳐 부호군으로 감리부산항통상사무(監理釜山港通商事務)에 임명되었다.

이헌영의 선정불망비는 암행어사보다 관찰사비가 더 많이 남아 있다.

어사 이헌영의 비는 고령과 함안 칠원읍에 남아 있다.

먼저 고령에 있는 이헌영의 비는 상무사[244] 기념관에 있으며, 원래 자리는 고령 장기동에 있었다.

이헌영의 비에는 비제와 송시가 있으며, 소개하면 다음과 같다.

비제: 수의도이공휘헌영영세불망비
(繡衣道李公諱𨯶永永世不忘碑)

彝鼎[245]大手　나라에서 훌륭한 분이 오시니
近市便日　편리한 곳에 시장이 열리고
化溢吾鄉　나의 지역에는 재화가 넘쳐 나네
■谷面陽　...... 곡은 남쪽으로 향하고

癸未 五月 日　1883년 5월 세움

民產有賴　백성들의 산물에 힘입었고

244) 대한 제국기, 등짐장수와 봇짐장수를 거느려 다스리던 기관.

245) 종묘 제기의 하나인 이와 솥, 이는 돼지머리 모양의 솥 형태인 酒器이다. 필자는 이 정에 새길 만큼 대단한 분으로 보았다.

口碑成石　　모든 사람들이 비석을 세우자 하네

商貨願箴　　상업과 재화는 원하는 만큼 무성하니

永世不忘　　영원히 잊지 못하네

場基洞 立　　장기동에서 세우다

이헌영이 남긴 日槎集略(일사집략)에는 암행어사에 대한 글이 보여 소개하면 다음과 같다.

일사집략(日槎集略) 천(天)/별단(別單)

동래 암행어사 절충장군으로서 용양위 부호군으로 있는 신하 이헌영은 아룁니다. 신(臣) 금년 2월 2일 저녁에 내리신 계자(啓字)를 찍은 봉지(封紙) 한 통을 두 손으로 받아 품안에 넣고 숭례문(崇禮門)을 나가 고요하고 깊숙한 곳에 이르러 손을 씻고 봉을 뜯어보니, 그 안에는 열 줄의 봉서(封書)와 한 면에는 마패(馬牌)가 있었으니 신을 동래 암행어사로 삼은 것이었습니다....... 생략.[246)]

위의 글을 보면 임금이 내린 봉서를 숭례문 밖에서 열어 보고, 봉서와 마패로 인해 암행어사로 임명되었다는 것을 알 수 있다.

이헌영은 1878년에 경기도 암행어사로 활동하였으나, 경기도에는 암행

246) 고전번역원db에서 발췌하였다.

어사비가 보이지 않았지만, 다만 필자가 찾지 못했거나 아니면 훼손 가능성이 있다고 생각한다.

그리고《승정원일기》에는 경상우도 암행어사 이헌영의 서계가 보인다.

고종 20년 계미(1883) 7월 2일(경진) 비 전전 창원 부사 양주헌 등의 상벌을 청한 경상우도 암행어사 이헌영의 서계에 대해 회계하는 이조의 계목

○ 또 계목에,

원 문건은 첨부하였습니다. 이번에 경상우도 암행어사 이헌영(李𨯶永)의 서계를 보니, 전전 창원 부사(昌原府使) 양주현(梁柱顯), 전 진주 목사(晉州牧使) 윤횡선(尹宖善), 전 하동 부사(河東府使) 이봉호(李鳳鎬), 전 함양 군수(咸陽郡守) 김영문(金永文), 전 남해 현령(南海縣令) 전세진(田世鎭) 등에 대해서는 이미 처분이 내렸으므로 다시 논할 것이 없습니다.

전전 고성 부사(固城府使) 이병익(李秉翼), 전전 사천 현감(泗川縣監) 유긍수(柳肯秀) 등에 대해서는 이미 처벌하였으므로 논하지 않겠습니다.

전전 칠원 현감(漆原縣監) 이상덕(李相德), 전 웅천 현감(熊川縣監) 이건부(李建溥) 등에 대해서는 암행어사의 서계에서 이미 법을 맡은 관사로 하여금 품처하게 하라고 청하였으므로 다시 논할 것이 없습니다.

전전 진주 목사 신석유(申錫游)는 강제로 받아들인 돈이 도합 6772

냥 4전 5푼인데, 부정하게 취한 것이 이 정도나 되어 비방하는 말이 떠들썩하다고 하였습니다.

전 성주 목사(星州牧使) 홍병희(洪秉僖)는 전후로 부정하게 7000여 금을 취한 것은 오히려 작은 일이고, 2년 동안의 결잉(結剩) 수만여 냥이야말로 가장 큰 문제라고 하였습니다.

전 선산 부사(善山府使) 김봉수(金鳳洙)는 죄를 날조하여 몰래 받아들이고 목가(木價)를 높게 집행한 것이 도합 7400냥인 데다, 체직 때에 추가로 지출한 조항 2000여 냥에 이르러서는 향임(鄕任)의 정채(情債)를 유리(由吏)에게 옮겨 적어, 아전과 백성들에게 들어 보니 역시 비방하는 말이 많다고 하였습니다.

전전 거제 부사(巨濟府使) 윤석원(尹錫元)은 뇌물로 받은 돈 3950냥에서 진휼 자금으로 쓰고 남은 돈 1759냥 8전 6푼이 귀속된 곳이 없어 개인 용도로 착복한 것임을 면하기 어렵다고 하였습니다.

전 곤양 군수(昆陽郡守) 신택희(申宅熙)는 알고 있거나 연고가 있는 간리(奸吏)를 알선하여서 부정에 대한 비난이 떠들썩한 것을 면하지 못하고 있고, 부정하게 취한 돈이 도합 6420냥이어서 실로 용서받기 어렵다고 하였습니다.

전전 곤양 군수 이상덕(李相悳)은 아전과 향임의 교활한 말만 듣고 자질구레하게 사리사욕을 채우는 짓을 끝없이 저질러 뇌물로 받은 돈이 도합 6150냥이라 하였습니다. 전 합천 군수(陜川郡守) 홍은섭(洪恩燮)은 송사의 뇌물과 향임의 정채가 도합 6830냥인 데다, 체직되어 돌아갈 때 민고전(民庫錢)을 추가로 지출한 것이 2439냥이어서 더욱이 백성들의 소요를 일으키는 원인이 되고 있으며, 백성들

에게 들어 보니 원망과 비방이 매우 많다고 하였습니다.[247)]

서계는 암행어사의 활동 보고서이며, 어떤 이유로 관리를 처벌하였는지 알 수 있으며, 벼슬에 있다가, 물러나게 한 책임을 묻는 기록이 있다.

또 한 서계의 내용을 보면 어사가 어느 지역에 갔는지 알 수 있으나, 지역별로 선정불망비를 세웠다고는 생각되지 않는다.

그림 126 어사 이헌영비, 고령 상무사

247) 고전번역원db에서 발췌하였다.

고령 상무사에 있는 이헌영의 비 안내문에는 이헌영이 아니고 “이여영”이라 되어 있다.

하루 속히 수정을 하여야 할 것으로 생각된다.

또 하나의 어사 이헌영의 비는 함안 칠원읍에 있으나, 2016년 처음 방문할 당시에는 돈풍각의 내부에 있고 門이 닫혀 있었다.

2022년에 방문을 하니 담을 허물어 비석을 쉽게 볼 수 있었지만 이헌영의 비는 남아 있는 담벼락 가까이 있어, 사진 촬영에 어려움을 겪었다.

비제: 암행어사이공헌영백세불망비

(暗行御史李公𨯶永百世不忘碑)

直指南服至淸於水欠瘟整稅得宜

乃春慈土明察如■稂避途闔境■賴安

杳薄徵濫界■咸新■■省獘衆口成銘

排■補弊■■尊■人人頌德片石難述

都監 幼學 裵永緝　　도감 유학 배영집

色吏 鄕吏 黃宜秀　　색리 향리 황의수

癸未 三月 日　1883년 세움

칠원읍에 있는 암행어사 이헌영의 비는 여러 번 가서 비문을 확인하였지만, 온전한 문장을 알아내지 못하였다.

또 한 몇몇 글자는 정확하지 않아 명문을 풀이하지 않고 전체적인 윤곽만 풀이한다.

한문을 풀이할 실력도 없지만, 명문을 정확히 알아내지 못한 필자의 잘못이 크다.

> **영남으로 암행어사로 오시니**
> **청렴한 마음이 지극하시어 病이나 세금을 바르게 하시었고**
> **이번 봄에 자애로운 오시어 땅을 곳곳을 잘 살피시어 경계와 등을 신뢰와 안전하게 하고, 징조가 있는 경계, 폐단을 새롭게 하시니 모두 비석을 세우자 하네**
> **폐단을 바로 잡으시니 존경스럽고, 높으신 분의 송덕을 비석에 새기는 것은 어렵지 않으리**

대충 이러한 명문으로 생각되지만, 전체적인 명문이 마모되고 여러 번 가서 확인을 하였지만 제대로 된 글자를 확인 못 하였기에 위와 같이 풀이하였다.

그림 127 어사 이헌영비, 함안 돈풍각

㊼

홍석보 선정불망비

홍석보洪錫輔(1672년~1729년)[248] 본관은 풍산(豊山). 자는 양신(良臣), 호는 수은(睡隱). 아버지는 태복시첨정 홍중기(洪重箕)이며, 어머니는 이조판서 이민서(李敏敍)의 딸이다. 개풍에서 대대로 살았으며, 김창협(金昌協)의 문하에서 수학하였다.

1696년(숙종 22) 사마시를 거쳐, 1699년 통덕랑으로 증광문과에 병과로 급제했으나 과옥(科獄)으로 급제자가 모두 삭방(削榜)되면서 한때 유배되었다.

그 뒤 아버지의 권고로 다시 응시해, 1706년 정시문과에 병과로 급제하였다.

전적·검열·설서·정언·수찬·문학 등을 역임하고, 전라우도감진어사(全羅右道監賑御史)가 되어 민전에 대한 양전(量田)의 필요성을 적극 주장하였다.

1718년 전라도관찰사로 있을 때 정부에서 그의 말을 받아들여 양전을

248) 한국민족문화대백과사전에서 발췌하였다.

실시하였다.

그러나 옛날보다 짧은 자(尺)로 실시하려 하자 이를 강력히 반대하다가 파직 당하였다.

이듬해 충청도균전사(忠淸道均田使)에 임명되자 자의 부당함을 들어 한사코 사직하자, 결국 그의 뜻에 따라 옛 자를 사용하였다.

홍석보의 선정비는 홍성과 익산에 있으며, 홍성에 있는 현감의 碑이고 익산에 있는 것은 감진어사 비이다.

1713년에 전라도 감진어사에 임명되었다는 기록이 있고, 홍석보가 임금 앞에서 우심읍[249)]에 역을 면제에 대해 의논하는 글이 보인다.

全羅道 監賑御史 洪錫輔가 입시하여 康津 등지의 尤甚邑에 대해 減役해주는 문제에 대해 논의함

숙종 39년 1713년 10월 17일 (음)

지난 16일 전라도 감진어사 홍석보(洪錫輔)가 유대하여 인견, 입시하였을 때에 임금이 이르기를

"연해(沿海)의 가장 우심한 4개 읍에 특별히 역(役)을 감면한다고 어사가 내려간 뒤에 우선 선포하여 백성으로 하여금 알게 하는 것이 좋겠다." 하니, 홍석보가 아뢰기를

"진도(珍島) 외에 가장 우심한 곳은 곧 강진(康津)·해남(海南)·무안(務安)·영암(靈巖) 등 4읍입니다.

249) 尤甚邑은 재해가 심한 읍을 말한다.

진도는 도신(道臣)의 장계로 인하여 신포(身布)와 신역(身役)을 이미 탕감하도록 하였으나 지금 성교(聖敎)가 또 이러하시니 강진 등 4읍도 역시 진도의 예에 의하여 아울러 탕감할까요?" 하였다.

임금이 이르기를
"감면한 것이 유독 진도뿐인가?" 하니, 홍석보가 아뢰기를
"과연 성교와 같습니다." 하니, 임금이 이르기를
"4읍의 군포(軍布)와 신공(身貢)을 진도의 예에 의하여 아울러 탕감하는 것이 좋겠다." 하였다.[250)]

그림 128 어사 홍석보비, 익산향교

250) 《국역비변사등록》에서 발췌하였다.

어사 홍석보 불망비의 비제는 2행의 명문이 있으며, 그 아래에는 가로로 명문이 있지만 판독하지 못하였다.

비제: 감진어사홍공석보인휼선정비
(監賑御史洪公錫輔仁恤善政碑)

軍官 前郡守 刻

세운 시기는 없기에 1813년, 또는 그 이후인 것으로 생각된다.

㊽
이응진 선정불망비

이응진李應辰(1817년~1887년) 본관은 전주(全州), 자는 공오(拱五), 호는 소산(素山), 시호는 문헌(文憲)이다. 이화면(李華冕)의 아들이고, 봉서(鳳棲) 유신환(兪莘煥, 1801~1859)과 매산(梅山) 홍직필(洪直弼, 1776~1852)의 문인이다.

1859년(철종 10) 문과에 합격하였다.

전적(典籍)을 시작으로 여러 관직을 역임하여 예조 판서에 이르렀다. 외직으로는 은율 현감, 장단 부사, 봉산 군수를 지냈다.

저서로는《소산문집초고(素山文集草稿)》가 있다.

어사 이응진의 비는 김제 만경읍 사무소에 있으며, 명문이 마멸로 인해 보이지 않는다.

확인이 되는 것은 "불망비"밖에 없지만《조선선정불망비총군록》[251]에는 "어사이공응진영세불망비(御史李公應辰永世不忘碑)"로 표기되어 있다.

그리고 이응진의 어사 기록은 조선왕조실록,《승정원일기》,《비변사등

251) 김동복 선생이 지은 조선시대 선정비에 관한 책이다.

록》 등의 자료에는 나오지 않는다.

비를 세운 시기가 "광서 18년 정월"이라 되어 있는데, 이 당시는 사후 5년이어서, 암행어사 활동 시기를 유추할 수 없었다.

이응진에 대한 자료가 많이 보이고 있지만 그 많은 것 중에 암행어사 활동사항과 서계가 보이지 않아, 어느 시기에 활동하였는지 알 수 없는 것이 아쉽다.

이응진의 碑가 사후 5년 후에 세워진 것은 왜일까 하는 의문도 드는데, 필자의 생각은 기념비적인 것에 가깝다고 생각이 든다.

그 이유는 비를 세운 시기가 사후이고, 그를 칭찬하는 명문이 없기에 그러한 생각을 하여 보는 것이다.

《운양집》에는 그를 애도하는 시가 보여 소개한다.

운양집 제5권/시(詩), 영도고(瀛島稿) 정유년(1897, 광무1)
12월부터 신축년(1901, 광무5) 5월까지이다
열 분을 애도하는 시[十哀詩]

아울러 짤막한 서문을 쓰다.

내 평생 사우(師友)는 열 분이 계시다.

그들은 모두 충효의 큰 절개와 청렴 공정함과 정직함을 지니고 계신데다 경술(經術)과 문장을 익히셨기에 혼탁한 세상에 살면서도 때 묻지 않았고 무너지는 물결 속에서도 휩쓸리지 않았다.

그분들의 생사와 궁통(窮通)은 비록 다르지만 모두 자신의 몸을 깨

끗이 하셨다는 점에서 옛날의 군자에 비해도 부끄러움이 없다.

그러나 지금은 차례로 시들어 떨어지고 다시는 일어나지 못하는 몸이 되었다.

흰머리로 떠도는 신세 되어 그림자 바라보다 슬픔이 북받쳐 열 편의 애도시를 짓는다.

큰 붓으로 장중하게 비단 같은 문장 짓고	大筆春容濯錦章
홀로 문원 지키니 영광전[252] 같네	獨持文苑似靈光
현인 우인과 다 친하여 모두 경계 없었고	賢愚皆得渾無畛
곤궁과 현달을 때에 맡겨 담담히 잊었네	窮達隨時澹若忘
태현경[253] 쓰던 양웅의 집[254]만 남았는데	空有草玄揚子宅
여전히 시와 예, 정공향[255]에 전하네	猶傳詩禮鄭公鄉
하늘가에서 눈물 흘린들 누가 위로해 줄까	天涯涕淚憑誰吊
지는 달빛만 처량하게 집 들보에 가득하네	落月凄凉滿屋樑

252) 서한 경제(景帝)의 아들로 노왕(魯王)이었던 공왕(恭王)이 산서성(山西省) 곡부현(曲阜縣)에 세운 궁전 이름이다. 한나라 중엽에 도적들이 일어나서 미앙궁(未央宮)이나 건장궁(建章宮) 등 모든 궁전이 불타 버렸는데도 이 궁전만은 우뚝이 남아 있었으므로, 혼탁한 세상에도 꿋꿋하게 버티는 사람을 뜻하는 말로도 쓰인다.

253) 揚雄이 지은 책으로 유교경전인 〈주역〉의 형식을 모방한 15편의 수필로 이루어져 있다.

254) 초현정(草玄亭)을 말한다. 한나라 양웅(揚雄)이 칩거하며 《태현경(太玄經)》을 저술한 곳이다. 《漢書 卷87 揚雄傳》

255) 후한의 학자 정현(鄭玄)의 고향을 가리킨다. 영제(靈帝) 때 재상 공융(孔融)이 정현을 존경하여 그의 고향인 고밀현(高密縣)을 특별히 정공향(鄭公鄉)이라 부르는 것이 마땅하다 하여 그의 덕을 기렸다 한다. 《後漢書 卷35 鄭玄列傳》

故 형조 판서 소산(素山) 이응진(李應辰)[256]

이응진의 기록 중 어사의 기록은 비록 없지만, 그 외는 잘 남아 있어 다행이라 생각이 들고, 시간이 지나, 더 많은 기록이 발견되기를 희망하여 본다.

그나마 선정불망비가 남아 있기에 글을 쓸 수 있다는 것이, 이응진을 연구하는 데 있어 다행으로 생각된다.

그림 129 어사 이응진비, 김제 만경읍

256) 김윤식(金允植)은 문장가로 이름이 높던 조선 말기와 대한제국의 문신, 문인, 학자이다.

49

정기세 선정불망비

정기세鄭基世(1814년~1884년)[257] 본관은 동래(東萊). 자는 성구(聖九), 호는 주계(周溪). 영의정 정원용(鄭元容)의 아들이며, 우의정 정범조(鄭範朝)의 아버지이다.

1837년(헌종 3) 정시(庭試)에 병과로 급제, 충청우도 암행어사를 거쳐, 응교·규장각직제학·이조참의를 지냈다.

1853년(철종 4) 강화도 조운의 원활한 수행을 위하여 강화유수에 임명되었다가 전라도관찰사·의정부좌참찬·예조판서를 지냈다.

1862년 임술민란이 일어나자 판의금부사와 형조판서로서 이정청당상(釐整廳堂上)이 되었다. 고종 즉위 후 더욱 중임되어 권강관(勸講官)·병조판서·한성부좌윤·철종실록찬집당상·제학·우찬성을 역임하였고, 《대전회통》 편찬을 위한 교식찬집소(敎式纂集所) 교정당상(校正堂上)이 되었다.

신미양요 때에는 광주유수(廣州留守)가 되었다가 다시 내직으로 들어

257) 한국민족문화대백과사전에서 발췌하였다.

와 각조의 판서·제학·시강원 빈객을 지냈다.

임오군란 전에 수원유수로 있다가 난이 수습된 뒤에도 요충지라고 유임되었고 한성부판윤으로 전임되었다.

제술관(製述官)과 문서사관(文書寫官)에 몇 차례 임명되었던 것으로 보아 문장과 서예에 조예가 있었던 것 같다.

성격이 겸손하여 다른 사람의 뜻을 거스르지 않았고 기쁜 일을 잘 알려주어 까치판서라고 불렸다.

정기세의 선정불망비는 전주감명, 강화용흥궁, 전남 영광 법성포 그리고 충남 부여에 남아 있다.

그중에 부여의 것은 철로 만든 암행어사 불망비이다.

정기세의 비는 부여 석목리에 있으나 원위치는 석목리 논절 마을 남쪽 큰 나무 아래에 있었던 것을 현재의 위치로 이전하였다.

철로 만든 선정비는 마멸이 심해 명문이 전체가 보이지 않는다.

소개하면 다음과 같다.

비제: 어사정공기세영년불망비(御史鄭公基世永年不忘碑)[258]

旅泊草弊 以不■■　행색은 피폐하게 돌아다니고......

民先荄恩 白■■士　백성의 일은 깊게 생각하고......

道光 二十 二年 五月 日 立　1842년 5월에 세우다

258) 이희득 著《한국의 철비》에서 발췌하였다.

그림 130 어사 정기세비, 부여 석목리

암행어사 정기세의 서계는 기록이 보이지 않으며, 임금이 어사 정기세와 소견하는 기록이 보여 소개하면 다음과 같다.

헌종 8년 임인(1842) 7월 2일(무신)

충청우도 암행어사 정기세를 소견하고 오치현·홍명섭 등을 차등 있게 죄주다

충청우도 암행어사(忠淸右道暗行御史) 정기세(鄭基世)를 희정당(熙政堂)에서 소견(召見)하였다.

전(前) 수사(水使) 오치현(吳致賢) · 전 공주 판관(公州判官) 홍명섭(洪明燮) · 서천 군수(舒川郡守) 홍직영(洪稷榮) · 면천 군수(沔川郡守) 이용관(李用觀) · 전 태안 군수(泰安郡守) 정원기(鄭元箕) · 전 해미 현감(海美縣監) 최윤근(崔允瑾) · 전 당진 현감(唐津縣監) 엄석정(嚴錫鼎) · 전 부여 현감(扶餘縣監) 심순조(沈淳祖) · 남포 현감(藍浦縣監) 황인후(黃仁焸) · 석성 현감(石城縣監) 하백원(河百源) · 전 현감(縣監) 서장순(徐章淳) 등을 차등 있게 죄주었으니, 어사(御史)의 서계(書啓)로 인한 것이다.[259)]

259) 《조선왕조실록》에서 발췌하였다.

⑸0

이범조 선정불망비

이범조李範祖(1848년~?)[260] 1848년(헌종 14)~미상. 조선 말기 관리. 자는 자술(子述)이다. 본관은 전주(全州)이다.

부친 효력부위(效力副尉) 용양위부사용(龍驤衛 副司勇) 이정하(李貞夏)와 모친 홍하섭(洪夏燮)의 딸 사이에서 태어났다. 부인은 홍만주(洪晩周)의 딸이다.

1867년(고종 4) 식년시에서 진사 3등 108위로 합격하였다.

1872년(고종 9) 정시에서 을과 1위로 급제하였다.

1873년(고종 10)에 승정원(承政院)의 주서(注書)로 추천되었다. 1876년(고종 13)에는 김홍집(金弘集)·심상만(沈相萬)·이교하(李敎夏) 등과 함께 본관록(本館錄)에 선발되었다.

이후 부교리(副校理)·수찬(修撰)·장령(掌令) 등을 역임하였다.

1886년(고종 23)에는 충청우도암행어사(忠淸右道暗行御史)로 활동하며, 관리들의 비리와 선행들을 보고하였다.

---

260) 한국역대인물종합정보시스템에서 발췌하였다.

이후 승정원동부승지(承政院同副承旨)에 임명되었다.

어사 이범조의 선정비는 부여 세도면과 예산 대흥 그리고 공주 공산성에 남아 있다.

먼저 세도면 귀덕리에 있는 이범조비(그림 131) 탑을 답사하던 중에 발견하였으며, 처음에는 겨울이라 몇 장의 사진만 촬영하고 위치만 파악하였다.

그리고 몇 년 후 부여 하마비를 답사하러 가면서 실측과 명문을 확인하였는데, 여름이라 풀이 많아 명문을 확인하는 데 어려움이 많았다.

비제: 암행어사이공범조선정불망비(暗行御史李公範祖善政不忘碑)

安廉湖右	안락과 청렴으로 충청도 어사로 오시어
蠲我免結	면결을 찾아내시어 이름을 떨치시니
惠先杕■	외로운 사람을 먼저 은혜로 챙기시네
蘇我群生	우리 백성들을 살리시고
波魚無恙	아픈 물고기도 병이 없게 하시네
沙鷗纒眼	모래사장의 갈매기도 눈을 낫게 하시니
奚但金石	어찌 돌 위에다 새기지 않으리오
永世歌頌	오랜 세월 송덕을 노래하리라

乙酉 七月 日 立　1885년 7월 세우다

이범조의 비는 풀이 많은 여름이고 명문이 마멸이 되고, 확인하는 것에

그림 131 어사 이범조비, 세도면

상당한 어려움이 있었다.

그래서 위의 명문과 풀이는 억지로 한 느낌이 들 정도이다.

다시 가서 확인을 하여야 하는데 그러하지 못해 아쉬워 다음을 기약한다.

위의 글에서 1885년에 비석을 세웠다는 기록이 있지만, 조선왕조실록, 《승정원일기》에는 이범조가 암행어사에 임명되는 기록이 보이지 않는다.

조선 말기에는 암행어사를 초계[261]하는 별단의 기록이 있으나, 그중에 이범조의 기록은 보이지 않으나, 다만 임금과 소견하는 기록이 1886년 3월이어서, 그 전에 암행어사로 활동한 것으로 생각된다.

그러므로 비석이 1885년 7월에 세워졌으므로 이범조가 어사로 임명된 것은 1885년 7월 그 이전인 것으로 추정된다.

그러한 이유는 조선왕조실록, 《승정원일기》[262]에는 1885년에 이범조에 대한 기록이 全無하기 때문이다.

그 다음은 공산성의 이범조 암행어사 선정불망비이다.

공산성은 2009년도에 처음 갔으며 그 당시에는 혼자가 아니고 단체여서, 선정비를 촬영하지 못하였는데, 2016년에 공주에 있는 선정비를 체계적으로 조사하면서 이범조비를 촬영하였다.

이범조비에는 비제와 그를 칭송하는 명문이 있으며 소개하면 다음과 같다.

비제: 암행어사이공범조영세불망비(暗行御史李公範祖永世不忘碑)

白皙[263]青驄[264] 청렴한 어사 오시어

261) 뽑아서 임금에게 아뢰는 것을 말한다.

262) 1884년 7월부터 1886년 3월 사이에는 이범조의 기록이 보이지 않는다.

263) 白皙은 흰칠하다, 하얀 얼굴의 뜻이지만 여기서는 청렴으로 풀이하였다.

264) 청총은 청총마로 푸른색과 흰색이 뒤섞여 있는 말로, 흔히 어사(御史)나 수령(守令)들이 타는 말을 뜻한다.

湖右[265]有名　충청도에서 이름을 떨치니
首逋[266]淨刷　수괴는 도망가고 깨끗하고 새롭도다
肩素[267]息爭　...... 다툼은 멈추어지네
虞器盤錯[268]　반근착절을 염려하였으며
范轡澄[269]淸　범방처럼 맑게 하였네
■石可語　모두 비석을 세우자 말하니
氷蘗[270]遺聲　빙벽의 소리 남겨 놓으셨도다

光緖 戊子 立　1888년 세우다

공산성에 있는 이범조의 비에는 그를 칭송하는 명문의 문장은 화려하나, 비를 세운 시기를 간단하게 적어 의문이 남는다.

---

265) 충청도를 뜻한다.

266) 세금이라는 뜻도 있다고 생각되지만 한자 풀이를 제대로 못 하여 필자가 임의대로 풀이하였다.

267) 견소 또는 견삭으로 보이나 무슨 뜻인지 풀이를 하지 못하였다.

268) 반근착절은 이리저리 감긴 나무뿌리가 얽히고설킨 부위를 말하는바, 사물이 번잡하여 처리하기 곤란한 것을 비유한 말로, 《후한서(後漢書)》 권58 〈우후열전(虞詡列傳)〉에 "반근착절을 만나지 않으면 예리한 연장임을 어떻게 구별하겠는가. [不遇盤根錯節, 何以別利器乎?]"라고 한 데서 온 말이다.

269) 후한(後漢) 때 기주(冀州)에 흉년이 들어 도적이 크게 일어났을 적에 조정에서 범방을 청조사(淸詔使)로 삼아 그곳을 안찰하게 하자, 범방이 수레에 올라 말고삐를 손에 잡고는 개연히 천하를 깨끗이 진정시키려는 뜻이 있었다는 데서 온 말이다. 《後漢書 卷97 黨錮列傳 范滂》.

270) 맑은 얼음물을 마시고 쓰디쓴 소태나무를 씹는다는 뜻으로, 굳게 절조를 지키면서 청백하게 사는 것을 비유할 때 흔히 쓰는 표현이다.

그림 132 어사 이범조비, 공주 공산성

간지가 있고, 연월일 있어야 하는데 보이지 않아, 필자는 의문이 생기는 것이다.

직접 가서 확인한 명문이기에 더욱 그렇다.

비석에 남긴 내용은 그 당시의 상황을 전부 다 파악할 수 없으나, 비석을 세운 시기는 구체적으로 표현되었다고 생각되지만, 공산성에 있는 이범조의 비는 그러한 측면에서는 의아함이 생기는 것은 당연하다고 생각이 든다.

공주 공산성의 이범조비는 명문이 확실하게 보여, 풀이를 쉽게 할 것으로 생각되었으나, 필자의 수준으로는 상당한 어려움이 있었다.

그래서 명문을 풀이하는 데 있어 다른 곳의 비석보다 많은 시간을 할애하였다.

한자를 풀이하고 연구하는 전문가들은 어렵지 않은 것으로 생각되나, 그러하지 못한 필자는 생각 외로 비석의 명문풀이에 고생을 많이 하고 있다.

앞으로 더 많은 비석을 연구하는 데 있어 더 어려운 고난이 예상된다.

그 다음은 예산 대흥에 있는 이범조의 비석이다.

그림 133 어사 이범조비, 예산 대흥

대홍에 있는 이범조의 비는 여러 비석과 같이 있으며, 2017년에 가서 비석을 촬영하였으나, 저녁 무렵이고 하여 사진이 조금 흔들리게 나왔다.

그래서 2023년에 가서 대홍에 있는 비석 전체를 재촬영하고 왔다.

대홍에 있는 이범조 비는 비제와 세운 시기만 남아 있다.

"수의이공범조흥학애민비(繡衣李公範祖興學愛民碑)"라 되어 있고 세운 시기는 "戊子 8월"이라 되어 있다. 1888년 8월에 세워졌다.

대홍에 남아 있는 어사 이범조의 비는 흥학과 애민이라는 명문이 있어, 다른 곳과 조금 달리 표현되었다.

⑤1
박영민 선정불망비

박영민朴永民 본관 밀양, 자는 이선, 호는 任齋(임재)이며, 부친은 박장진이다.

외부 주사, 시종원 시종, 1898년에 충청도 암행어사로 활동하였다.

조선말의 인물이지만 관직의 기록은 많이 없다.

암행어사의 기록은 서계를 올린 기록은 있으나 검색하여도 보이지 않으며 다만, 임금과 소견하는 기록은 있다.

고종 35년 무술(1898) 10월 15일(을미, 양력 11월 28일) 맑음
함녕전에서 충청남북도 암행어사 박영민을 소견할 때
비서원 승 김병용 등이 입시하여 암행한 결과에 대해 논의하였다

○ 해시(亥時).

상이 함녕전에 나아갔다.

충청남북도 암행어사(忠淸南北道暗行御史)가 입시하였다.

이때 입시한 비서원 승 김병용, 비서원 낭 조성재·정규년, 충청남북

도 암행어사 박영민(朴永民)이 차례로 나와 엎드렸다.

상이 이르기를,

"사관은 좌우로 나누어 앉으라." 하였다. 이어 어사에게 앞으로 나오라고 명하니, 박영민이 앞으로 나왔다.

상이 이르기를,

"무사히 잘 다녀왔는가?" 하니, 박영민이 아뢰기를...

"황상의 염려 덕분에 무사히 잘 다녀왔습니다." 하였다. 상이 이르기를,

"서계(書啓)의 별단(別單)은 자세히 보았다. 각군(各郡)의 군수(郡守)들의 치적에 대한 평가 외에 다른 내용은 없었는가?" 하니, 박영민이 아뢰기를,

"그렇습니다." 하였다.

상이 이르기를,

"이포(吏逋)의 유무(有無)는 어떠하던가?" 하니, 박영민이 아뢰기를,

"관포(官逋)와 이포가 모두 있었습니다." 하였다. 상이 이르기를,

"다른 폐단은 없었는가?" 하니, 박영민이 아뢰기를,

"별단에서 낱낱이 아뢰었으므로 더는 드릴 말씀이 없습니다." 하였다.

상이 이르기를,

"열군(列郡)의 상납(上納)이 또한 적체되는 것은 없었는가?" 하니, 박영민이 아뢰기를,

"해군(該郡)에서 고자(侤尺)[271)]한 경우도 있고, 아직 장부를 청산하

---

271) 고자(侤尺): 세금을 납부했는지 조사하기 위해 자문(尺文: 조세를 납부하고 받는 영

지 못한 경우도 있었습니다만, 그다지 많지는 않았습니다." 하였다.
상이 이르기를,
"다녀오는 데 몇 달이 걸렸는가?" 하니, 박영민이 아뢰기를,
"신이 명을 받들고 다녀오는데 모두 23개월이 걸렸습니다." 하였다. 상이 이르기를,
"사관은 자리로 돌아가라." 하였다.
이어 어사에게 먼저 물러가라고 명하였다.
또 물러가라고 명하니, 승과 사관이 차례로 물러나왔다.[272)]

어사 박영민의 다른 기록도 있다.

1898년에 어사 박영민이 천안 부사군 조응현과 함께 300금을 출연하고, 또 상부에 보고하여 수즙[273)]을 돕도록 하여, 천안향교의 예전의 모습을 찾도록 하였다.
1902년의 기록된 《교궁섬학기》에는 前어사 박명민이 엽전 200량을 출연하여, 50냥은 학교에 붙이고, 150냥은 各 面 훈장에게 분급하였다고 한다.
천안군에서 200금을 내고, 학재를 약간 꺾어 보충하여, 박영민과

수증)을 조세 대장과 대조하여 맞추는 일을 말한다.

272) 《승정원일기》에서 발췌하였다.

273) 집의 허름한 데를 고치고 지붕을 새로 이음.

그림 134 어사 박영민비, 천안 삼거리 공원

조응현의 송덕비를 세웠다.[274)]

어사 박영민비의 원래 자리는 천안 봉명동 차돌고개 아래에 있었으나, 1981년에 현재의 자리로 옮겼다.

어사 박영민의 비를 보려고 2024년 5월에 갔으나, 천안 삼거리 공원이 새 단장을 위하여, 공사 중이라 비를 확인하지 못하였다.

그래서 2024년 7월 16일에 천안도시건설사업소 김대호 님이 공사 중인 천안 삼거리 공원 내부를 볼 수 있게 허락하여 보고 왔다.

김대호 님과 같이 들어가지 않았으면 보지 못할 뻔하였으며, 비석 주위에 풀이 있었는데 인부를 불러 깔끔히 정리해 주어 사진 촬영을 용이하게 하였다.

지면을 빌어 감사의 마음을 전한다.

비석에는 비제와 세운 시기만 있고, 송시는 없다. 다만 뒷면에는 비석을 옮긴 시기를 새겨 놓았다.

비제: 어사박공영민애휼청덕권학비(御史朴公穎民愛恤淸德勸學碑)

乙亥 二月 日 1935년 2월 세움

의문이 남는 것은 세운 시기이다. 1902년에 기록을 보면 前 어사 박영민이 돈을 출연하였다고 한다. 즉 암행어사 활동을 하지 않는 시기에도,

274) [천안의 향교, 사우]에서 발췌하였다.

돈을 내었고 그 뒤에 비를 세운 것으로 생각된다.

그러면 비를 세운 시기는 1899년과 1900년에 비석을 세운 것으로 필자는 추정하였지만, 남아 있는 비석에 새겨진 기록은 을해년에 세운 것으로 되어 있다.

을해년이면 1875년과 1935년이다.

1875년에 세웠다는 것은 앞뒤가 맞지 않는 이야기이고, 1935년에 비를 세운 것으로 생각된다.

다만 선정불망비가 재립 가능성도 있지만, 필자의 생각은 어사 박영민의 활동 시기가 지난 1935년에 세운 것으로 생각된다.

다르게 생각하면 비석에 새겨진 건립년도가 誤記일 가능성도 있다고 본다.

⑫

어윤중 선정불망비

어윤중魚允中(1848년~1896년) 본관은 함종(咸從). 자는 성집(聖執), 호는 일재(一齋). 충청북도 보은 출신. 아버지는 어약우(魚若愚)이다.

20세 때인 1868년(고종 5) 지방 유생 50명을 뽑아 바로 전시(殿試)를 볼 수 있게 하는 칠석제(七夕製)라는 자격시험에 장원급제하였다.

이듬해인 1869년 문과에 병과로 급제한 뒤 승정원의 주서로 임명되어 관리생활을 시작하였다.

뒤이어 헌납·교리·지평·필선을 거쳐 양산군수를 역임하였다.

1877년 전라우도암행어사로 임명되어 만 9개월간 전라도 일대를 고을마다 샅샅이 돌아다니면서 지방행정을 정밀하게 조사해 탐관오리들을 징벌하고 돌아왔다.

이때 파격적인 개혁안을 내놓아 국왕과 대신들을 놀라게 하였다.

온건개화파로서 1894년(고종31) 갑오개혁 내각에서 탁지부대신이 되어 재정·경제 부분의 개혁을 단행했다.

갑오개혁 후 예전 산송(山訟)문제로 원한을 품고 있던 정원배 등의 무리들에게 살해되었다.

1910년(융희4) 규장각 대제학에 추증되었으며, 저서로 《종정연표(從政年表)》 등이 있다.

어윤중의 선정비는 10좌가 남아 있으며, 그중에 암행어사 비는 9좌이다. 나머지 하나는 양산군수 선정불망비이다.

먼저 완주 삼례 도서관에 있는 비를 소개한다.

원래 삼례 역참에 있었던 비를 현재의 자리로 옮겼으며, 여기에는 암행어사 비가 3좌나 되고 그중에 어윤중의 비가 있다.

어윤중비에는 비제와 그를 칭찬하는 송시가 있다.

명문이 잘 보이지 않아, 물로 닦아 내고 먼지를 제거하여, 일일이 손으로 확인하였지만 몇몇의 글자는 확인이 되지 않았다.

비제: 어사어공윤중영세불망비(御史魚公允中永世不忘碑)

伊我思政	우리의 정치만 생각하시니
賴活全局	우리 모두는 공의 힘을 입었네
柔五百金	모아 둔 오백금을
碑■各站	비를 각 역참에서......
人免蜆背	조개의[275] 뒷면은 얼굴을 면한 듯하니
飮■村■	......
馬息缺蹄	말은 쉬고 말굽은 이지러지었네

275) 무슨 뜻인지 알아내지 못하였다.

易■基■[276]　……

戊寅 七月 日 參禮 堅　1878년 삼례에서 세우다

삼례도서관을 3번이나 방문하여 명문을 확인하였지만, 탑본을 하지 못하여, 제대로 된 명문을 얻지 못한 것이 아쉽다.

그림 135 어사 어윤중비, 완주 삼례 도서관

276)　전체적인 명문을 정확히 확인하지 못하여 명문을 풀이하지 않는다.

그다음은 산외면 종산리에 있는 선정비이다.

종산삼거리에는 3좌의 비가 있으며, 그중에 하나가 어사 어윤중의 선정비이다.

비제만 있고 세운 시기나 송시는 없었다.

비제는 "御史魚公允中永世不忘碑"라 되어 있다.

그림 136 어사 어윤중비, 정읍 산외면 종산리

정읍 고천리 녹동마을 입구 도로변 기슭에는 5좌의 선정비가 있으며, 그중에 2좌는 암행어사비이다.

이곳은 예로부터 이곳은 김제금구에서 솥튼재를 넘어 태인현 으로 오는 길목이었다.

그림 137 어사 어윤중비, 정읍 고천리 녹동마을

정읍에 있는 어사 선정불망비를 조사하러 답사를 하다 보니 어느덧 고천리 녹동마을에 도착하였다.

이리저리 찾는데 갑자가 마른하늘에 소나기가 쏟아져 차를 세우고 비가 그치기를 기다렸는데, 30여 분 지나도 그치지를 않기에, 비가 그치기를 기다릴 수 없어 녹동마을에 있는 비석을 찾아갔다.

우산을 쓰고 비가 오는 중에도 비석을 촬영하였더니 사진이 엉망이다.

다른 답사지도 가야 하므로 비가 그치기를 기다릴 수가 없어서 어쩔 수 없이 사진 촬영을 강행한 것이다.

비석에는 碑題와 세운 시기만 새겨져 있다.

비제는 "어사어공윤중영세불망비(御史魚公允仲永世不忘碑)" 라 되어 있고, 세운 시기는 "戊寅 十一月 日"이라 되어 있어, 1878년 세운 것으로 보인다.

그다음은 지도읍에 있는 선정불망비이다.

지도읍에는 2좌의 비가 있으며, 1좌는 "전망 좋은 곳"이라는 곳에 있으며, 그곳에는 충혼탑과 비석군이 있는 곳이다.

원래 위치는 지도향교 앞에 있었다고 하며, 비석에는 그를 칭송하는 명문이 있다.

비제: 어사어공윤중영세불망비(御史魚公允中永世不忘碑)

青驄[277]不過	청총은 지나침이 없으며
丁丑戶納[278]	정축년의 집집마다 재물을 받아들였네
志心以推	한뜻으로 추대하였네
微公朝惠	공께서 조정의 혜택을 내리시니
陰崖照陽	어두운 벼랑에 봄빛이 들게 하였네
海濶石爛	바다는 넓고 돌은 찬란하여라
枯木回春	고목을 회춘하게 하시니
應語畜勳	응당 공훈을 말하리라

277) 푸른색과 흰색이 뒤섞여 있는 말로, 흔히 어사(御史)나 수령(守令)들이 타는 말을 뜻한다.

278) 문은 봄·여름·가을·겨울의 복을 맞고, 호는 동서남북의 재물을 들인다. [門迎春夏秋冬福 戶納東西南北財]라는 뜻으로 필자는 풀이하였다.

세운 시기는 확인하지 못하였기에 1868년에 세운 것으로 추정된다.

그다음으로는 지도대교 부근에 있는 어윤중의 碑이다.

여기는 군수 홍대중의 철비를 보러 갔더니 그중에 암행어사 어윤중의 비가 있었지만, 옛 비는 없고, 새로 세운 비석이 있었다.

어윤중을 칭송하는 명문은 지도읍에 있는 것과 같아서 약간의 의문이 들었지만, 뒷면에는 새로이 비를 건립한 이유를 자세히 새겨 두었기에 의문이 풀렸다.

그림 138 어사 어윤중비, 지도읍 읍내리

비의 뒷면에 새겨진 내용은 다음과 같다.

고종 17년 (서기 1880년 경진3월일) 건립된 이 비를 6.25 동란으로 파손되어 방치됨을 읍민들이 통탄하여 郡의 지원과 읍민들의 뜻으로 이에 재건함

서기 1987년 5월 12일

신안군수 서인섭
지도읍장 최옥천 謹堅
추진위원 김학용

碧堂 고성태 謹書

비 뒷면의 내용을 보면 1880년 세워진 비가 6.25 동란으로 파손되어 다시 세웠는데, 비석에 있는 명문을 몰라 지도읍에 남아 있는 어윤중의 비의 명문을 옮겨 새긴 것으로 생각된다.

그러한 것은 새로이 만든 비의 내용에 "原文轉載(원문전재)[279]"라는 내용이 있기 때문이다.

많은 선정비가 남아 있지만 파손된 비를 통탄하여 군수, 읍장, 읍민들이 마음을 모아 다시 세웠다는 것은 그 당시 어사 어윤중이 지도읍민에게 어려움을 덜어 주고 혜택을 입게 해 준 것으로 추정된다.

279) 이미 지면에 발표되었던 글을 다시 다른 지면에 옮겨 실음

《승정원일기》에는 지도읍에 대한 기록이 보인다.

고종 15년 무인(1878) 6월 16일(갑오) 낮에는 맑고 밤에는 비가 내림

성정각에서 전라우도 암행어사 어윤중을 소견할 때 우부승지 홍대중 등이 입시하여 각 수령의 치적 등에 대해 논의하였다....... 중략.

"나주 지도(智島)와 기타 여러 섬의 결폐(結弊)를 바로잡을 방도에 대해서도 상세히 진달하도록 하라." 하니, 어윤중이 아뢰기를,
"지도 등 여러 섬은 대부분 사복시(司僕寺)에서 떼어 받은 땅인데, 납부해야 할 부세가 너무 중합니다.
일찍이 신미년에 5백여 결을 조사하였는데, 이것은 결부(結卜)의 총수 외를 조사한 것이 아니라 바로 결에 대해 더 거두는 것을 조사한 것입니다.
그런데 섬의 백성들이 이로 인해 살 수가 없으니, 이를 탕감하지 않을 수 없습니다. 그러므로 영탈(永頉)을 청한 것입니다." 하였다. 상이 이르기를,
"재해를 당한 고을의 군목(軍木)을 앞으로 10년 동안 돈으로 대신 내게 하도록 시행한다는 일은 무엇을 말하는 것인가?" 하니, 어윤중이 아뢰기를,
"백성들을 편안히 살게 하는 방책으로는 요역을 가볍게 하는 것보다 더 나은 것이 없기 때문에 이러한 요청을 하게 된 것입니다.
그리고 포보(砲保)가 내야 하는 것이 조금 중하기 때문에 포보의 외

군목(外軍木)을 거론한 것입니다." 하였다. 상이 이르기를,
"각 고을의 두곡(斗斛)이 같지 않은데, 바로잡았는가?" 하니, 어윤중이 아뢰기를,
"두곡을 비교하여 바로잡는 것은 사목에 실려 있는 바입니다. 그러므로 신이 사목에 따라 행하고 이러한 청을 한 것입니다." 하였다.
상이 이르기를,
"조선(漕船)의 제도가 좀 커서 배가 침몰하는 일이 많이 있다." 하니, 어윤중이 아뢰기를,
"좀 클 뿐만 아니라 그 제도가 편리하지 않습니다.

그림 139 어사 어윤중비, 지도읍 지도대교

그리하여 거센 풍파를 만나면 운용하기가 편리하지 않기 때문에 번번이 침몰하는 것입니다.

서계에서 논한 당선(唐船)이란 것은 바로 민간에서 '당도이(唐道伊)'라고 하는 것입니다.

그 제도가 조금 편리한 것은 과연 진달한 바와 같습니다." 하였다.

상이 이르기를,

"이것이 과연 당도이의 제도인데, 지난번에 영남 암행어사도 진달하였다."....... 생략.[280)]

그림 140 어사 어윤중비, 정읍 칠보면 시산리

280) 《승정원일기》에서 발췌하였다.

어사 어윤중의 비는 정읍 칠보면 시산리 옛 縣의 자리에 남아 있으며, 여기는 처음에 인지를 못하였지만, 단종의 왕비인 정순 왕후 탄생지를 보러 갔더니 주위에 비석이 있어 촬영 하였는데, 나중에 보니 여러 현감과 어사 어윤중의 비였다.

고현동각에 있는 어윤중의 비는 사진 상으로는 명문이 보이지 않지만, "수의어공윤중청덕불망비(繡衣魚公允中淸德不忘碑)"라 되어 있고, 세운 시기는 "戊寅 5월일"이라 되어 있어, 1878년으로 생각된다.

다음의 어윤중의 비는 일반적인 돌기둥 모양이 아니고, 바위에 새긴 마애비이다.

그림 141 어사 어윤중 마애비, 전주 상관면 신리

이 마애비는 전주 상관면 신리에 있다.

마중물 갤러리가 있었으나 현재는 폐관되었고, 옛 갤러리 매표소 뒤편에 여러 좌의 마애비가 있다.

2022년 여름휴가에 가서 사진을 촬영하였는데, 사진을 정리하다가 실수로 전체를 지워 버렸다.

2023년 1월에 정읍을 1박 2일 답사를 하고, 돌아오는 길에 상관면 신리의 마애비를 재촬영하였다.

명문은 "어사어공윤중영세불망(御史魚公允中永世不忘)"이라 되어 있고 세운 시기는 "光緒4년(1878년)7월일 상관"이라 되어 있다.

그다음으로는 칠보면 홍삼 마을에 있는 어윤중의 비이다.

그림 142 어사 어윤중비, 칠보면 흥삼 마을

여기의 비는 마을에 노거수 아래 있다 하여, 마을에 있는 노거수를 찾아 돌아다니다 겨우 찾았으며, 풀이 많아 사진 촬영하는데 애로가 많았다.

어윤중과 여러 비가 관리가 되지 않아 명문이 마멸이 심하여 알아보기 어렵다.

그래서 추정으로 "어사어공윤중영세불망비(御史魚公允中永世不忘碑)"라 하였으며, 세운 시기는 알 수 없다.

마지막으로는 산외면 면사무소 도로변에 있는 비석이다.

여기의 비석의 3좌이며 다른 곳에서 옮겨 온 것으로 2좌의 현감의 비이고, 다른 하나는 어사 어윤중의 비라 하지만 명문의 거의 보이지 않는다.

그래서 다른 자료를 찾아보니, 2017년에 조사한 "井邑文化財誌"에는

그림 143 어사 어윤중비, 정읍 능교리

"어사어윤중비"라 되어 있기에, 어윤중의 비로 추정하였다.

그래서 여기에 포함시켰다.

비제는 추정으로 "행어사어공윤중영세불망비(行御史魚公允中永世不忘碑)"라 하며, 세운 시기는 알 수 없다.

어사 어윤중의 선정비도 많이 남아 있기에 표를 만들어 정리하여 본다.

번호	비제	세운 시기	장소	비고
1	어사어공윤중영세 불망비	무인 7월(1878년)	완주 삼례	
2	어사어윤중영세 불망비	?	산외면 종산리	정읍
3	어사어공윤중영세 불망비	무인 11월(1878년)	고천리 녹동마을	정읍
4	어사어공윤중영세 불망비	?	지도대교	1987년 5월 개립
5	어사어공윤중영세 불망비	?	지도면 읍내리	
6	수의어공윤중청덕 불망비	무인 5월(1878년)	칠보면 시산리	정읍
7	어사어공윤중영세 불망	1878년 7월(1878년)	전주상관면 신리	마애비
8	어사어공윤중영세 불망비	?	칠보면 흥삼마을	정읍
9	행어사어공윤중영세 불망비	?	산외면 능교리	정읍

경기도 용인시 이동읍 천리에서 어윤중과 관련하여 전해 내려오는 이

야기가 있다.

이동면에 있는 어비천은 진위천이라고 하는데, 본래는 장호천이라고 불렀다.
이 장호천의 한 줄기에 어비울(魚悲鬱)이라고 불리는 작은 마을이 있었다.
일본의 세력을 등에 입은 개화당의 거두 김홍집(金弘集) 내각이 친로파 세력에 붕괴되고 김홍집이 살해되었을 때, 탁지부대신으로 있던 어윤중(魚允中)은 자신의 목숨 역시 경각에 달렸음을 알고는 밤낮으로 달려서 고향으로 피신하였다.
일설에 의하면, 어윤중은 여장을 하고 가마를 탄 채 용인현을 겨우 빠져나왔다고 한다.
어윤중을 추격하던 관군은 당시 용인 군수였던 김순응에게 파발을 보내어, 길목을 지키도록 하였다.
긴급 명령을 하달 받은 군수는 군정을 대동하고 급히 말을 달려 추격하면서, 주민 정원로 등을 가세시켜 포위망을 압축하였다.
서울에서 용인은 백여 리가 넘는다. 밤낮으로 달렸으나 어느 지경까지 당도했는지를 알 수 없는지라, 어윤중은 산 고개를 넘어서자마자 가마꾼들을 쉬게 하고는, 지나가는 아이를 불러 이곳이 어디쯤이며 마을 이름이 무엇이냐고 물었다.
아이는 서울에서 약 150여 리쯤 되는 곳으로, 마을 이름은 어비울이라고 대답하였다. 이 말에 어윤중이 깜짝 놀라서 어비울의 한자를 어찌 쓰느냐고 하니까, 고기 어(魚)에 슬플 비(悲), 답답할 울(鬱)자를 쓴다고 말했다.

어윤중은 얼굴이 창백해지더니 가마꾼들을 독촉하면서, 빨리 이곳을 빠져 나가야겠다고 다그쳤다.

그리하여 가마에 올라 막 떠나려던 찰나에, 뒤에서 "섰거라!" 하면서 관군이 추격해 왔다.

아뿔사! 더 빨리 달리라고 고함쳤으나 결국 붙잡히고 말았다.

일이 급하게 되자 가마꾼들은 모두 도망가고, 장옷으로 가렸던 얼굴이 드러나게 되자 정원로 등 군정들은 쇠방망이로 어윤중을 인정사정없이 죽여 버렸다.

사람들은 어윤중이 어비울, 즉 슬프고 답답한 곳을 잘못 지나간 것이라고 하였다. 그 후 1910년(융희 4)에 순조는 어윤중을 규장각 대제학으로 추증하는 한편, 제관을 보내어 사당에 제사를 지내 주고 영혼을 위로하였다.

그리고 어윤중이 죽은 곳을 어비리(魚肥里), 즉 고기가 살찌는 마을로 고쳐 쓰도록 하여 지금의 마을 이름이 되었다고 한다.

그래서인지 1960년대에 마을에 저수지가 들어서면서 명실 공히 고기가 살찌는 곳이 되었다고 한다.[281)]

281) [출처] 한국학중앙연구원 - 향토문화전자대전

⑤③

이후선 선정불망비

이후선李後善(1813년~?) 자 희현, 본관 전주, 조선말기의 관료로, 아버지는 이규주이고, 이원재에게 양자로 갔다. 성균관 대사성, 사간원대사간, 홍문관, 전라우도 암행어사와 제주방어사를 지냈다.

남아 있는 이후선의 선정불망비는 대부분 정읍에 골고루 분포 되어 있는 것이 가장 큰 특징이고, 나머지는 1좌는 영광군 우산공원에 있다.

또 1좌만 있는 것이 아니고 어느 지역은 2좌의 비석이 남아 있었다.

먼저 신태인면 양괴리에 있는 비를 소개한다.

신태인 양괴리 버스 정류장에는 있는 5좌의 비석 중 이후선의 비는 2좌이다.

1좌는 비제와 세운 시기만 있고, 다른 1좌는 비제와 송시가 있으며, 세운 시기가 서로 같다.

양괴리는 태산 仁義縣에서 김제로 가는 중요한 교통로였으며, 이곳은 예전에 용산면 엄지장(嚴池場)이 열린 장터였다.

먼저 명문이 있는 비부터 소개한다.

비제: 수의어사이공후선영세불망비(繡衣御史李公後善永世不忘碑)

公來何暮[282] 공께서 왜 이리 늦게 오셨는가!
偃弊革舊 오래된 제방의 폐습을 혁폐하시어
蘇我南民 남도의 백성을 소생시켰네

邑瘼咸新 고을의 폐단을 줄여 새롭게 하시니
霜威凜日 추상같은 위엄과 늠름함을 간직하였네
口碑石■ 입을 모아 비석을 세우자 하니
陽德[283]如春 덕은 따뜻한 봄과 같고
頌在湖濱 호남에는 공의 송덕이 남았네

壬戌 八月 日 1862년 세움 龍山 北村 面

양괴리에는 또 다른 어사 이후선의 비가 있다.

비제는 "어사이공후선영세불망비(御史李公後善永世不忘碑)"라 되어

---

282) 내모는 '왜 이렇게 늦게 왔느냐.'는 뜻의 '내하모(來何暮)'의 준말로, 백성들이 어진 정사에 감복하여 부르는 송가(頌歌)라는 뜻이다. 자(字)가 숙도(叔度)인 동한(東漢)의 염범(廉范)이 촉군 태수(蜀郡太守)로 부임하여, 금화(禁火)와 야간 통행금지 등의 옛 법규를 개혁하여 주민 편의 위주의 정사를 펼치자, 백성들이 "우리 염숙도여, 왜 이리 늦게 오셨는가. 불을 금하지 않으시어 백성 편하게 되었나니, 평생토록 저고리 하나 없다가 지금은 바지가 다섯 벌이라네. [廉叔度 來何暮 不禁火 民安作 平生無襦今五袴]"라는 노래를 지어 불렀다고 한다. 《後漢書 卷31 廉范列傳》.

283) 사람들이 서로 공경하고 사양하는 덕성을 말한다.

그림 144 어사 이후선비 1, 정읍 양괴리

있으며, 세운 시기는 "임술 8월일 師谷面" 되어 있다.

양괴리에 있는 2좌의 비석이 세운 시기가 같으나 비석에 담긴 내용이 다른 것은, 1좌의 비가 현재의 자리가 아닌 것이기에 그렇다.

후자의 비가 사곡면에 세운 것을 현재의 자리로 옮긴 것으로 보인다.

그림 145 어사 이후선비 2, 정읍 양괴리

그다음으로는 정읍 칠보면 홍삼마을에 있는 이후선의 비이다.

홍삼 마을의 비석군은 칠보면 홍삼 마을 보암 노인정 앞의 노거수 앞에 있었으며, 이 비석군을 찾는데 지번을 몰라 30여분을 헤매다 겨우 찾았다. 비석 또한 풀에 가려 잘 보이지 않아서 더욱 힘들었다.

비의 명문은 마멸이 심하여 자세히 보지 않으면 안 보일 정도이다.

비제는 "어사이공후선청덕(御史李公後善淸德)"이라 되어 있고, 불망비라는 명문은 보이지 않으며, 세운 시기도 보이지 않는다.

그림 146 어사 이후선비, 정읍 칠보면 흥삼마을

그 다음으로는 정읍 태인면 박산리에 있는 비이다.

비석이 있는 이곳은 전주 태산에서 인의현(현재 신태인)으로 통하는 길이었다.

비석은 마을 노거수 아래에 있는데, 흥삼마을에서도 노거수 아래 비석이 있었기에, 그것을 생각하여 비석을 쉽게 찾았다.

비제: 어사이공후선영세불망비(御史李公後善永世不忘碑)[284]

士■ 十一月 日　仁谷 面

284) 그림 144이다.

세운 시기는 보이지 않으나 인곡면에서 11월에 세운 것으로 보인다.

전라우도 암행어사 이후선의 별단의 기록이 보이고 있어 소개하면 다음과 같다.

> 비변사에서 아뢰기를
>
> 전라우도(全羅右道) 암행어사 이후선(李後善)의 별단을 보니, 그 조목은 다음과 같습니다. 그 하나는, 환곡을 가작(加作)한 일에 대해 엄히 신칙하여 금단하게 하는 일입니다. 그 하나는, 양전(量田)은 우선 몇 고을부터 차례로 바로잡게 하는 일입니다.
>
> 이는 삼정(三政)을 바로잡을 때 마땅히 품재(稟裁)하게 하소서. 그 하나는, 조창(漕倉)의 두곡(斗斛: 말과 휘)은 정식(定式)에 의거해서 유곡(鍮斛)으로 교량(較量)하여 대동(大同)의 규례로 삼게 하는 일입니다. 이는 이미 행회하였습니다.
>
> 그 하나는, 저채는 갑리(甲利) 외로 이자를 불려서는 안 되니 기어코 당년(當年) 안에 수쇄(收刷)하게 하고, 구채(舊債) 중에 지목해서 징수할 곳이 없는 것은 모두 탕척(蕩滌)하게 하며, 각읍 가운데 저채를 작환(作還)한 경우는 당해 저리(邸吏) 및 영리(營吏)에게 환징(還徵)하게 하는 일입니다. 갑리의 일에 대해서는 이미 행회가 있었고, 작환을 환징하는 것은 법에 당연한 것이므로 이정(釐整)의 절목(節目)을 계하(啓下)할 때 일체 엄금하고 성실히 준행해야 할 것입니다. 그 하나는, 경저리(京邸吏)와 영저리(營邸吏)가 역가(役價)를 보탠 것은 결렴(結斂)이나 환작(換作)을 막론하고 모두 시행하지 말게 하는 일입니다. 경저리와 영저리가 역가를 아무런 이유

없이 결렴이나 환작에 보태는 것은 조정에서 시행하도록 한 것이겠습니까.

이는 영읍 사이에서 거리낌 없이 마음대로 만들어 공물(公物)을 가지고 개인적인 명예를 생색내려는 것에 불과하므로 일체 엄히 금지하고, 이미 시행한 것은 혁파하며,

한 번이라도 혹 그릇된 전례를 답습하면 도신과 수령은 엄하게 논감(論勘)하도록 분부하는 것이 어떻겠습니까?"

하니, 윤허한다고 답하였다.[285)]

그림 147 어사 이후선비, 정읍 박산리

285) 《국역비변사등록》에서 발췌하였다.

그 다음으로는 정읍 태인면 고천리에 있는 이후선의 비이다. 여기는 비가 오는 와중에 사진을 촬영하여 사진이 좋은 상태가 아니며, 여기에 비석이 여러 좌가 있는 이유는 김제 금구에서 솥튼재로 넘어 정읍 태인면으로 들어오는 길목이기에, 사람들이 지나가면서 볼 수 있게 하려고 선정불망비를 세운 것으로 생각된다.

태인면 고천리 녹동마을에 있는 이후선의 비의 명문은 마멸이 심하여 희미하다.

비제: 어사이공후선휼민불망비(御史李公後善恤民不忘碑)

壬戌 八月 日 1862년 세움

그림 148 어사 이후선비, 정읍 태인면 고천리

그 다음으로는 감곡면사무소에 있는 비석이다.

감곡면사무소 모퉁이에 있었는데 현재의 자리로 옮겼다.

감곡면의 어사비의 명문은 다른 곳과 다르게 "수의"라 표현되었다.

비제: 수의이공후선영세불망비(繡衣李公後善永世不忘碑)

壬戌 九月 日 銀洞面　1862년 9월 세움

그림 149 어사 이후선비, 정읍 감곡면 사무소

그다음으로는 감곡면 통석리에 있는 비이다.

여기에는 2좌의 비가 있다는 자료를 가지고 직접 찾아갔으나 보이지 않았고, 다른 일정으로 인해 다음을 기약하고 돌아왔다.

그래서 2023년 8월 휴가에 감곡면 통석리를 가서 비석을 찾았으나, 보이지 않았다.

그리하여 정읍향토사를 연구하신 곽형주 선생과 통화를 하니, 통석리에는 어사 이후선의 비와 현감 정완용의 비가 있었으나, 김제에서 통석리를 거쳐 가는 정읍대로를 건설하면서 행방이 묘연하다는 답이 왔다.

이러한 것은 관심이 없는 경우도 있고, 길을 확장하면서, 비석의 중요성을 여기지 못하기에 이러한 사태가 발생한 것이다.

이러한 경우가 자주 발생하지 말아야 하는데, 필자가 대구에 경상도 관찰사 비를 조사하러, 갔더니 어떤 곳은 부수어 버렸다 하고, 어떤 곳은 몇 달 전에 있었지만 행방이 묘연하다는 이야기를 들은 기억이 있기에 감곡면의 선정비는 관리와 인식의 부재의 결과로 생각된다.

비록 비석을 찾을 수 없지만, 여기에 간단하게 기록하여 둔다.

비제: 어사이공후선영세불망비(御史李公後善永世不忘碑)

壬戌 九月 日 甘谷面　1862년 9월 세움

그다음으로는 정읍의 대표적인 亭子인 피향정에 있는 이후선의 비이다.

여기에는 많은 비석이 있으며, 어사 이후선의 비는 2좌가 있다.

이 피향정은 원래 신라 헌강왕대(857~860 재위)에 최치원(崔致遠)이 지금의 정읍시 칠보면에 있던 태산군(太山郡)의 현감으로 있을 때 세운 것이며, 1716(숙종 42), 1882년(고종 19)에 중수했다는 기록이 보인다.

그리고 이 피향정에는 동학혁명의 발단의 야기한 조병갑의 아버지인 조규순의 선정비가 있다.

그림 150 어사 이후선비, 정읍 태인 피향정

피향정에 있는 어사 이후선의 비는 2좌이기에 표를 만들어 보았다.

번호	비제	설립 시기	비고
1	어사이공후선영세불망비 御史李公後善永世不忘碑	壬戌 十二月 日(1862년)	그림(좌)
2	어사이공후선구폐불망비 御使李公後善捄弊不忘碑	癸亥 三月 日(1863년)	그림(우)

마지막으로 영광군에 있는 이후선의 비이다.

영광군의 비석군이 군청에 있었으나 필자가 직접 가서 확인 하니 우산 공원으로 옮겼다고 한다.

그림 151 어사 이후선비, 영광군 우산공원

비제와 송시가 있으며 소개하면 다음과 같다.

비제: 어사이공후선영세불망비(御史李公後善永世不忘碑)

補民惠澤 은혜로 돌보아 백성을 윤택하게 하시니

一境咸頌　　고을 사람 모두 공을 칭송하네

戊辰 四月 日　1868년 세움

어사 이후선의 비도 여러 좌가 되어 표를 만들어 정리하여 본다.

번호	비제	설립 시기	위치	비고
1	繡衣御史李公後善永世不忘碑	壬戌八月 日	정읍 신태인읍 양괴리	1862년
2	御史李公後善永世不忘碑	壬戌八月 日	정읍 신태인읍 양괴리	1862년
3	御史李公後善清德■■■	?	정읍 칠보면 흥삼마을	
4	御史李公後善永世不忘碑	?	정읍 태인면 박산리	
5	御史李公後善恤民不忘碑	壬戌八月 日	정읍 태인면 고천리	1862년
6	繡衣李公後善永世不忘碑	壬戌九月 日	정읍 감곡면 사무소	1862년
7	御史李公後善永世不忘碑	壬戌 十二月	정읍 신태인 피향정	1862년
8	御使李公後善捄弊不忘碑	癸亥三月 日	정읍 신태인 피향정	1863년
9	御史李公後善永世不忘碑	辰四月 日	영광군 우산공원	1868년
10	御史李公後善永世不忘碑	壬戌九月 日	감곡면 통석리(행방불명)	1862년

⑭

정만석 선정불망비

정만석鄭晩錫(1758년~1834년)[286] 본관은 온양(溫陽). 자는 성보(成甫), 호는 과재(過齋). 아버지는 지중추부사 정기안(鄭基安)이며, 어머니는 김상정(金相鼎)의 딸이다.

1783년(정조 7) 생원시에 합격하고, 그해 증광 문과에 병과로 급제하였다. 1785년 성균관전적·병조참의를 거쳐 1794년에 지평에 이르렀다. 그해 11월 양근·가평어사가 된 뒤 호남·호서 암행어사로 나가 명성을 떨쳤다.

정만석의 어사 선정불망비는 2좌가 남아 있으나 경상도 관찰사를 역임하여 관찰사 선정비가 많이 남아 있다.

전남 해남군 화원읍에 있는 어사 정만석의 비는 철로 만든 것으로, 받침을 거북이 모양으로 되어 있다.

---

286) 한국민족문화대백과사전에서 발췌하였다.

그림 152 어사 정만석비, 해남군 화원읍

원래자리는 화원읍 신덕리에 있었으나 1990년에 현재의 자리로 옮겼으며, 비각을 내부에 철비가 있다.

필자가 철비를 조사를 할 때 비의 상태를 보면 대부분 외부에 철비가 놓여 있어 습기에 약한 철비가 원문 마멸과 부식이 심한 상태를 많이 보았기에 해남의 정만석의 철비는 보존이 잘 되어 있었다.

비제는 "어사정공만석영세불망비(御史鄭公晩錫永世不忘碑)"라 되어 있고, 뒷면에 세운 시기를 새겨 놓았다.

"甲寅 五月 日"이라 되어 1854년 5월에 세운 것으로 생각된다.

그다음으로는 전남 진도에 있는 어사 정만석의 불망비로 많은 암행어사 선정비 중에서 제일 마지막으로 촬영한 碑이다.

진도를 가려면 울산에서 많은 시간이 걸리지만 고속열차를 타고, 목포에서 내려 차를 빌려 다녀왔다.

비가 내리는 날이지만 멀리까지 간 것이기에 무리하게 강행을 하였다.

비석에는 비제와 세운 시기 그리고 그를 칭송하는 명문이 남아 있다.

소개하면 다음과 같다.

비제: 을묘년호남수의정공만석영세불망비

(乙卯年湖南繡衣鄭公晩錫永世不忘碑)

以千忘澤　　윤택함을 천년 동안 잊지 못하여

敢遂爲銘　　이제와 감히 銘을 지으니

流民安堵 爲呼 유민들의 거처를 편안히 하니

旱笛逢■ 千載 한가한 피리 소리 만나 천년을 간다네

同治元年 壬戌 四月 日 造成 都監 金義國

동치원년[287] 임술 4월 조성 도감 김의국

진도와 해남에 있는 정만석의 비는 牧場[288]과 관련이 있어, 정만석의 어사 별단을 찾아보았다.

소개하면 다음과 같다.

湖南 暗行御史 鄭晩錫의 珍島郡 穀簿 虛留 등 개혁에 관한 別單에 대한 粘目

진도군(珍島郡) 곡부(穀簿)의 허류(虛留)에 관한 일입니다.

한 고을에 허류 된 숫자가 많게는 3천 8백여 석에 이르게 되니 진실로 참으로 한심한 일입니다.

그런데 이른바 관포(官逋)는 더욱 놀랍습니다.

전후로 법을 어긴 수령을 덮어 둔 도신은 모두 마땅히 중률에 처해야 합니다.

이미 장부의 조사를 기다려 이름을 가리켜 현고(現告)하라는 말이 있어서 보고를 기다려 다시 품처하겠습니다.

하나는, 진도 군병을 본 읍에 돌려보내는 일입니다.

---

287) 1861년에 세웠다.

288) 조선시대 말(馬)을 키우고 관리 하는 곳.

본도에서 이미 돌려보내고 대신 보충하였다면 별도로 품정할 것이 없습니다.

하나는, 진도 목장의 일입니다.

해남(海南)과 진도는 다 해목(該牧)에서 관리하는 목장인데 만약 진도 목장이 바다가 가로질러 있는 것이 폐단이 되어 목관(牧官)을 옮겨 설치하면 바다가 가로질러 있는 폐단이 장차 해남으로 돌아가게 되니 지금 이 도신의 장계 중 이전 일대로 두고자 하는 청이 진실로 타당할 것입니다.

제반 과외(科外)에 징수하는 폐단에 이르러서는 해도에서 절목을 만들어 축조(逐條)로 금지하고 혁파해야 합니다.

수영(水營)이 송전(松田)을 널리 점령하여 폐단이 되어서 또한 이미 그 경계를 엄하게 세워 별도로 더 금단하였으니 목민(牧民)의 고질이 된 폐단을 거의 바로잡을 수 있습니다....... 생략.[289)]

정만석[290)]은 충청도, 경기도, 경상도우도어사, 전라도에서 어사로 활동한 기록이 있지만 남아 있는 어사 선정불망비는 전라도에만 남아 있다.

필자의 추정은 어사로 많은 활동하였고, 백성들의 신망을 받아 선정불망비가 세워졌지만, 소실되었거나, 아니면 필자가 못 찾은 경우로 생각된다.

---

289) 《국역비변사등록》에서 발췌하였다.

290) 정만석은 경기어사(1794년), 호서어사(1795년), 경상도우도어사(1802년)에 역임하였다.

다만 경상도에는 많은 선정비가 남아 있는데 대부분 경상도 관찰사로 활동할 때의 비석이었다.

그림 153 어사 정만석비, 진도 지산면

⑤⑤

이돈상 선정불망비

이돈상李敦相(1815년~?)[291] 본관은 용인(龍仁). 자는 공후(公厚). 이원응(李源膺)의 아들이다.

판관(判官)으로 있으면서 1864년(고종 1) 음직인 경과증광별시문과에 갑과로 급제하였다. 이듬해 바로 대사간에 중용되었으며, 1866년 영건도감(營建都監)의 일에 참여하여 근정문의 상량문 서사관(書寫官)을 지냈다.

1868년 이돈상은 전라우도암행어사(全羅右道暗行御史)가 되어 전주(全州) 만마동(萬馬洞)에 진(鎭)을 설치하도록 보고하였다.

이돈상은 판관, 관찰사, 암행어사 선정비가 남아 있으며, 그 중에 암행어사 비는 3좌가 있는데, 군산 임피에 있는 비는 鐵로 만든 것이다.

먼저 전남 지도읍에 있는 비를 소개한다.

지도읍에 있는 이돈상의 비는 지도향교 입구에 있었으나, 1990년에 현재의 자리로 옮겼다.

---

291) 한국민족문화대백과사전에서 발췌하였다.

어사 이돈상의 비는 여러 비와 함께 있으며, 그를 칭송하는 명문도 있다.

비제: 어사이공돈상영세불망비(御史李公敦相永世不忘碑)

明按平廉	공평하고 청렴하게 다스리니
惠及斯民	백성들에게 그 은혜 미치네
頌作棠化[292)]	송덕은 감당의 덕화가 되니
政合蒲敏[293)]	합당한 정치는 갈대가 자라듯 하도다

세운 시기는 보이지 않으며, 어사로 활동하던 시기가 1868년이므로, 그 당시나 그 이후에 세운 것으로 생각된다.

어사 이돈상의 서계에는 지도읍과 관련된 기록이 보인다.

소개하면 다음과 같다.

고종 5년 무진(1868) 11월 13일(병술) 맑음

05-11-13[12] 전 지도 만호 김윤식 등의 상벌을 청한 전라우도 암행어사 이돈상의 서계에 대해 회계하는 병조의 계목

292) 지방관의 선정(善政)을 이르는 말이다. 주(周)나라 문왕(文王) 때 남국(南國)의 백성들이 소백(召伯)의 선정에 감격하여 그가 일찍이 다니며 쉬었던 감당나무를 소중히 여겼던 고사에서 유래한다. 《詩經 召南 甘棠》.

293) 갈대의 비유는 《중용장구》에 "사람의 도는 정사에 빠르게 나타나고 땅의 도는 나무에 빠르게 나타나니, 정사의 신속한 효험은 쉽게 자라는 갈대와 같다. [人道敏政, 地道敏樹. 夫政也者, 蒲盧也.]"라고 한 데에서 온 것이다.

○ 병조 계목(兵曹啓目)에,

원 문건은 첨부하였습니다.

전라우도 암행어사 이돈상의 서계를 보니, '前 지도 만호(智島萬戶) 김윤식(金潤植)은 속미(粟米)를 추가로 징수하고 호포(戶布)를 추가로 배정하고 묵은 전답에 마구 세금을 징수하였으며, 군관(軍官)에게 뇌물로 받은 돈, 도합 2323냥 5전을 모두 자기 주머니에 넣었습니다.

뿐만 아니라 병리(兵吏)의 추론채[294](推論債) 270냥의 징수를 민간에 떠넘기기까지 하였습니다.'

너무도 해괴한 일이니, 이미 파출했다고 하여 논죄하지 않아서는 안 될 것입니다.

지금 해조로 하여금 잡아다 엄하게 처벌하게 하소서.[295]

어사 이돈상은 남아 있는 선정비를 기준으로 보면, 충북 옥천 군수를 외는 대부분을 전라도에서 벼슬을 한 것으로 생각되며, 판관, 암행어사, 전라도 관찰사를 역임하였기에, 다른 인물 보다 전라도에 대한 실정을 잘 알았을 것으로 생각된다.

그리고 전주 만마동에 진을 설치하자는 별단의 기록이 보인다.

---

294) 이속(吏屬)이나 향임(鄕任)들이 상관으로부터 추궁을 받았을 경우 예전을 바치는 관례가 있었던 것으로 보이나 미상이다.

295) 《승정원일기》에서 발췌하였다.

전라우도 암행어사의 보고에 따라 전주 만마동에 진을 설치하도록 하다.

삼군부(三軍府)에서 아뢰기를,

"방금 전라우도 암행어사(全羅右道暗行御史) 이돈상(李敦相)의 별단(別單)을 보니, '전주(全州) 만마동(萬馬洞)은 바로 영남(嶺南)과 호남(湖南) 사이의 중요한 관방의 요새이니, 남쪽과 북쪽의 양쪽 어귀가 맞닿은 곳에 성을 쌓고 진을 설치하며 장수를 두어 통솔하게 함으로써 방어의 방도로 삼는 일을 삼군부로 하여금 품처(稟處)하게 하여 주십시오.' 하였습니다. 이곳에 진을 설치하자는 논의가 있은 지는 오래되었고 또 앞사람이 구상(九想)해 놓은 방책도 있습니다. 따라서 몇 년 동안 힘을 비축한 다음 군정(軍丁)을 뽑아 대오를 편성하면, 또한 병농일치를 이룩할 수 있을 것입니다. 그러나 실제 일을 경영함에 있어 직접 가 보지 않고는 먼 곳의 사정을 헤아리기가 끝내 어려우니, 성을 쌓는 데 드는 물력(物力)을 어떻게 조달하며 백성을 모집하는 방략(方略)을 어떻게 조처할 것인가 하는 문제를 아울러 도신(道臣)과 수신(帥臣)에게 관문(關文)으로 물어서, 충분히 협의하여 치보(馳報)하게 한 다음 품처하는 것이 어떻겠습니까?"

하니, 윤허하였다.[296)]

---

296) 고전번역원db에서 발췌하였다.

그림 154 어사 이돈상비, 지도 읍내리

군산 임피향교에 있는 어사 이돈상의 비는 鐵로 만들었으며, 여러 비석과 같이 있는데 이돈상의 관찰사 비와 함께 있다.

어사로 먼저 활동하고 나서 관찰사로 역임하였는데, 관찰사 선정비를 세운 것이다.

비제는 "어사이공돈상영세불망비(御史李公敦相永世不忘碑)"라 되어 있고, 뒷면에는 세운 시기가 있다.

"戊辰 十一 月 日" 되어 있어 1868년 11월에 세운 것으로 보인다.

그림 155 어사 이돈상비, 군산 임피향교

완주 삼례 도서관에는 암행어사 비가 3좌가 있으며, 그중에 이돈상의 비가 있다.

이돈상의 어사비만 있는 것이 아니고 전라도 관찰사를 역임 하였기에, 이돈상의 관찰사비도 함께 있다.

이돈상[297)]은 전주 판관, 전라도암행어사, 전라감사를 역임하였기에, 조

297) 이돈상은 전주판관(1862년), 전라도암행어사(1868년), 전라도 관찰사 (1876년)에

선후기에 전라도의 실정을 제일 아는 벼슬아치로 생각된다.

그러므로 판관, 관찰사, 어사의 선정비가 전라도 여러 곳에 남아 있다고 생각된다.

완주 삼례역에서 옮겨져 현재에 위치에 있는 이돈상의 비에는 비제와 세운 시기만 남아 있다.

비제는 "어사이공돈상영세불망비(御史李公敦相永世不忘碑)"라 되어 있고, 세운 시기는 "戊辰 十月 立"이라 되어 있어, 1868년 10월에 세운 것으로 보인다.

그림 156 어사 이돈상비, 완주 삼례 도서관

역임하였다.

⑯

박태보 선정불망비

박태보朴泰輔(1654년~1689년)[298] 본관은 반남(潘南). 자는 사원(士元), 호는 정재(定齋). 아버지는 판중추부사(判中樞府事) 박세당(朴世堂)이며, 어머니는 현령(縣令) 남일성(南一星)의 딸이다. 중부(仲父)인 세후(世垕)에게 입양되었다.

1675년(숙종 1) 사마시에 합격하고, 생원으로서 1677년 알성 문과에 장원해 성균관전적(成均館典籍)을 거쳐 예조좌랑이 되었다.

이때 시관(試官)으로 출제를 잘못했다는 남인들의 탄핵을 받아 선천(宣川)에 유배되었다가 이듬해 풀려났다.

1680년에 홍문관의 부수찬(副修撰)·수찬·부교리(副校理)·사헌부지평(司憲府持平)·사간원정언(司諫院正言)을 거쳐 교리가 되었다.

그런데 당시 문묘 승출(陞黜: 위패를 새로이 모시거나 있던 위패를 출향시킴)에 관한 문제와 당시 이조판서 이단하(李端夏)를 질책한 소를 올려 파직되었다.

298) 한국민족문화대백과사전에서 발췌하였다.

그 뒤 서인들이 여러 차례 박태보의 환수를 청해 1682년 홍문관의 사가독서(賜暇讀書: 문홍을 위해 유능한 젊은 관료들에게 독서에만 전념하도록 일정 기간 휴가를 주던 제도)에 선발되었다.

사가독서를 마친 후 이천현감(伊川縣監)을 시작으로 부수찬·교리·이조좌랑, 호남의 암행어사 등을 역임하였다.

호남에 암행어사로 다녀온 뒤에 중앙에 보고한 과감한 비리 지적에 조정의 대신들이 감탄했으며, 호남 지역의 주민들로부터도 진정한 어사라는 찬사를 받았다.

또한 당시 서인 중에서 송시열(宋時烈)과 윤선거(尹宣擧)가 서로 정적으로 있을 때, 윤선거의 외손자임에도 불구하고 친족 관계라는 사심을 떠

그림 157 어사 박태보비, 지도읍 읍내리

나 공정하게 의리에 기준을 두고 시비를 가려 통쾌하게 논조를 전개한 적도 있다.

그러나 박태보의 암행어사에 대한 기록은 간단하게 남아 있어, 어떤 활약을 하였는지는 추정만 가능하다 할 정도로 거의 보이지 않는다.

더군다나 암행어사 활동을 알려 주는 서계(활동보고서)와 별단(지역의 문제 해결 방안)이 보이지 않아 더욱 그렇다.

조선왕조실록에는 어사 박태보에 기록이 간단하게 전하고 있다.

소개하면 다음과 같다.

숙종 13년 정묘(1687) 5월 1일(무인)
이돈·김만채·박태보 등을 여러 도에 나누어 보내
암행하여 염탐하게 하다

이돈(李墩)·김만채(金萬埰)·박태보(朴泰輔) 등을 여러 도(道)에 나누어 보내 암행(暗行)하며 염탐하게 하였다.[299)]

박태보가 어사로 임명되었다는 기록 중 어느 지역에 갔는지 알 수 없으나, 지도읍에 선정비가 남아 있기에, 전라도에서 암행어사로 활동했다는 것을 알 수 있으며, 경상도에도 암행어사로 갔다는 것을 알 수 있지만 선정비는 남아 있지 않다.

---

299) 고전번역원db에서 발췌하였다.

경상도에 암행어사로 갔던 것을 알 수 있는 기록이 보여 소개하면 다음과 같다.

숙종 35년 기축(1709) 2월 12일(갑인)

경상도 의성의 성삼문의 사우에 사액을 내리다

> **경상도 의성(義城) 금학산(金鶴山) 밑에 성삼문(成三問)이 살던 옛터가 있는데, 유생(儒生)들이 사우(祠宇)를 창건하고서 박팽년(朴彭年) 등 5신(臣)도 아울러 향사(享祀)하고, 또 이세화(李世華)·오두인(吳斗寅)은 일찍이 방백(方伯)의 좌막(佐幕)을 지냈고 박태보(朴泰輔)는 또한 어사(御史)로[300] 왔던 일을 들어 곁에다가 따로 사당을 세웠었다.**
>
> **이어 상소를 진달하여 사액(賜額)하기를 청하매, 임금이 그 상소를 예조(禮曹)에 내리니, 예조에서 복계(覆啓)하므로 시행하도록 윤허했다.[301]**

어사 박태보의 비는 지도향교에 있다가 지도읍 읍내리로 옮겨졌으며, 비제는 "어사박공태보휼민선정비(御史朴公泰輔恤民善政碑)"라 되어 있으며, 세운 시기[302]는 1702년으로 추정하고 있다.

---

300) 경상도에 암행어사로 활동했다는 기록은 찾지 못하였다.

301) 고전번역원db에서 발췌하였다.

302) "신안군지"에는 세운시기를 1702년으로 기록 되어 있다.

현재 남아 있는 암행어사 선정불망비로서는 제일 오래된 것으로 추정되고 있지만, 선정불망비를 박태보가 활동할 당시에 세워졌다면 제일 오래된 것으로 보아야 할 것이다.

어사 박태보의 전라도에서 활동을 알 수 있는 자료가 tv 프로그램인 〈진품명품〉[303]에서 나와서 간단히 소개한다.

> "湖閘滀涵所資之源深永"
>
> 물을 막아서 가두어둔다면 그것으로 인해
>
> 도움이 되는 바가 오랫동안 계속될 것이다

위의 글을 보아서는 박태보가 전라도 어느 지역에 저수지를 만들게 한 것으로 추정되며, 어사 활동을 알 수 있는 중요한 자료이며, 또한 어사 박태보의 충정을 기리는 "박태보전"이 전하고 있다.

---

303) 〈진품명품〉 1444회 차에 나왔다.

⑰

여규익 선정불망비

여규익呂圭益(1825년~?)[304] 조선 말기 문신. 자는 치능(稚能)이다. 본관은 함양(咸陽)이다.

부친 여민섭(呂民燮)과 모친 이화우(李和愚)의 딸 사이에서 태어났다.

1864년(고종 1) 증광시에서 병과 23위로 문과 급제하였다.

1865년(고종 2)에 권응선(權膺善) · 이승고(李承皐) · 임효직(任孝直) · 조강하(趙康夏) 등과 함께 홍문록(弘文錄)에 선발되었다.

1872년(고종 9)에는 태조대왕(太祖大王)의 어진(御眞)을 옮길 때, 대축(大祝)으로 참여하여 품계를 올려 받았다.

1874년(고종 11)에 전라좌도암행어사(全羅左道暗行御史)로 재직 중, 각 지방 관리들의 비리를 적발하고, 선정(善政)을 보고하였다.

1883년(고종 20)에는 이조참의(吏曹參議)에 임명되었다. 이후 성균관대사성(成均館大司成) 등을 역임하였다.

1885년(고종 22)에 시골에 있다는 핑계로, 임금의 부름에 응하지 않아

304) 한국민족문화대백과사전에서 발췌하였다.

서 유배되었다.

어사 여규익의 선정비는 2좌가 있으나 1좌는 돌기둥 형태이나, 다른 하나는 무등산 입석대에 있는 마애비이다.

마애비는 필자가 직접 가지 못했으므로 간단하게 소개하고 광주 공원에 있는 여규익의 선정비만 소개한다.

어사 여규익의 비는 비제와 세운 시기가 새겨져 있다.

비제는 "어사여공규익구폐선정비(御史呂公圭益捄弊善政碑)"라 되어 있고 뒷면에는 "乙亥 十一月 日"이라 되어 있다. 1875년을 세운 시기로 보아진다.

어사 여규익의 별단을 소개하면 다음과 같다.

弊端을 조목조목 열거한 全羅左道暗行御史 呂圭益의 別單과
그에 대한 대책을 보고하는 議政府의 啓
고종 12년 1875년 02월 27일 (음)

○ 의정부에서 아뢰기를

전라좌도암행어사 여규익(呂圭益)의 별단을 보니, 그 조목은 다음과 같습니다.

그 하나는, 평일도(平日島)와 산일도(山日島) 두 섬을 청산진(青山鎭)에 소속시켜 백성들이 원하는 대로 해 주는 일입니다.

청산도에서 어디에서 어디까지 떼어 붙이려고 하는 것은 그 뜻이 괴이할 것이 없는데, 더구나 백성들이 원하는 데야 더 할 말이 있겠습니까.

다만 소속된 지방의 사정(事情)이 어떠한지를 모르니, 도신에게 관문(關文)을 보내 물어서 처리해야 하겠습니다....... 생략.[305)]

그림 158 어사 여규익비, 광주 광주공원

광주 입석대는 주상절리가 아름다운 곳이기도 하고 南道의, 대표적인 명승지 중에 하나이다.

그리고 조선시대에는 관리들의 관광지로 각광받던 곳이기에 어사들이 다녀간 흔적이 남아 있다.

마애비에는 "호좌어사여규익(湖左御史呂圭益)"이라 되어 있어 별다른

---

305) 《국역비변사등록》에서 발췌하였다.

내용은 없다.

다만 어사는 관광이고 즐겁겠지만, 높은 무등산을 오르려면 걸어서는 가지는 않았기에, 가마를 메고 수행하는 사람은 고행 이었을 것이다.

전남 송광사에는 관리가 오면 스님을 가마꾼을 만들어 고생 시켰기에, "籃輿革罷[306]"라는 각자가 있을 정도이다.

수많은 관리가 오고가는 곳이 지방의 관청이다. 그리고 많은 관리가 지역의 관광지를 찾아갔을 터인데 수행하는 인원은 고행과 고행의 연속이었을 것으로 생각된다.

---

306) 내시 강석호가 가마를 혁파는 한다는 것이 새겨져 있다.

⑸58

조헌섭 선정불망비

조헌섭趙憲燮(1819년~?) 조선 후기 문신. 자는 사길(士吉)이다. 본관은 양주(楊州)이고, 출신지는 서울이다.

부친 조득림(趙得林)과 모친 홍희유(洪羲瑜)의 딸 사이에서 태어났다.

1844년(헌종 10) 증광시에 진사 2등 14위로 합격하였고, 1848년(헌종 14) 증광시 문과에 갑과 2위로 급제하였다.

관직으로 홍문관교리(弘文館校理)·홍문관부수찬(弘文館副修撰)·홍문관응교(弘文館應教)·이조참의(吏曹參議)·성균관대사성(成均館大司成) 등을 역임하였다.

1851년(철종 2) 12월에 홍문록(弘文錄)에 올랐고, 1852년(철종 3) 3월에는 도당록(都堂錄)에 올랐다. 1854년(철종 5)에 전라좌도암행어사(全羅左道暗行御史)로 파견되어 전라도 지방의 수령들을 탄핵하거나 포상하는 내용의 서계(書啓)를 올렸다.

조헌섭의 선정비는 광주 광주공원에 있으며, 비의 명문이 희미하여, 광주 서구 문화원자료에는 선조 대의 인물인 중봉 조헌 선생의 비로 표현하고 있다.

그러나 2000년대[307]에 조사된 자료에는 조헌섭으로 되어 있어, 필자도 그에 따라서 글을 썼다.

《조선왕조실록》에도 중봉 조헌선생이 암행어사를 한 기록이 없기에 조헌섭으로 보는 것이 타당하고 생각된다.

어사 조헌섭의 별단의 기록이 보여 소개하면 다음과 같다.

全羅左道暗行御史 趙憲燮의 別單에 대해 回啓하는 備邊司의 啓

철종 5년 1854년 윤07월 13일 (음)

비변사에서 아뢰기를

전라좌도 암행어사 조헌섭(趙憲燮)이 별단을 보니,

그 하나는, 전제(田制)가 무너져서 진전(陳田)과 기전(起田)이 서로 뒤섞여 현재 기경(起耕)한 땅이 파속(把束)註001)에 불과하며, 구탈(舊頉)은 이전의 판을 찍어낸 듯 똑같으니, 이것을 바로잡는 방법은 토지를 다시 측량하는 것입니다.

그러므로 우선 몇몇 고을부터 점차적으로 진전을 조사하는 일입니다.

토지를 다시 측량하는 일을 힘이 부족하여 아직 행하지 못하고 있어 진전과 기전에 관한 정사가 유명무실하게 되어 정공(正供)이 나날이 줄어들고, 국가의 예산이 나날이 군색해지기만 하였습니다.

지금 이렇게 다시 측량하기를 청하는 것은 처음부터 경상(經常)의 논의를 하는 것이 아니므로 일시에 모두 거행하기는 어렵습니다.

307) 김동복 선생 쓴 《조선선정불망비군총록》이다.

본래 전부터 여러 가지 논의가 있었으니 비록 갑자기 졸지에 결정해서는 안 되겠으나, 진전을 조사하는 것이 무슨 어려울 게 있다고 형식적으로 응하여 수효만 채우고, 성실하게 하지 않아 스스로 법을 무너뜨리는 죄를 짓는 것입니까?

가을에 연분 장계를 보고받은 뒤에 그 많고 적음을 비교하여 당해 도신을 무겁게 논책하소서.

그 하나는, 군정(軍政)이 폐해를 끼치는 것이 그렇지 않은 고을이 없습니다.

모록(冒錄)하거나 허위로 탈면(頉免)한 자들을 일체 태거(汰去)하고, 혹 장정을 숨기거나 몰래 등록하는 자가 있으면 율에 따라 처리하여 용서하지 말며, 본대(本代) 및 역명(役名)을 성책(成册)하여 주사(籌司)에 보고할 때 적간을 보내어 그 허실을 살피는 일입니다.

첨오(簽伍)는 나라를 다스림에 미리 빈틈없이 대비하기 위한 것인데, 나라를 지킨다는 것이 도리어 백성을 괴롭게 하고 위축시키는 덫이 되었습니다.

국조(國朝)의 고사를 하나하나 상고해 보면 이 폐막을 구제하기 위해 정사에서 모든 방법을 남김없이 다 썼지만,

옛 습관을 답습하면서 버티고 지나면서 마치 월나라 사람이 진나라 사람이 마른 것을 보듯이 한 지 오래 되었습니다. 이것은 그 이유가 어찌 다른 것이 있어서 그렇겠습니까?

방백과 수령이 원망을 사지 않으려고 간교와 농간을 부리는 자들에게 일임하여 치유할 수 없는 지경에 급속히 이르렀습니다. 먼저 각종 잡탈(雜頉) 및 면임(面任)과 이임(里任)의 자제와 손자와 조카

로서 면역(免役)을 칭하는 자들을 일체 잘라내어 억제하고, 사대부 집안의 묘속(墓屬)을 일체 법전에 실려 있는 대로 시행하소서...... 생략.

비제는 "어사조공헌섭구폐선정비(御史趙公憲燮捄弊善政碑)"라 되어 있고, 세운 시기는 "甲寅 9월일" 이라 되어 있어 1854년으로 생각된다.

그림 159 어사 조헌섭비, 광주 광주공원

⑸⑼

유치숭 선정불망비

유치숭兪致崇(1804년~?)[308] 조선 후기의 문신. 본관은 기계(杞溪). 자는 시현(時顯). 부친은 유서환(兪瑞煥)이며, 생부는 유일환(兪日煥)이다.

1825년(순조 25) 을유식년사마시(乙酉式年司馬試)에 진사 2등으로 합격하고, 1829년(순조 29) 기축정시문과(己丑庭試文科)에 병과(丙科) 37등으로 급제하였다.

사간원대사간(司諫院大司諫), 이조참의(吏曹參議), 이조참판(吏曹參判), 형조판서(刑曹判書), 사헌부대사헌(司憲府大司憲) 등의 요직을 두루 거쳤으며, 1862년(철종 13)에는 진하겸사은부사(進賀兼謝恩副使)로 연경(燕京)에 다녀왔다.

학문에 조예가 깊고 경서에 밝았는데, 특히 《상서(尙書)》를 깊이 연구하였다.

유치숭의 비는 2좌가 남아 있으며, 군산 임피향교와 김제에 남아 있다.

김제에 있는 비는 조금 독특한 것으로 전면은 4인의 직책과 이름이 있

308) 한국민족문화대백과사전에서 발췌하였다.

고, 뒷면에는 대제복구사적비라는 碑銘이 있고, 비를 세운 내력을 새겨 두었다.

유치숭의 별단의 기록이 있어 소개하면 다음과 같다.

三政의 弊端 등을 조목조목 열거한 全羅右道暗行御史 兪致崇의 別單과 그에 대한 대책을 보고하는 備邊司의 啓

헌종 14년 1848년 01월 07일 (음)

○비변사에서 아뢰기를

전라우도 암행어사 유치숭(兪致崇)의 별단을 보니 그 하나는 군(軍)·전(田)·적(糴) 삼정(三政)을 바로잡는 방도를 도신이 특별히 열읍 수령에게 신칙하여 성의를 다하여 수행하게 하는 일입니다.

이것은 삼정의 폐단을 통합하여 논한 것입니다.

폐단은 실로 그러하지만 바로잡는 방도를 단적으로 말한 것이 없으므로 또한 하나로 지적하여 재처할 수 없습니다.

하여간 도신에게 관문으로 신칙하여 좋은 방도로 조처하게 해야 하겠습니다.

그 하나는 영광(靈光)의 세곡(稅穀)을 법성포(法聖浦)로 이속한 후에 간사한 폐단이 거듭 생겨나고 낭비는 몇 배가 되었으니 이전대로 직접 납부하게 하고, 금구(金溝)·태인(泰仁)에서 군산창(群山倉)과의 거리는 다른 경계를 겹겹으로 거치고 각종 비용도 매우 많이 들며 금구에서 김제(金堤)의 해창(海倉)과 태인에서 부안(扶安)의 줄포창(茁浦倉)과는 매우 가깝고 모두 세창(稅倉)이므로 두

곳 다 우항(右項)의 두 창으로 이봉(移捧)하게 하는 일입니다…….

생략.[309)]

그림 160 어사 유치숭비, 군산 임피향교

임피향교 입구 비석군에 있는 유치숭의 비는 비제와 세운 시기만 새겨져 있다.

비제는 "어사유공치숭선정비(御史俞公致崇善政碑)"라 되어 있고, 세운

---

309) 《국역비변사등록》에서 발췌하였다.

시기는 "戊申 九月"이라 되어 있어, 1848년에 세운 것으로 생각된다.

그다음으로는 김제에 있는 비석이다.

이 비석은 다른 비와 다르게 전면에 4인의 직책과 이름이 새겨져 있어 독특함이 묻어난다.

소개하면 다음과 같다.

總衛士[310] 徐公憙淳　충위사 서공희순
觀察使 洪公羲錫[311]　관찰사 홍공희석 永世不忘碑
御史 俞公致崇　어사 유공치숭
郡守 鄭公世昌[312]　군수 정공세창

왜 비석에 4명의 이름이 있는지 대한 내력은 다음과 같다.

大堤復舊事蹟[313]

大堤 卽邑基都水口而蒙利畓 爲數百石落 民賴以生 故于今幾■

310) 서희순(1793년~1857년) 본관은 달성(達城). 자는 치회(穉晦), 호는 우란(友蘭). 아버지는 군수 서응보(徐應輔)이며, 어머니는 김현주(金顯柱)의 딸이다. 1849년에 총위대장에 임명되었다.

311) 홍희석(洪羲錫. 1787년~?) 조선 후기 문신. 자는 구서(龜瑞)·낙서(洛瑞)이다. 본관은 풍산(豊山)이며, 부친은 홍순호(洪純浩)이다. 1847년에 전라도 관찰사에 임명되었다.

312) 정세창(1793년~?) 자 수이, 본관 동래. 1846년에 김제군수의 기록이 보인다.

313) 풀이는 고문헌연구소 대표 이신 김상환 선생께서 해 주셨다.

百歲 有此其邑堤也

丁未春 金相俊者 謂以蘆陳慫恩總衛營屯監 毁決作畓 因築新洑于福◇ 三農失利 一邑齎憤 惟待繡衣俞公之出道酌處 何幸■■巡相洪公 先以此弊總衛營總衛使徐公 關問便否 以知郡鄭公 ■■■報■巡營者 入鑑天陛 下敎若曰 見此查報與圖形 新築之洑貽害舊洑 而■以畓庶 僞謂蘆陳 以新築無害舊洑 作此擧措 極爲痛駭 屯監爲先嚴棍懲礪 而■必有指嗾者 使告 則營下金相俊爲名漢也 金漢使卽捉上爲旀 當初如知其實狀 寧或貽害 於所謂新洑 一倂毁撤 舊堤所缺 隨處完築 俾耕作諸民 毋至失業之地事 傳敎卽日修築 此大堤復舊之前後來歷也

嗚呼 使今日堤■■■安業 亶出於我聖上爲民德意 而諸公承宣之澤 亦不可泯沒 竪碑于堤上 永圖不忘 盖此堤毁丁未三月 承敎完築 在同年六月爾

道光二十八年 戊申 七月 立

큰 제방[大堤]은 곧 김제읍의 터[邑基] 도수구(都水口)[314]인데, 그 이익을 입는 논[蒙利畓]이 수백 섬지기[數百石落][315]이니 백

314) 도수구(都水口): 한 지역 또는 한 공간의 모든 물이 빠져나가는 곳을 일컫는데 대체로 하나의 군, 읍, 시의 모든 물이 빠져나가는 곳을 말한다.

315) 섬지기[石落]: 마지기(斗落只)는 1말(斗)의 씨앗이 떨어지는 면적, 즉 1말의 씨앗을 뿌려 생육시킬 수 있는 면적을 의미하기 때문에 토지의 비옥도에 따라 절대 면적

성들이 의뢰(依賴)하여 살았던 까닭으로 지금까지 몇백 년 동안 이렇게 그 고을에 제방(堤坊)이 남아 있게 된 것이다.

정미년(1847, 헌종(憲宗) 13) 봄에 김상준(金相俊)이 갈대가 무성한 묵발이라고 총위영 둔감(總衛營屯監)을 꾀어 권하여 제방을 터서 논으로 만들고 인하여 복■(福■)에 새보[新洑]를 쌓았다. 삼농(三農)[316] 이 제방의 이익을 잃게 되자 온 고을 사람들이 울분을 품고 오직 수의(繡衣) 유공(俞公)이 출도(出道)하여 처리해 주기를 기다렸다. 얼마나 다행스럽게도 순상(巡相) 홍공(洪公)이 먼저 이 폐단(弊端)을 총위영 총위사(總衛營總衛使) 서공(徐公)에게 관문(關文)으로 편리한 여부를 묻고, 군수(郡守) 정공(鄭公)이 순영(巡營)에 보고하여 천폐(天陛[317] 조정(朝庭))에 입감(入鑑) 하니 다음과 같이 하교(下教)하셨다.

"이 조사한 보고(報告)와 도형(圖形)[318]을 보니 새로 쌓은 보(洑)

에는 차이가 난다. 지금은 200평을 1마지기라 하지만, 얼마 전까지만 하여도 150평 또는 300평이 한 마지기가 되기도 하였다. 마찬가지로 1섬(石)의 씨앗이 떨어지는 면적, 즉 1섬의 씨앗을 뿌려 생육시킬 수 있는 면적을 '섬지기[石落只]'라 한다

316) 삼농(三農): 고대에 평지·산간·수택 등 세 지역에 거주하는 농민을 지칭하였는데, 후세에 일반적으로 농민을 지칭하는 데 사용하였다.

317) 천폐(天陛): 황제가 거처하는 궁궐의 섬돌이라는 뜻으로, 전하여 대궐이나 조정(朝庭)을 가리킨다.

318) 도형(圖形): 원래 문서와 별도로 그 사건과 관련된 도형을 그려 첨부한 것을 가리킨다. 도형은 공정한 판결을 위해 작성된 분쟁지의 산도(山圖)나 집터와 전답 등을 그린 것을 말하며, 여기에는 분산(墳山)의 주맥(主脈) 흐름과 분묘들 간의 원근 보수(步數), 사표(四標)와 물길 등을 조사하여 대체적인 윤곽을 그리는 것이 일반적이다.

가 예전 보(洑)에 피해를 주는데도, 논꼬를 갈대가 무성한 묵밭[蘆陳田][319]이니 새로 쌓아도 예전 보에 피해가 없다고 거짓말을 하며 이런 짓을 하였으니 매우 놀랍다. 둔감(屯監)[320]을 우선 곤장(棍杖)을 쳐서 엄중(嚴重)하게 징계(懲戒)하라."

이는 반드시 곁에서 지시(指示)하며 사주(使嗾)한 자가 있을 것 같아 아뢰게 하니 영하(營下)의 김상준(金相俊)이라는 놈이었다. 그래서 김상준 놈을 즉시 잡아 올렸으며, 당초 만일 그 실상(實狀)을 알았더라면 어찌 혹 피해를 끼쳤겠는가. 이른바 새로 쌓은 보(洑)를 한꺼번에 무너뜨리고 예 노진전(蘆陳田) 갈대[蘆]의 이익이 비록 후하긴 해도 이미 진전(陳田: 토지 대장에는 등록되어 있으나 실제로는 경작하지 않고 묵히는 토지)을 가리킨다. 전 보(洑)가 결손(缺損)된 것은 곳에 따라 완전하게 쌓아서 경작(耕作)하는 백성들이 생업(生業)을 잃지 않게 하도록 전교를 받은 즉일에 제방을 수리하고 쌓았으니, 이것이 큰 제방을 복구하게 된 전후의 내력(來歷)이다. 아, 오늘날 제방 주변의 백성들이 생업에 안주(安住)하게 된 것은 오로지 우리 성상(聖上)께서 백성을 위하는 덕의(德意)에서 나왔지

---

319) 노진전(蘆陳田): 갈대[蘆]의 이익이 비록 후하긴 해도 이미 진전(陳田 토지 대장에는 등록되어 있으나 실제로는 경작하지 않고 묵히는 토지)을 가리킨다.

320) 둔감(屯監): 조선 후기 서울과 경기도 일대를 방어하기 위해 설치했던 군영(軍營)인 '총융청(摠戎廳)'을 가리킨다. 1623년(인조 1) 인조반정(仁祖反正) 이후 창설되어 1846년(헌종 12) 총위영(總衛營)으로 개칭(改稱)되었다가 1849년(철종 즉위)에 다시 원상으로 복구되었다. '둔감'은 조선 시대에 각 관부(官府)나 궁방(宮房)에 속한 둔전(屯田)을 검분(檢分)하고 감독했던 사람을 말한다.

만, 제공(諸公)이 왕의 명령을 받들어 베푼[321] 은택(恩澤)도 사라지게 해서는 안 되므로 제방 가에 비석을 세워 길이 잊지 않도록 한다.

대개 이 제방이 정미년(1847) 3월에 훼손되었는데, 전교(傳敎)를 받들어 같은 해 6월에 완전하게 쌓았다.

도광(道光) 28년(1848) 무신(戊申, 헌종 14) 7월에 세움

그림 161 어사 유치숭 명문이 있는 김제 대제복구 사적비

---

321) 왕의 명령을 받들어 베푼: 원문(原文)은 '승선(承宣)'인데 고려와 조선 시대에 왕명의 출납을 맡아보던 관직인 '승지(承旨)'를 달리 이르는 말이다.

다른 기록도 추가 하여 소개한다.

"조선 헌종 14년 1848년에 세워진 대제복구비는 김제시에서 죽산으로 가는 23번 국도를 따라 2km 즈음 가면, 김제시 연정동 후신마을 도로변에 있다.
이 비 앞면에는 대제를 목구 할 때 총위사, 전라도 관찰사, 김제군수의 대제복구에 대한 기린 공이 새겨져 있고, 비석 뒷면에는 대제를 복구한 경위가 새겨져 있다.
대제는 당시 김제동헌에서 서쪽으로 2리쯤 떨어진 곳에 있었으며, 둘레가 8384 척으로 김제에서 제일 큰 저수지였다.
따라서 대제는 인근 농민들이 농사를 짓는데 없어서는 안 되는 중요한 것이었다.
그런데 1847년 봄 김상준이라는 사람이 총위영 둔감을 꼬여 대제를 없애고, 다른 곳에 저수지를 만들게 하였다. 그리고 대제는 그들의 논으로 만들었다.
그 결과 농민들이 피해를 입어, 원망하는 목소리가 높아지자, 이러한 사실을 보고 받은 임금이 그 잘못을 바로 잡으라는 전교를 내렸다.
이리하여 대제가 복구가 되었다.[322] "

마지막으로 완주 화암사에는 유치숭의 편액이 남아 있다.
"어사유공치숭영세불망명(御史俞公致崇永世不忘銘)"이라 되어 있으

322) 김제문화원에서 펴낸 《조상의숨결》에서 발췌하였다.

며, 주된 내용은 화암사에 들린 어사 유치숭이 수행하는 스님의 부역을 줄여 주었다고 하여, "어사영세불망명"을 남긴 것으로 알려졌다.

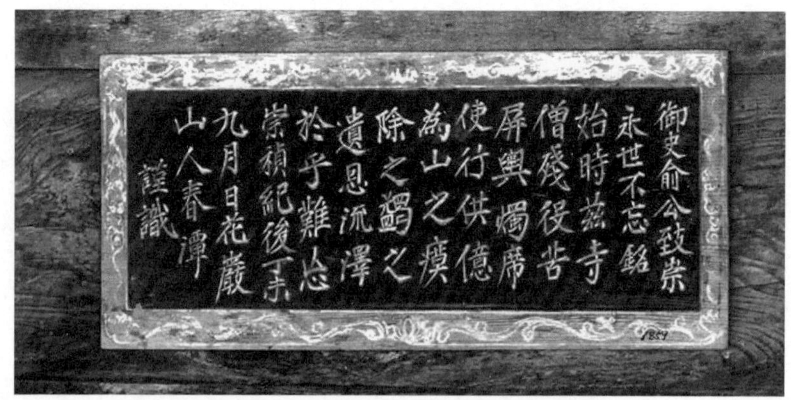

그림 162 유치숭 영세불망명, 완주 화암사

위 편액의 내용을 풀이하면 다음과 같다.

<u>御史俞公致崇永世不忘銘(어사유공치숭영세불망명)</u>

始時玆寺 처음 이 절에 방문하니

僧殘役苦 쇠잔한 중은 부역에 괴롭고

屛輿燭席 여러 가마와 화려한 의자

使行供億 사행에 드는 비용

爲山之瘼 산같이 병이 들었네

除之蠲之 폐단을 제거하고 분명하게 밝히니

遺恩流澤 남기신 은혜 윤택을 두루 미치게 하시었네

於乎難忘　　어찌 잊을 수 있으랴

崇禎紀後 丁未 九月日　1847년 9월

花巖山人 春潭 謹識　화암산인 춘담 근식

⑥⓪

황구하 선정불망비

황구하 黃龜河(1672년~1728년)[323) 본관은 창원(昌原). 자는 성징(聖徵). 아버지는 황건(黃鍵)이며, 어머니는 이문행(李文行)의 딸이다.

1705년(숙종 31) 알성문과에 병과로 급제하고 승문원에 들어갔으며, 1712년 지평·사서를 거쳐 이듬해 정언·부수찬·수찬·교리를 지냈다. 이어 충청좌도어사로 나가 천안군수 어유봉(魚有鳳)을 폄삭(貶削)하고 충주목사 김진옥(金鎭玉)을 포상하도록 주청하였다.

1716년 별견어사(別遣御史)가 되어 제주도에 다녀와서 굶어 죽은 제주도민을 치제(致祭), 조위(吊慰)하도록 하였으며, 진상품인 전복의 양을 3분의 2로 감해주도록 주청하여 실현시켰다. 또한, 기아 중에 있는 도민의 진대(賑貸)와 제주유생의 전시직부(殿試直赴)를 주청하였다.

별견어사 황구하의 비는 2024년 10월 10일 검색을 하던 중에 발견하였으며, 선정불망비가 제주 서귀포에 있다는 것을 알았다.

---

323) 한국민족문화대백과사전에서 발췌하였다.

육지이면 시간을 내어 사진을 촬영하러 가겠지만, 지금의 몸 상태로는 쉽게 갈 수 없기에, "한국학중앙연구원"에 부탁을 하여 황구하의 선정불망비 사진을 확보하였다.

그림 163 어사 황구하비, 제주 서귀포
[출처: 한국향토문화전자대전/한국학중앙연구원]

황구하의 비는 제주 서귀포 성산읍에 있으며, 다른 어사 불망비와 다르게 "별견어사"라는 명문이 있으며,

선정비에는 비제와 세운 시기를 새긴 명문이 있다.

비제:별견어사황공황구하지성진민비

(別遣御使黃公龜河至誠賑民碑)

"擁正二年 甲辰 閏四月 日 建"

옹정2년(1724) 갑진 윤4월 일 세움이라 되어 있다.
황구하가 별견어사로 파견되는 기록이 보인다.

"濟州別遣御史 黃龜河가 입시하여 濟州의 구호실태와
폐단을 조사하는 문제에 대해 논의함
숙종 42년 1716년 01월 23일 (음)[324)]

이번 정월 22일 제주에 별도로 파견되는 어사 황귀하가 뵙기를 청하고 입시하였을 때 임금께서 이르기를

"조정에서 별도로 어사를 파견하는 것은 의도가 있는 것이다. 내려간 뒤에 백성을 위함에 관계되는 모든 일은 꼭 유념하여 봉행하라. 해마다 들여보낸 구호곡물의 숫자가 매우 많은데 기민이 사망하여 반드시 징수할 곳이 없는 폐단이 있을 것이다. 만약 그 전에 변시태(邊是泰)가 잘 구호하지 못하여 기민을 죽게 하였다면 어사가 잇따라 조사하는 것이 마땅하다. 또한 유리하고 도망하여 빈 집이나 의탁할 곳 없이 걸식하여 받기 어려운 자들은 각별히 조사하라. 그리

---

324) 국역비변사등록에서 발췌하였다.

하여 탕감시킬 만한 것은 탕감하고 무상으로 줄 만한 것은 무상으로 주라. 백성의 병폐와 고을의 폐단으로서 바로 잡을 만한 것에 있어서도, 일일이 조사하고 변통의 도리를 잘 생각해서 조목별로 열거하여 보고하라. 그리하여 바다 멀리 외딴 지역의 우리 백성으로 하여금 혜택을 받게 하고 내가 각별히 걱정하는 뜻을 알게 하라. 이것은 특별 전교로서 거행조건에 넣으라." 하였다.

"황구하선정비(黃龜河 善政碑)[325]는 조선시대 1716년(숙종 42)에 제주도에 입도하여 제주의 기민을 구휼한 어사 황구하의 선정을 칭송하여 1724년(경종 4)에 세운 비석이다. 전면에 음각된 문장 외에 따로 명문(銘文)을 새겨 놓지 않았다. [건립 경위] 1713년(숙종 39)과 1715년 흉년으로 제주 삼읍에 굶어 죽는 자가 많았다. 이에 중앙에서 1716년에 황구하를 별견어사로 임명하여 제주로 파견했다. 황구하는 1년 여간 제주에 머물면서 진휼에 힘쓰는 한편, 제주 삼읍 백성을 위해 공물의 2/3를 감하도록 하고, 환자곡(還子穀)[환상곡]도 절반만 갚도록 했다. 이에 대한 고마움을 碑에 새겨 넣은 것이다."

황구하의 선정불망비에는 "별견어사"라는 명칭이 있으며, 또 한 "至誠賑民碑(지성진민비)"라는 명문도 보인다.

풀이하면 지극 정성으로 백성을 구휼하였다는 것으로 다른 선정불망비에서는 보이지 않는 것이다.

---

325) [출처] 한국학중앙연구원 - 향토문화전자대전

그리고 별견어사라는 명문도 다른 어사 비에서도 보이지 않으며, 대표적 별견어사인 박문수 비에서도 보이지 않아,

암행어사를 연구하는데 중요 자료로도 생각된다.

⑹ 유수 선정 불망비

유수柳綏(1678년~1755년) 자 여회, 본관 진주, 아버지는 유진운이고 석성 현감 정언 형조참의 도승지 1723년에 경상도 암행어사로 활동하였다.

어사 유수의 마애각자는 범어사와 통도사에 남아 있으며, 범어사는 지장전 좌측에 있는 바위向 좌측에 새겨져 있으며, 유수의 마애각자 외에도 여러 인명의 마애각자와 이안눌의 詩도 새겨져 있다.

처음에는 유수의 마애각자를 이 책의 내용에 넣으려고 하지 않았다가 포항 내연산에 있는 어사 이도재의 마애각자도 책의 내용에 넣었고 광주 무등산에도 있는 御史의 마애각자도 넣었기에 어사 유수의 것도 내용에 포함시켰다.

명문의 내용은 유수 계묘 육월 암행(柳綏 癸卯 六月 暗行)이라 새겨져 있으며 계묘년은 1723년이다

刻字는 어사 유수가 범어사에 온 것을 기념하여 새긴 것으로 생각되지만 정확히는 알 수 없다.

그림 164 어사 유수 마애각자 범어사

통도사의 마애각자는 "유수계묘육월어사래(柳綏癸卯六月御史來)"라 되어 있다.

어사 유수의 암행어사 기록은 조선왕조실록에 보이고 있다.

경종 3년 계묘(1723) 4월 8일(정사)[326]

어사 김중희 등을 삼남의 좌,우도에 나누어 보내다

326) 고전번역원db에서 발췌하였다.

그림 165 어사 유수 마애각자 통도사

어사(御史) 김중희(金重熙)·김시혁(金始㸂)·이거원(李巨源)·이진순(李眞淳)·유수(柳綏)·김상규(金尙奎) 등을 삼남(三南)의 좌·우도(左右道)로 나누어 보냈다.

통도사와 범어사 마애각자는 "1723년 6월에 유수가 어사로 방문한 기록이지만, 조선왕조실록이나, 승정원일기에는 서계나 별단이 보이지 않아 의아함을 자아낸다.

많은 기록이 있어 암행어사를 연구하는데 중요한 자료가 되었으면 좋겠지만, 《조선왕조실록》이나 《승정원일기》가 조선의 역사를 알 수 있는 자료이지만 더 많은 자료가 있었으면 하는 생각이 든다.

2.

암행어사 선정불망비에 대한 고찰

여기의 글들은 현재까지 조사한 암행어사 선정불망비에 대한 것으로 남아 있는 비석을 분석한 자료들이다.

조선시대에는 많은 인물들이 암행어사로 활동하였지만, 기록은 있으나 선정비는 남아 있지는 않았다.

이제까지 조사한 암행어사 선정비는 대부분 조선 후기의 인물들이 주류를 이루고 있고, 암행어사의 대명사처럼 여겨지는 박문수도 1좌의 碑만 남았을 뿐이었다.

남아 있는 선정비로 보면 57명의 암행어사가 나타났으며, 한 사람이 1좌의 碑만 있는 것이 아니었고, 여러 지역에도 선정비가 보였다.

그래서 총 개수와, 본관 별 개수, 지역별 개수를 다음과 정리하여 본다.

①

암행어사비 개수

번호	이름	위치	비고
1	이도재	양산향교	5좌
		기장읍성	
		울산동헌	
		영양군 수비면	
		포항 내연산 어사 각자	
2	조기겸	거제 기성관	**철비**
		산청 도산	2좌
3	박문수	산청 도산	
4	유석	울산 서생	5좌
		창녕 영산	
		영천 신녕	
		아산 성내리	
		천안 목천	
5	이건창	서울 송파	5좌
		인천 모도	
		하남 감곡동사무소	
		강화도 선두포	
		홍성 홍동면	
		경기 광주 초월면	**행방불명**
6	이시원	강화도 선두포	1좌
7	이용직	구미 대원리	2좌
		의령 웁내리	

8	김정희	서산 대산	1좌
9	권돈인	정읍 천원리	1좌
10	박정양	영덕군청	1좌
11	박규수	영주 소수박물관	1좌
12	박이도	함안 월포	3좌
		문경 점촌	
		창원용지공원	
13	김창석	정읍 야정마을	3좌
		완주 구이면 사무소	
		완주 소양리	
14	민달용	고흥 발포진	**6좌**
		구례 화엄사	
		진안 우화산	
		임실 이도리	
		강진군청	
		광주 무등산	
15	조석여	합천 해인사	2좌
		거제 옛길	
16	김기찬	합천 해인사	2좌
		함양 구룡리	
17	홍원모	대전 회덕읍사무소	2좌
		보령 수영성	
18	한이조	부여 임천	1좌
19	이계선	울진 신라비석관	1좌
20	오명준	울진 신라비석관	2좌
		울진 정명리	

21	김명진	음성 보천리	3좌
		보은 구티리	
		아산 성내리	
22	조귀하	전주 상장기 공원	3좌
		전주 상관면 신리	
		나주 영산면 사무소	
		논산 인천리	**행방불명**
23	이중하	부여 홍산 객사	9좌
		서천 비인향교	
		서산 운산면 사무소	
		공주 신관동	
		서산시청	
		청양군청	
		아산 신창	
		예산 역탑리	
		아산 성내리	
24	이용호	공주 신관동	2좌
		서천군청	
25	박용대	공주 신관동	1좌
26	박영교	김제 만경읍	2좌
		군산 임피향교	
27	심상학	군산 옥구향교	7좌
		김제 금구향교	
		김제 만경읍	
		전주 상관면 신리	**마애비**
		해남 우수영	
		고창 무장읍성	
		해남 단군전	

28	이승욱	해남 단군전	1좌
29	정직조	진안 우화산	2좌
		광주 무등산	**마애비**
30	성이호	정읍 피향정	1좌
31	홍철주	예산 역탑리	2좌
		대전 도장동	
32	홍종영	창원 성주사	**마애비**
		창원 용지공원	2좌
33	조필영	김제 금구향교	3좌
		서천 비인향교	
		화순 삼충각	**마애비**
34	김유연	당진 합덕제	1좌
35	이만직	영천 조양각	3좌
		구미 대원리	
		부산 하정로 10번길	
36	이정래	고성 남산공원	3좌
		고성 원진리	
		합천 초계면	
37	심동신	제주향교	3좌
		남원 광한루	
		남원 서천공원	
		임실	**행방불명**

<table>
<tr><td rowspan="11">38</td><td rowspan="11">이면상</td><td>장성 동산 공원</td><td rowspan="11">11좌
목비</td></tr>
<tr><td>곡성 석곡면사무소</td></tr>
<tr><td>송광사 부도전</td></tr>
<tr><td>완주 삼례</td></tr>
<tr><td>고흥 침교리</td></tr>
<tr><td>선암사 성보 박물관</td></tr>
<tr><td>전주 감영</td></tr>
<tr><td>순천 승주군청</td></tr>
<tr><td>남원 광한루</td></tr>
<tr><td>해남 단군전</td></tr>
<tr><td>정읍 고부 군자정</td></tr>
<tr><td>39</td><td>조윤승</td><td>예천 용궁면</td><td>1좌</td></tr>
<tr><td>40</td><td>김학순</td><td>경산 자인 계정 숲</td><td>1좌</td></tr>
<tr><td>41</td><td>정인흥</td><td>영동읍 사무소</td><td>1좌</td></tr>
<tr><td rowspan="2">42</td><td rowspan="2">이헌영</td><td>고령 상무사</td><td rowspan="2">2좌</td></tr>
<tr><td>함안 칠원 돈풍각</td></tr>
<tr><td>43</td><td>홍석보</td><td>익산향교</td><td>1좌</td></tr>
<tr><td>44</td><td>이응진</td><td>김제 만경읍</td><td>1좌</td></tr>
<tr><td>45</td><td>정기세</td><td>부여 석목리</td><td>철비 1좌</td></tr>
<tr><td rowspan="3">46</td><td rowspan="3">이범조</td><td>부여 세도면</td><td rowspan="3">3좌</td></tr>
<tr><td>공주 공산성</td></tr>
<tr><td>예산 대흥</td></tr>
<tr><td>47</td><td>박영민</td><td>천안 삼거리 공원</td><td>1좌</td></tr>
</table>

48	어윤중	지도읍 읍내리	8좌
		지도 대교	새로 복원
		정읍 능교리	
		정읍 흥삼마을	
		정읍 고천리	
		완주 삼례	
		정읍 종산리	
		정읍 고현동각	
		전주 상관면 신리	**마애비**
49	이후선	정읍 피향정	9좌
		정읍 피향정	
		정읍 흥삼마을	
		정읍 박산리	
		정읍 고천리	
		정읍 감곡면 사무소	
		정읍 양괴리	
		정읍 양괴리	
		영광 우산공원	
		정읍 통석리	**행방불명**
50	정만석	진도 인지면	2좌
		해남 화원리	**철비**
51	이돈상	군산 임피향교	**철비**
		완주 삼례	3좌
		지도읍 읍내리	
52	박태보	지도읍 읍내리	1좌
53	여규익	광주 광주공원	2좌
		광주 무등산	**마애비**

<table>
<tr><td>54</td><td>조헌섭</td><td>광주 광주공원</td><td>1좌</td></tr>
<tr><td rowspan="2">55</td><td rowspan="2">유치숭</td><td>군산 임피향교</td><td rowspan="2">2좌
1면 4인 각자</td></tr>
<tr><td>김제 연제동</td></tr>
<tr><td>56</td><td>황구하</td><td>제주 서귀포</td><td>1좌</td></tr>
<tr><td>57</td><td>유수</td><td>부산 범어사</td><td>마애각자</td></tr>
<tr><td>58</td><td>유수</td><td>양산 통도사</td><td>마애각자</td></tr>
</table>

②

암행어사碑의 재료

대부분의 비석은 石材로 만들지만 다른 재료로 만들 수 있기에 나열 하여 본다.

돌기둥 모양으로 만들지 않은 마애비도 여기에 포함 시킨다.

번호	암행어사비	위치	비고
1	정기세 암행어사	부여 석목리	철비
2	정만석 암행어사	해남 화원리	철비
3	조기겸 암행어사	거제 기성관	철비
4	이돈상 암행어사	군산 임피향교	철비
5	김명진 암행어사	보은 구티리	철비
6	이면상 암행어사	순천 선암사	목비
7	여규익 암행어사	무등산 서석대	마애비
8	어윤중 암행어사	전주 상관면 신리	
9	조필영 암행어사	화순 삼충각 뒤 철길	
10	홍종영 암행어사	창원 성주사	
11	정직조 암행어사	무등산 서석대	
12	심상학 암행어사	전주 상관면 신리	
13	조귀하 암행어사	전주 상관면 신리	
14	민달용 암행어사	광주시 금곡동 무등산	

③

암행어사의 다른 표현

碑題에 보이는 암행어사 다른 표현을 나열하여 본다.

그 표현 중에는 繡衣, 繡衣使道와 같은 업무 별로 전운어사, 감진어사 등 다양한 표현이 있다.

번호	비제	위치	비고
1	監賑御史 홍석보	익산향교	
2	監賑御史 한이조	부여 임천	
3	總務御史 홍종영	창원 성주사	마애비
4	直旨史 이면상	장성 동산공원	
5	轉運御史 조필영	김제 금구향교	
6	轉運御史 조필영	서천 비인향교	
7	轉運御史 조필영	화순 삼충각 뒤 철길	마애비
8	繡史 이도재	기장 읍성	
9	繡衣道 이정래	경남 고성 남산공원	
10	繡衣使 이용직	의령 읍내리	
11	繡衣使 김학순	경산 자인	
12	繡衣使道 박정양	영덕군청	
13	繡衣 이만직	구미 인동향교	
14	繡衣使道 박이도	창원 용지공원	
15	繡衣使道 박이도	문경 점촌	
16	繡衣 유석	아산 성내리	
17	繡衣相國 유석	울산 서생	

18	繡衣相國 이만직	부산 선동	
19	繡使 이용직	구미 대원리	
20	繡衣御史 이후선	정읍 신태인	
21	繡使道 조귀하	전주 상장기 공원	
22	繡衣 이후선	정읍 감곡면	
23	繡衣 어윤중	정읍 시산리	
24	均田使 김창석	정읍 야정마을	
25	均田御史 김창석	완주 소양리	
26	均田使 김창석	완주 구이면	
27	繡衣 김명진	음성 원남면	
28	繡衣史 이건창	강화 선두포	
29	繡衣使道 조석여	거제 옛길	
30	繡衣使 조석여	합천 해인사	
31	御史道 이계선	울진 봉평	신라 비석관
32	轉運御史 홍종영	창원 용지공원	
33	繡衣 이범조	예산 대흥	
34	別遣御史 황구하	제주 서귀포	

비석에 보이는 암행어사의 다른 표현은 여러 가지로 나타나기에 표로 만들어 정리하여 보았다.

번호	명칭	풀이
1	監賑御史	조선시대, 흉년이 들었을 때 기근의 실태를 조사하고 굶주리는 백성을 구제하는 일을 감시, 감독하기 위하여 파견하는 어사.
2	總務御史	총무어사는 전운서의 으뜸 벼슬을 말한다.

3	直旨史[327]	임금의 명을 직접 받고 지방에 파견된 어사.
4	均田御史	국가에서 토지를 거두어들여 백성들에게 고루 나누어 주는데 그에 관련되어 파견된 어사.
5	轉運御史	세곡의 징수와 운송, 수납을 관리하고, 폐단을 조사하는 어사.
6	繡衣	한(漢)나라 무제(武帝) 때에 민간의 소요를 진압하기 위하여 황제가 어사를 파견하였는데, 이들이 수놓은 옷을 입었기에 수의라 한다.
7	繡衣使道	암행어사(暗行御史)를 영화롭게 지칭한 말.
8	別遣御史	어사는 어사지만 은밀하지 않았다. 특별임무를 띄고 공개적으로 파견된 경우를 말한다.

327) 직지수의어사의 줄임말이다.

④

암행어사의 본관과 연령

암행어사 선정불망비에는 碑의 명문에 누구의 碑인지 대한 것이 있다. 즉 이름이 새겨져 있으며, 이러한 것을 본관 별로 정리하여 보고, 암행어사로 임명될 때의 연령을 함께 정리하여 본다.

이제까지 조사된 암행어사 비의 기준이고 연령의 기준은 서계나 별단으로 한다.

<table>
<tr><th>번호</th><th>이름</th><th>본관</th><th>활동시기/연령</th><th>비고</th></tr>
<tr><td>1</td><td>이도재(1848~1909)</td><td>연안</td><td>1883년 35세</td><td></td></tr>
<tr><td>2</td><td>조기겸(1793~?)</td><td>임천</td><td>1829년 36세</td><td></td></tr>
<tr><td>3</td><td>박문수(1691~1756)</td><td>고령</td><td>1727년 36세</td><td></td></tr>
<tr><td>4</td><td>유석 (1841~?)</td><td>전주</td><td>1885년 44세</td><td></td></tr>
<tr><td rowspan="2">5</td><td rowspan="2">이건창(1852~1898)</td><td rowspan="2">전주</td><td>1878년 26세 충청우도 어사</td><td></td></tr>
<tr><td>1883년 31세 경기도 어사</td><td rowspan="2">祖孫</td></tr>
<tr><td>6</td><td>이시원(1790~1866)</td><td>전주</td><td>1833년 43세</td></tr>
<tr><td>7</td><td>이용직(1824~?)</td><td>전주</td><td>1868년 44세</td><td></td></tr>
<tr><td>8</td><td>김정희(1786~1856)</td><td>경주</td><td>1826년 40세</td><td></td></tr>
<tr><td>9</td><td>권돈인(1783~1859)</td><td>안동</td><td>1822년 39세</td><td></td></tr>
<tr><td>10</td><td>박정양(1841~1905)</td><td>반남</td><td>1874년 33세</td><td></td></tr>
<tr><td>11</td><td>박규수(1807~1877)</td><td>반남</td><td>1854년 47세</td><td></td></tr>
<tr><td>12</td><td>박이도(1825~?)</td><td>고령</td><td>1862년 37세</td><td></td></tr>
<tr><td>13</td><td>김창석(1846~?)</td><td>김해</td><td>1892년 46세</td><td></td></tr>
</table>

14	민달용(1802~?)	여흥	1858년 56세	
15	조석여(1813~?)	창녕	1850년 37세	
16	김기찬(1809~?)	청풍	1842년 33세	
17	홍원모(1784~1830)	풍산	1829년 45세	
18	한이조(1684~?)	청주	1725년 41세	
19	이계선(?~?)	경주	1851년 ?	
20	오명준(1662~1723)	해주	1706년 44세	
21	김명진(1840~?)	안동	1874년 34세	
22	조귀하(1815~1877)	풍양	1842년 27세	
23	이중하(1846~1917)	전주	1892년 46세	
24	이용호(1842~?)	전주	1883년 41세	
25	박용대(1849~1927)	밀양	1874년 **25세**	◆
26	박영교(1849~1884)	반남	1883년 34세	
27	심상학(1845~?)	청송	1885년 40세	
28	이승욱(?~?)	전주	1898년 ?	
29	정직조(1817~1881)	동래	1868년 51세	
30	성이호(1817~1895)	창녕	1857년 40세	
31	홍철주(1834~1891)	풍산	1867년 33세	
32	홍종영(1839~?)	남양	1887년 48세	
33	조필영(?~?)	?	1893년 ?	
34	김유연(1819~1887)	연안	1851년 32세	
35	이만직(1826~?)	?	1878년 52세	
36	이정래 (1838~?)	광주	1878년 40세	
37	심동신 (1824~?)	청송	1860년 36세 제주도 어사	
			1878년 54세 전라도 어사	
38	이면상(1846~?)	전주	1892년 46세	
39	조윤승(?~?)	?	1897년 ?	

40	김학순(1767~1845)	안동	1813년 46세	
41	정인흥(1852~1924)	동래	1885년 33세	
42	이헌영(1837~1907)	전주	1883년 46세	
43	홍석보(1672~1729)	풍산	1725년 53세	
44	이응진(1817~1887)	전주	?	
45	정기세(1814~1884)	동래	1842년 28세	
46	이범조(1848~?)	전주	1886년 38세	
47	박영민(?~?)	밀양	1898년 ?	
48	어윤중(1848~1896)	함종	1878년 30세	
49	이후선(1813~?)	?	1862년 49세	
50	정만석(1758~1834)	온양	1795년 37세	
51	이돈상(1815~?)	용인	1868년 53세	
52	박태보(1654~1689)	반남	1687년 33세	
53	여규익(1825~?)	함양	1874년 49세	
54	조헌섭(1819~?)	양주	1854년 35세	
55	유치숭(1804~?)	기계	1847년 43세	
56	황구하(1672~1728)	창원	1716년 44세	
57	유수(1678~1755)	진주	1723년 45세	평균 37세

남아 있는 암행어사 선정불망비를 기준으로 보면 대부분 1800년대 초부터 1800년 후반에 많이 활동한 것으로 보이고, 평균 연령은 37세로 나타났다.

제일 어린 나이의 암행어사는 25세의 박용대였다.

그리고 지도읍에 있는 어사 박태보의 비가 어사 활동 당시에 세웠으면, 제일 오래된 암행어사 선정불망비로 생각된다.

⑤

암행어사 선정불망비 지역별 분포

지역	도, 시, 군	어사 이름	번호	위치
경상도	부산시	어사 이도재	1	기장읍성
		어사 이만직	2	부산 선동
		어사 유수	3	
	울산시	어사 유석	4	서생포 왜성
		어사 이도재	5	울산 동헌
	양산군	어사 이도재	6	양산향교
		어사 유수	7	양산 통도사
	포항시	어사 이도재 마애각자	8	내연산
	구미시	어사 이만직	9	인동향교
		어사 이용직	10	대원리
	영천시	어사 이만직	11	조양각
		어사 유석	12	신녕
	거제시	어사 조기겸	13	기성관
		어사 조석여	14	거제 옛길
	합천군	어사 조석여	15	해인사
		어사 김기찬	16	
		어사 이정래	17	초계
	함양군	어사 김기찬	18	구룡마을
	고성군	어사 이정래	19	남산공원
		어사 이정래	20	원진마을
	경산시	어사 김학순	21	자인계정
	창녕군	어사 유석	22	영산

<table>
<tr><td rowspan="14">경상도</td><td rowspan="2">함안군</td><td>어사 박이도</td><td>23</td><td colspan="2">월포</td></tr>
<tr><td>어사 이헌영</td><td>24</td><td colspan="2">칠원</td></tr>
<tr><td>의령군</td><td>어사 이중하</td><td>25</td><td colspan="2">읍내리</td></tr>
<tr><td rowspan="3">창원시</td><td>어사 홍종영</td><td>26</td><td colspan="2" rowspan="2">용지공원</td></tr>
<tr><td>어사 박이도</td><td>27</td></tr>
<tr><td>어사 홍종영</td><td>28</td><td colspan="2">성주사</td></tr>
<tr><td>문경시</td><td>어사 박이도</td><td>29</td><td colspan="2">점촌</td></tr>
<tr><td>영주시</td><td>어사 박규수</td><td>30</td><td colspan="2">소수서원</td></tr>
<tr><td>예천군</td><td>어사 조윤승</td><td>31</td><td colspan="2">용궁면</td></tr>
<tr><td>영덕군</td><td>어사 박정양</td><td>32</td><td colspan="2">영덕군청</td></tr>
<tr><td>고령군</td><td>어사 이헌영</td><td>33</td><td colspan="2">상무사</td></tr>
<tr><td rowspan="2">산청군</td><td>어사 박문수</td><td>34</td><td rowspan="2">도산면</td><td rowspan="2">실개수
35좌 비</td></tr>
<tr><td>어사 조기겸</td><td>35</td></tr>
</table>

<table>
<tr><th>지역</th><th>도, 시, 군</th><th>어사 이름</th><th>번호</th><th>위치</th></tr>
<tr><td rowspan="12">전라도</td><td>진도군</td><td>어사 정만석</td><td>1</td><td>지산면</td></tr>
<tr><td>강진군</td><td>어사 민달용</td><td>2</td><td>강진군청</td></tr>
<tr><td rowspan="5">해남군</td><td>어사 이승욱</td><td>3</td><td>단군전</td></tr>
<tr><td>어사 정만석</td><td>4</td><td>화원</td></tr>
<tr><td>어사 심상학</td><td>5</td><td>단군전</td></tr>
<tr><td>어사 이면상</td><td>6</td><td>단군전</td></tr>
<tr><td>어사 심상학</td><td>7</td><td>우수영</td></tr>
<tr><td>나주시</td><td>어사 조귀하</td><td>8</td><td>영산동</td></tr>
<tr><td rowspan="4">전주시</td><td>어사 이면상</td><td>9</td><td>감영</td></tr>
<tr><td>어사 조귀하 마애비</td><td>10</td><td rowspan="3">상관면 신리</td></tr>
<tr><td>어사 심상학 마애비</td><td>11</td></tr>
<tr><td>어사 어윤중 마애비</td><td>12</td></tr>
</table>

전라도	완주군	어사 김창석	13	구이면
		어사 김창석	14	소양리
		어사 이돈상	15	삼례도서관
		어사 이면상	16	
		어사 어윤중	17	
	고흥군	어사 이면상	18	침교리
		어사 민달용	19	발포진
	광주시	어사 조헌섭	20	광주공원
		어사 여규익	21	광주공원
		어사 민달용 마애비	22	무등산
		어사 여규익 마애비	23	
		어사 정건조 마애비	24	
	임실군	어사 민달용	25	이도리
		어사 심동신	**26**	**행방불명**
	영광군	어사 이후선	27	우산공원
	고창군	어사 심상학	28	무장읍성
	김제시	어사 심상학	29	금구향교
		어사 조필영	30	
		어사 김상학	31	만경읍
		어사 이응진	32	
		어사 박영교	33	
		어사 유치숭	34	대제복구사적비
	화순군	어사 조필영 마애비	35	삼충각 뒤 철길
	군산시	어사 심상학	36	옥구향교
		어사 유치숭	37	임피향교
		어사 이돈상	38	
		어사 박영교	39	

전라도	남원시	어사 심동신	40	서천공원
		어사 이면상	41	광한루
		어사 심동신	42	
	곡성군	어사 이면상	43	석곡면
	순천시	어사 이면상	44	송광사
		어사 이면상	45	선암사
		어사 이면상	46	승주읍
	익산시	어사 홍석보	47	익산향교
	신안군	어사 어윤중	48	지도대교
		어사 어윤중	49	지도읍내리
		어사 박태보	50	
		어사 이돈상	51	
	구례군	어사 민달용	52	화엄사
	정읍시	어사 이후선	53	피향정
		어사 이후선	54	
		어사 성이호	55	
		어사 이후선	56	감곡면
		어사 어윤중	57	능교리
		어사 어윤중	58	종산리
		어사 김창석	59	야정마을
		어사 권돈인	60	천원리
		어사 이후선	61	양괴리
		어사 이후선	62	
		어사 이후선	63	흥삼마을
		어사 어윤중	64	
		어사 어윤중	65	고현동각

전라도		어사 이후선	66	고천리	
		어사 어윤중	67		
		어사 이후선	68	박산리	
		어사 이후선	**69**	**통석리 행방불명**	
		어사 이면상	70	군자정	실개수 69

강원도	울진군	어사 오명준	1	신라비석관
		어사 이계선	2	
		어사 오명준	3	정명리
조선시대에는 울진이 강원도였기에 울진의 암행어사 비는 강원도암행어사 비이다.				

서울	송파구	어사 이건창	1	송파공원
경기	하남시	어사 이건창	1	감북동
	광주시	**어사 이건창**	2	**초월면(행방불명)**
인천	옹진군	어사 이건창	1	모도
	강화도	어사 이시원	2	선두포
		어사 이건창	3	

제주도	제주시	어사 심동신	1	제주향교
	서귀포	어사 황구하	2	서귀포 성산읍

충청도	공주시	어사 이중하	1	신관동
		어사 박용대	2	
		어사 이용호	3	
		어사 이범조	4	공산성
	예산군	어사 홍철주	5	역탑리
		어사 이중하	6	
		어사 이범조	7	대흥

<table>
<tr><td rowspan="21">충청도</td><td>보령군</td><td>어사 홍원모</td><td>8</td><td colspan="2">수영성</td></tr>
<tr><td rowspan="2">대전</td><td>어사 홍원모</td><td>9</td><td colspan="2">회덕</td></tr>
<tr><td>어사 홍철주</td><td>10</td><td colspan="2">도장동</td></tr>
<tr><td rowspan="4">서천</td><td>어사 조필영</td><td>11</td><td colspan="2" rowspan="2">비인향교</td></tr>
<tr><td>어사 이중하</td><td>12</td></tr>
<tr><td>어사 이중하</td><td>13</td><td colspan="2" rowspan="2">서천군청</td></tr>
<tr><td>어사 이용호</td><td>14</td></tr>
<tr><td rowspan="2">부여군</td><td>어사 이범조</td><td>15</td><td colspan="2">세도면</td></tr>
<tr><td>어사 이중하</td><td>16</td><td colspan="2">홍산객사</td></tr>
<tr><td>청양군</td><td>어사 이중하</td><td>17</td><td colspan="2">청양군청</td></tr>
<tr><td rowspan="3">서산시</td><td>어사 이중하</td><td>18</td><td colspan="2">서산군청</td></tr>
<tr><td>어사 이중하</td><td>19</td><td colspan="2">운산면</td></tr>
<tr><td>어사 김정희</td><td>20</td><td colspan="2">대산</td></tr>
<tr><td rowspan="5">천안아산</td><td>어사 이중하</td><td>21</td><td colspan="2">신창</td></tr>
<tr><td>어사 김명진</td><td>22</td><td colspan="2" rowspan="3">아산 성내리</td></tr>
<tr><td>어사 이중하</td><td>23</td></tr>
<tr><td>어사 유석</td><td>24</td></tr>
<tr><td>어사 유석</td><td>25</td><td colspan="2">목천</td></tr>
<tr><td>음성군</td><td>어사 김명진</td><td>26</td><td colspan="2">원남면</td></tr>
<tr><td>보은군</td><td>어사 김명진</td><td>27</td><td colspan="2">구티리</td></tr>
<tr><td>논산군</td><td>어사 조귀하</td><td>28</td><td>인천리
행방불명</td><td>실개수
27개</td></tr>
<tr><td colspan="6">조선시대는 인천리가 전라도이었기에 조귀하의 비는 전라도 암행어사이다.</td></tr>
</table>

지역별 암행어사 선정비는 전라도(69좌) 제일 많으며, 그다음이 경상도(35좌), 그리고 충청도(27좌)이다. 개인적으로는 이면상(11좌)이 제일 많으며, 그 다음은 이후선, 심동신 등이다.

그중에 정읍(17좌)에 제일 많은 암행어사 선정비가 남아 있는 것으로 파악되었다.

정읍은 이후선과 이면상의 비가 제일 남은 고장으로 왜 그 곳에 암행어사비가 많을까 생각하며 보면, 동학혁명이나, 그곳의 사또의 무능으로 인해 암행어사의 활동이 많아진 것이 어사 비가 많이 남아 있는 것으로 생각되지만 어디까지나 필자의 추정이다.

⑥

비제와 설립시기

번호	이름	비제	설립 시기	비고
1	이도재	御使李公道宰永世不忘碑	光武七年癸卯三月 1903년	
		繡史李公道宰生祀壇	光緖 癸未 春立 1883년	
		暗行御史李公道宰去思碑	光緖十年六月日 1884년	
		繡衣李公道宰永世不忘碑	?	
		御史李道宰	契米三月 1883년	
2	조기겸	御史趙公基謙永世不忘碑	道光十五年乙未 1835년	
		暗行御史趙公基謙永世不忘碑	崇禎紀元後四己丑 1829년	
3	박문수	御史朴公文秀永世不忘碑	道光 十五年 乙未 1835년	
4	유석	繡衣相國 柳公奭 清德碑	丁亥年 1887년	
		暗行御史柳公奭淸德不忘碑	丁亥年 1887년	
		暗行御史柳公奭永世不忘碑	乙酉年 1885년	
		繡衣柳公奭 善政碑	戊子年 1885년	
		暗行御史 柳公奭 永世不忘碑	戊子年 1885년	
5	이건창	行御史李公建昌永世不忘碑	光緖 9년 癸未 1883년	
		暗行御史李公建昌永世不忘碑	乙酉 六月 日 1855년	
		暗行御史李公建昌永世不忘碑	光瑞 9년 癸未 1883년	

		繡衣史李公建昌永世不忘碑	甲申五月 1884년	
		暗行御史李公建昌永世不忘碑	光瑞 四年 戊寅 1878년	
6	이시원	御史李公是遠蠲稅恤民永世不忘碑	同治十二年 1873년	
7	이용직	繡衣使李公容直報德不忘碑	?	
		繡使李公容直萬世不忘碑	同治 七 季 戊辰 1868년	
8	김정희	御史金公正喜永世不忘碑	道光 六年 丙戌 1826년	
9	권돈인	御史權公敦仁永世不忘碑	丁亥 8월 1827년	
10	박정양	繡衣使道朴公定陽防弊碑	同治三年甲戌 1874년	
11	박규수	御史朴公珪壽永世不忘碑	丙辰五月 1856년	
12	박이도	繡史朴公履道淸德善政碑	?	
		繡衣使道朴公履道永世不忘碑	光緖 元年 乙亥 1875년	
		繡衣使道朴公履道塩倉坪沿革不忘碑	甲戌 十二 月 11874년	
13	김창석	均田使金公昌錫永世不忘碑	?	
		均田使金公昌錫永世不忘碑	?	
		均田御史金公昌錫永世不忘碑	壬辰 七月 1892년	
14	민달용	御史閔公達鏞抆弊思民碑	庚寅 改立 1890년	
		御史閔公達鏞永世不忘碑	?	
		御史閔公達鏞永世不忘碑	?	
		御史閔公達鏞淸德惠旻不忘碑	崇禎紀元後4戊午年 1858년	

		御史閔公達鏞永世不忘碑	崇禎紀元 後 四 己未1859년	
		暗行御史民達鏞崇禎紀元後四丁巳初秋過此	1888년	
15	조석여	繡衣使曺公石輿永世不忘碑	甲寅 八月 日 1854년	
		繡衣使道曺公石輿恤民碑	己卯 二月 日 1879년	
16	김기찬	繡衣金公諱基纘遺惠碑	丙午 八月 日 1846년	
		御史金公基纘永世不忘碑	헌종 팔년 1842년	
17	홍원모	御史洪公遠謨永世不忘碑	辛卯 四月日立 1831년	
		御史洪公遠謨永世不忘碑	庚寅 四月 日 1830년	
18	한이조	監賑御史韓公頤朝永世不忘碑	雍正四年 丙午 1726년	
19	이계선	御史道李公啓善善政碑	咸豐 元年 1851년	
20	오명준	御史吳公明俊永世不忘碑	?	
		史吳公明俊善賑活民永世不忘碑	康熙四十六年丁亥1709년	
21	김명진	繡衣金公明鎭永世不忘碑	?	
		御史金公明鎭愛民善政碑	同治 十四年 乙亥 1875년	
		暗行御史金公明鎭永世不忘碑	?	
22	조귀하	御史趙公龜夏不忘碑	?	
		御史趙公龜夏永世不忘碑	道光二十六年 1846년	
		御史趙侯龜夏不忘碑	?	
		논산 인천리	**행방불명**	
23	이중하	暗行御史李重夏公淸白恤民善政碑	壬辰 九月 1902년	
		御史李公重夏永世不忘碑	壬辰 三月 1902년	
		暗行御史李公重夏永世不忘碑	?	

		暗行御史李公重夏永世不忘碑	壬辰十一月 1902년	
		御史李公重夏永世不忘碑	癸巳五月 1893년	
		暗行御史李公重夏永世不忘碑	癸巳八月 1893년	
		御史李公重夏永世不忘碑	癸巳四月 1893년	
		暗行御史李公重夏永世不忘碑	壬辰五月 1902년	
		暗行御史李公重夏永世不忘碑	癸巳三月 1893년	
		暗行御史李公重夏永世不忘碑	?	
24	이용호	暗行御史李公容鎬永世不忘碑	癸未 三月 1883년	
		御史李公容鎬永世不忘碑	甲申 三月 1884년	
25	박용대	暗行御史朴公容大永世不忘碑	丙子十一月 1876년	
26	박영교	御史朴公泳敎永世不忘碑	癸未 四月 1883년	
		御史朴公泳敎恤民永世不忘碑	癸未 七月 1883년	
27	심상학	御史沈公相學永世不忘碑	庚寅 二月 1890년	
		御史沈公相學永世不忘碑	乙酉 四月 1885년	
		御史沈公相學恤民淸白碑	乙酉十月日 1885년	
		御史沈公相學永世不忘	光緖 十二年 八月 1886년	
		暗行御史沈公相學頌德善政碑	丙戌 正月 1886년	
		御史沈公相學萬世不忘碑	乙酉十一月 1885년	
		御史沈公相學永世不忘碑	光緖 十一年 乙酉 1885년	
28	이승욱	御史李公承旭永世不忘碑	光武二年戊戌 1898년	

29	정직조	御史鄭公稷朝永世不忘碑	崇禎 五 乙巳 유월 1869년	
		行暗行御史 鄭稷朝 過此	崇禎紀元後 戊辰 孟夏 1868년	
30	성이호	御史成公彛鎬去思碑	甲子 正月 1864년	
31	홍철주	暗行御史洪公澈周永世不忘碑	崇情紀元後五年丁卯1867년	
		洪公澈周永世不忘碑	丁卯 1867년	
32	홍종영	轉運御史洪公鐘永永世不忘碑	丁亥 八月 日 1887 년	
		總務御史洪公鐘永永世不忘碑	光緖 丁亥 1887년	
33	조필영	轉運御史趙公弼永恤民永世不忘碑	?	
		轉運御史趙公弼永永世不忘碑	?	
		轉運御史趙公弼永不忘碑	癸巳 八月 日 1893년	
34	김유연	暗行御史金公有淵永世不忘碑	咸豐 辛亥 1851년	
35	이만직	繡衣相國李公萬稙永世不忘碑	1878년	
		御史李公萬稙愛民善政碑	崇禎紀元後四年 戊寅1878년	
		繡衣李公萬稙永世不忘碑	光緖 五年 正月 1879년	
36	이정래	行繡衣道李公正來不忘碑	崇禎紀元後 五 己卯 1879년	
		史李公正來永世不忘碑	光緖 四年 1878년	
		御史李公正來永世不忘碑	戊寅 十月 日 1878년	
37	심동신	御史沈公東臣永世不忘碑	崇禎 紀元 後 五 戊寅 1878년	
		御史沈公東臣善德不忘碑	西紀 一千九百 七十 七年 十一月 改立	
		御史沈公東臣去思碑	同治 元年 1862년	
		임실	행방불명	

38	이면상	暗行御史李公冕相捄弊不忘碑	辛卯 8월 1891년	
		暗行御史李公冕相不忘碑	辛卯 5월 1891년	
		御史李公冕相淸德善政碑	光緖12년 辛卯 1886년	
		御史李公冕相永世不忘碑	壬辰5月 1892년	
		上暗行御史李公免相永世不忘碑	光緖17년 辛卯 1891년	
		暗行御史李公冕相永世不忘碑	?	
		暗行御史李公冕相永世不忘碑	壬辰 九月 日 立 1892년	
		直指使 李公冕相永世不忘碑	上之二十八年辛卯 1891년	
		御史李公冕相善政不忘碑	壬辰八月 1892년	
		御史李公冕相永世不忘碑	光緖十八年壬辰八月 1892년	
		李公冕相永■■■■■	?	
39	조윤승	暗行御史曺公潤承永世不忘碑	丁酉七月 1897년	
40	김학순	繡衣使金公學淳祛弊不忘碑	丙子 九月 1816년	
41	정인흥	暗行御史鄭公仁興永世不忘碑	乙酉七月日 1885년	
42	이헌영	繡衣道李公諱𨯶永永世不忘碑	癸未 五月 日 1883년	
		暗行御史李公𨯶永百世不忘碑	癸未 三月 日 1883년	
43	홍석보	監賑御史洪公錫輔仁恤善政碑	?	
44	이응진	御史李公應辰永世不忘碑	光緖十八年 正月 1892년	

45	정기세	御史鄭公基世永年不忘碑	道光二十二年 五月 1842년	
46	이범조	暗行御史李公範祖善政不忘碑	乙酉 七月 日 立 1885년	
		暗行御史李公範祖永世不忘碑	光緖 戊子 立 1888년	
		繡衣李公範祖興學愛民碑	戊子 8월 1888년	
47	박영민	御史朴公穎民愛恤淸德勸學碑	乙亥 二月 日 1935년	
48	어윤중	御史魚公允中永世不忘碑	戊寅 七月 日 1878년	
		御史魚公允中永世不忘碑	?	
		御史魚公允仲永世不忘碑	戊寅 十一月 日 1878년	
		御史魚公允仲永世不忘碑	서기 1987년 5월 12일 개립	
		繡衣魚公允中淸德不忘碑	戊寅 5월 1878년	
		御史魚公允中永世不忘	光緖4년 1878년	
		御史魚公允中永世不忘碑	?	
		行御史魚公允中永世不忘碑	?	
		御史魚公允中永世不忘碑	?	
49	이후선	繡衣御史李公後善永世不忘碑	壬戌八月 日 1862년	
		御史李公後善永世不忘碑	壬戌八月 日 1862년	
		御史李公後善淸德■■■	?	
		御史李公後善永世不忘碑	?	
		御史李公後善恤民不忘碑	壬戌八月 日 1862년	
		繡衣李公後善永世不忘碑	壬戌八月 日 1862년	
		御史李公後善永世不忘碑	壬戌八月 日 1862년	
		御使李公後善捄弊不忘碑	癸亥三月 日 1863년	

		御史李公後善永世不忘碑	辰四月 日 1868년	
		御史李公後善永世不忘碑	壬戌九月 日 1862년	**행방 불명**
50	정만석	乙卯年湖南繡衣鄭公晩錫永世不忘碑	同治元年 壬戌 1861년	
		御史鄭公晩錫永世不忘碑	甲寅 五月 日 1854년	
51	이돈상	御史李公敦相永世不忘碑	戊辰 十月 立 1868년	
		御史李公敦相永世不忘碑	戊辰 十一 月 1868년	
		御史李公敦相永世不忘碑	?	
52	박태보	御史朴公恤民善政碑	1702년 **추정**	
53	여규익	御史呂公圭益捄弊善政碑	亥 十一月 1875년	
		湖左御史呂圭益	?	
54	조헌섭	御史趙公憲燮捄弊善政碑	甲寅 9월 1854년	
55	유치숭	御史俞公致崇 永世不忘碑	道光二十八年 戊申 1848년	
		御史俞公致崇善政碑	戊申 九月 1848년	
56	황구하	別遣御使黃公龜河至誠賑民碑	擁正二年 甲辰 閏四月 日 建 1724년	
57	유수	柳綏 癸卯 六月 暗行	1723년 6월	
		柳綏 癸卯 六月 御史 來		

글을 마무리하며……

비석은 대부분 모양을 대하여 평가하거나 아니면 백성의 고역이라 하여, 등한시하는 경우가 있다.

2000년 초에 제작된 《조선선정불망비총군록》은 비석의 위치와 세운 시기 그리고 크기를 책에 실어 필자가 글 쓰는데 있어 많은 도움을 주었다.

비석의 종류는 다양하다.

그중에 암행어사비는 어느 누구도 조사하지 않아, 하마비처럼 필자가 전국을 돌아다니면서 직접 보고 사진 촬영을 하여 자료를 모아 이제야 글이 마무리 되었다.

비석에 새겨진 人名은 누구는 어떻다 누구는 어떻다 하지만, 지금은 중요한 자료이다.

사람의 기록 중 조선왕조실록이나, 《승정원일기》에만 있는 것이 아니라, 지방에 관리로 가서 어떠한 정치를 하였는지, 특히 암행어사로서 어떠한 공적을 남겼는지 알 수 있는 중요한 자료라 생각한다.

필자만의 생각일지 모르나 암행어사 1좌, 1좌를 찾는 것은 어려운 일이 아니라 하겠지만, 직장과 학업을 병행하면서 찾는 것은 쉬운 일이 아니었다.

그리고 碑에 새겨진 刻字가 마모가 되고 어려운 한자는 풀이가 안 되어 고민하다가 물어 풀이한 한자는 누구는 엉터리라 하지만, 필자의 실력이 그것밖에 되지 않는 것이 어쩔 수 없는 것이라 하겠다.

어떤 비는 사진 촬영을 하였지만 집에 와서 보니 명문이 선명하지 않아 다시 가서, 확인하여 한자를 풀이하는 작업이 반복되기도 하였다.

碑는 형태를 보는 것이 아니라, 그 안에 새겨진 명문을 보고 그 시대의 사회상을 서계와 연계하여 보면 더욱 좋을 것으로 생각된다.

한 사람의 기록이 비석에 새겨진 기록이 전부는 아니지만, 남아 있기에 찾고 연구하는 데 있어 아주 중요한 자료라 생각하면, 선정비만큼 좋은 자료가 아닐 수 없다.

남아 있는 관리들의 선정불망비가 잘 보존되기를 희망하여 본다.

부디 이 책이 조선시대 암행어사를 연구하는 데 있어 중요한 자료가 되기를 기대하여 본다.

2024년 8월 15일

옥산 이희득

도와주신 분과 기관

한국학 중앙연구원

이홍식 님 백양사 성보 박물관 학예실장

김상환 님 고전문헌 연구원

허문행 님 진주박물관 학예사

원명 스님 고성 옥천사 박물관 관장

오재용 님 신명산업 서비스 대표

이정애 님 프리마베라 대표

그 외 많은 분들이 격려와 도움을 주셨습니다.

지면을 빌려 감사함을 전합니다.

조선후기에서 말기의

암행어사 선정불망비

ⓒ 이희득, 2025

초판 1쇄 발행 2025년 1월 2일

지은이 이희득
펴낸이 이기봉
편집 좋은땅 편집팀
펴낸곳 도서출판 좋은땅
주소 서울특별시 마포구 양화로12길 26 지월드빌딩 (서교동 395-7)
전화 02)374-8616~7
팩스 02)374-8614
이메일 gworldbook@naver.com
홈페이지 www.g-world.co.kr

ISBN 979-11-388-3680-7 (03910)

• 가격은 뒤표지에 있습니다.
• 이 책은 저작권법에 의하여 보호를 받는 저작물이므로 무단 전재와 복제를 금합니다.
• 파본은 구입하신 서점에서 교환해 드립니다.